家庭中family的自我教育

冉乃彦　著

山西出版传媒集团
山西教育出版社

图书在版编目(CIP)数据

家庭中的自我教育/冉乃彦编著.—太原:山西教育出版社,2015.8
ISBN 978-7-5440-7546-6

Ⅰ.①家… Ⅱ.①冉… Ⅲ.①家庭教育-研究 ②自我教育-研究
Ⅳ.①G78②G44

中国版本图书馆CIP数据核字(2014)第309821号

家庭中的自我教育

JIATING ZHONG DE ZIWO JIAOYU

出版策划 潘 峰
责任编辑 李龙飞
复　　审 康 健
终　　审 潘 峰
装帧设计 王耀斌
印装监制 贾永胜

出版发行 山西出版传媒集团·山西教育出版社
(太原市水西门街馒头巷7号 电话:0351-4035711 4729801 邮编:030002)
印　　装 山西新华印业有限公司
开　　本 720×1020 1/16
印　　张 18.5
字　　数 270千字
版　　次 2015年8月第1版 2015年8月山西第1次印刷
书　　号 ISBN 978-7-5440-7546-6
定　　价 35.00元

序 言

朱永新

跟着孩子重新成长

前不久，冉乃彦先生寄来他的新著《家庭中的自我教育》，希望我写个序言。

说实话，面对越来越多的写序请求，我的确有不堪重负之感。但是，对于冉老师的写序之请，我不能够轻易拒绝。

首先是因为对他的敬重。这位1937年出生的老先生，对教育的痴迷是出了名的。虽然早已退休，但对于教育研究的兴致丝毫不减，我多次与他面谈或者通过邮件、微博交流，为他敏锐的思维和执着的探索而感动。

其次是因为对家庭教育的兴趣。最近几年，我一直在撰写《新父母晨诵》，前不久还结集出版了几本《大师教你做父母》的小书，与家庭教育结下了不解之缘。我深切地感受到，如果没有父母的参与，没有良好的家庭教育，任何教育都难以取得真正的成功。

于是，我利用业余时间拜读了冉先生的书稿。读后也的确颇有一些想法，在这里借冉先生大著的一角与大家分享两点体会。

首先，应该充分认识自我教育的意义。古今中外，许多著名的教育家都非常重视自我教育。从孔子强调的自省到叶圣陶主张的“教是为了不需要教”，再到苏霍姆林斯基所说的“只有能够激发学生进行自我教育的教育才是真正的教育”，都是强调自我教育在人的成长中的重要性。

冉老师的著作对此做了详尽的分析与阐述，可以让读者更清晰地认识自我教育的意义、内容与方法。如他关于培养孩子自我教育能力的十个策略就非常具体，操作性很强：“给孩子一个空间，让他自己往前走；给孩子一个时间，让他自己去安排；给孩子一个条件，让他自己去体验；给孩子一个问题，让他自己找答案；给孩子一个困难，让他自己去解决；给孩子一个机遇，让他自己去抓住；给孩子一个交往，让他自己学合作；给孩子一个对手，让他自己去竞争；给孩子一个权利，让他自己去选择；给孩子一个题目，让他自己去创造。”

其次，应该鼓励父母与孩子一起成长。尽管“家长”已经是一个约定俗成的概念，冉老师的这本书从标题到内容也反复使用“家长”，但我一直不喜欢也不主张使用“家长”这个概念。因为“家长”一词容易让我们想起奴隶社会和封建社会的“家长制”，或者想起“一家之主”这样的管理方式，显然这是一个集权的、反民主的概念。我主张直接用“父母”这个概念。而且我们在对应的翻译中，一般都直接翻译为“父母”。

要让孩子学会自我教育，首先就需要父母成为自我教育的模范，成为孩子身边的榜样。所以，父母的学习、父母与孩子一起成长就显得非常重要，这是成人后最重要的一次重新成长。冉老师的这本书有专门的一章讨论“家长的自我教育”，探讨的就是父母与孩子一起成长的问题。正如书中所说的那样，“要想孩子天天向上，父母就要好好学习”。只有与孩子一起成长，你才可能成为孩子的榜样，才可能真正让孩子自我教育，自我成长。

冉先生的这本书内容非常丰富。正如我不赞成使用“家长”这个概念一样，我也未必同意书中的全部观点，如关于中西家庭教育差异的分析等。但这不妨碍我对冉老师的敬重与钦佩，不妨碍我向大家推荐这本书。学会批判性阅读，通过对不同观点的辨析，学会独立思考判断，本来就是自我教育的题中应有之意。

是以为序。

于北京滴石斋

前言

冉乃彦

也许是因为我们都是龙的传人，都是饮黄河、长江水长大的炎黄子孙，所以对“家庭”都难以割舍，都有一种浓浓的特殊感情。

在这种感情的驱使下，我情不自禁地投入家庭教育研究的行列，虽然我原来的研究领域并不在这里。在热情的家长朋友的推动下，我慢慢深入到了这个领域，开始明白，家庭教育太重要了。它不仅涉及新一代的健康成长，而且也涉及当代的全民素质提高。可以说，抓家庭教育是推动全民素质提高的最佳途径——因为，每一个人都和“家庭”有联系，都对“家庭”充满感情。

中华民族有着重视家庭教育的好传统，但是在全球一体化的今天，我们还必须善于学习外域家庭教育的优点，摒弃自己传统中的糟粕。

如何在东西方文化融合中发展中国的家庭教育事业，我们选择了一个切入点——家庭中的自我教育。

自我教育和“以人为本”理念相一致，具有普世价值。自我教育理念，体现了西方文化中强调的主体性，也和东方文化中的“道德修养”“自省、克己”相吻合。

当然，在家庭中如何进行自我教育，要对其进行深入的研究还有很长的路要走，这本书只反映了在许多学校和家庭实验基础上的初步经验；书中提出的一些思考与建议更是起到“抛砖引玉”“投石问路”的作用。

当前中国的家庭教育看似“混沌”，其实正酝酿着新的突破。本书也是想和大家在这个突破中尽到自己的责任。

我很同意西方学者J. 瓦西纳说的“只要科学的创造者仍旧对作者提出的看似真实的标准说明持怀疑态度，科学就仍然会进步”[①]。每一本书“不是任何书的任何作者对‘真理’的重新宣传”。[②]

欢迎大家一起来对中国的家庭教育展开探索！

① J. 瓦西纳：《文化和人类发展》，华东师范大学出版社，2007年，第11页。

② J. 瓦西纳：《文化和人类发展》，华东师范大学出版社，2007年，第11页。

目录

序言（朱永新） /1

前言 /4

第一章　新时代的家庭教育

一、地球村里面的中国 /2

——中国家庭教育如何面对时代的挑战

（一）需要重新认识时代 /2

（二）中西方文化的不同特点 /7

（三）中西方家庭教育的不同 /10

（四）创建当代中国家庭文化 /12

二、从《颜氏家训》到《斗妈大全》 /16

——中国家庭教育的特点与变迁

（一）从“谨言慎行”到“出招斗妈” /16

（二）家庭教育的变迁 /20

（三）家庭教育变迁带来的问题 /29

三、景象繁荣，措施混乱，效果堪忧，寻找突破 /30
——当代中国家庭教育现状、原因与解决方法
（一）繁荣的景象 /30
（二）混乱的措施 /32
（三）悲哀的效果 /34
（四）急需寻找原因 /35
（五）中国应该在家庭教育方面对世界做出贡献 /43

四、没有自我教育的教育不是真正的教育 /46
——探索新型家庭教育
（一）自我教育思想产生的四个源头 /47
（二）自我教育思想涉及三个根本 /56
（三）自我教育在家庭教育中的重要性 /60
（四）自我教育思想引导家庭教育走向新阶段 /62

第二章 家庭中孩子的自我教育

一、自我意识是孩子发展的关键因素 /66
——人的发展受四个因素的影响
（一）四个因素影响人的发展 /66
（二）自我教育是四个因素中的关键因素 /70

二、“鸡蛋变小鸡”靠的是什么? /78
——自我教育的四个环节和十二个层次
（一）自我教育的运行过程——四个环节 /79
（二）自我教育运行逐步获得的四个品质 /91

三、富兰克林：“一个刚生下来的婴儿有什么用?” /95
——孩子是主体，但他是未成熟主体
（一）为什么家长要关注“未成熟主体”问题? /96
（二）家长要遵循的教育原则 /100
（三）对家庭中发展与培养未成熟主体的建议 /103

四、“小红花”的奥秘 /115
——自我教育的年龄特点
（一）自我教育年龄特点划分的依据 /116
（二）不同年龄孩子自我教育的特点 /124

第三章 家长要善于激发孩子进行自我教育

一、“在互动中走向独立” /136
——培养自我教育能力的五个途径
（一）通过关怀自尊感、满足自尊需要 /136
（二）通过审美活动和情感修养 /140
（三）通过劳动、游戏、创造 /146

（四）通过读书与学习榜样 /150
（五）通过集体的相互影响 /154

二、家长要当显微镜、号角、加油站、镜子和灯塔 /157
——在孩子自我教育的过程中家长要发挥五个作用
（一）发现——当显微镜 /157
（二）唤醒——当号角 /163
（三）鼓励——当加油站 /167
（四）反馈——当镜子 /170
（五）引导——当灯塔 /175

三、“吹火星的启示” /179
——激发孩子自我教育的艺术与误区
（一）激发孩子自我教育的艺术 /179
（二）“激发”的误区 /186
（三）给孩子自由=放任自流？ /188

四、“给孩子一个空间，让他自己往前走” /197
——培养孩子自我教育能力的十个策略
（一）给孩子一个空间，让他自己往前走 /198
（二）给孩子一个时间，让他自己去安排 /200
（三）给孩子一个条件，让他自己去体验 /201
（四）给孩子一个问题，让他自己找答案 /203

（五）给孩子一个困难，让他自己去解决 /205
（六）给孩子一个机遇，让他自己去抓住 /206
（七）给孩子一个交往，让他自己学合作 /207
（八）给孩子一个对手，让他自己去竞争 /209
（九）给孩子一个权利，让他自己去选择 /211
（十）给孩子一个题目，让他自己去创造 /212

第四章 家长的自我教育

一、"要想孩子天天向上，家长就要好好学习" /216
——家庭教育的成败关键是家长的自我教育
（一）家长是如何认识到自己才是"家庭教育成败的关键"？ /217
（二）家长怎样进行自我教育？ /222

二、"三娘教子"与"子教三娘" /232
——两代人互相学习，相互激励，共同成长
（一）我们正在走向晚辈文化时代 /232
（二）不仅要"三娘教子"，也需要"子教三娘" /234
（三）积累两代人互相学习、共同成长的经验 /235

三、"伟人之所以伟大，是因为我们跪着看他" /247
——家长应该是家庭教育研究的主人
（一）如何学习家庭教育的经验？ /248

（二）研究型家长是怎样成长的？ /249
（三）家长在家庭教育中的创造 /253
（四）家校合作中家长的作用是什么？ /258

四、“理论创造不再是少数精英的专权” /266
——家长成为家庭教育的重要研究者
（一）路遥知马力 /266
——推动家庭教育发展的两个队伍产生了变化
（二）绝知此事要躬行 /268
——家长参加家庭教育研究的可能性
（三）小荷才露尖尖角 /271
——家长参加家庭教育研究的现实性
（四）万紫千红总是春 /277
——展望中国家庭教育的发展

后　记 /281

第一章
新时代的家庭教育

教育要面向现代化，面向世界，面向未来。

——邓小平

一、地球村里面的中国

——中国家庭教育如何面对时代的挑战

中华文明经历了5000多年历史变迁，但始终一脉相承，积淀着中华民族最深层次的精神追求，代表着中华民族独特的精神标识，为中华民族生生不息、发展壮大提供了丰厚滋养。中华文明是在中国大地上产生的文明，也是同其他文明不断交融互鉴而形成的文明。

——习近平

（一）需要重新认识时代

教育并不是一成不变的，它有很强的时代性。不同时代出生的孩子，有着显著不同的特点，尤其在飞速发展的时代表现得更为明显。教育只有在符合时代特点的时候，才能成为社会进步的动力；而在违背时代特点的时候，在陈旧观念指引下家长的努力，反而会成为阻力。因此当代成功的家庭教育，首先一定要符合时代要求。

送见面礼的故事

我们在小学一年级实验班进行新课程研究的时候，发生了一件令人深思的事情。

刚刚开学一个多月，实验班向一些教研、科研专家做“汇报课”。下了课，只见一位小姑娘走到一位漂亮的女教研员面前，向她深深地鞠了一个躬，落落大方地说：“老师，初次见面，我特别喜欢您，很想和您做朋友，请接受我的见面礼。”接着，她从兜里掏出一张50元的钞票，递给老师。

女老师可能没有思想准备，赶忙站起来，语无伦次地说：“我很愿意和你交朋友，初次见面……可是我没有带礼物……我把这50元还你得了……”一个六岁的小姑娘，行为举止是那么得体、那么大方；而成年人的回应反而那么狼狈、那么不成体统——刚刚送来的见面礼，怎么能立刻退回去？那天，课题组在办公室自发地展开了议论。大家认为这个六岁小姑娘送见面礼的行动，充分反映出时代对孩子的深刻影响。

一是小姑娘懂得交往的重要性，并善于主动交往。小姑娘可能并不知道一些专家的理论“21世纪是交往的世纪。一个人如果不善于交往，在21世纪将无法生存”，但是，她在当代现实的生活中，密切接触周围人群和大众传媒，通过耳濡目染，她有了认识，有了实践，有了体验。

二是小姑娘懂得了货币的作用。小姑娘虽然没有学过经济学，但是在以经济建设为中心的国情下，货币处处可见。她对货币的交换价值颇有体会，因为“初次见面，对老师不了解，贸然买了礼物，万一不喜欢多不好，干脆给老师50元钱，愿买什么就买什么”。

这就是时代给每个人的深刻烙印。社会的急剧发展使得每隔十年，甚至五年诞生的孩子有着十分显著的不同特点。对这些特点及其产生的原因的研究，是搞好当代家庭教育不可缺少的。

当今时代有很多特点，我认为至少有以下四个特点特别值得重视：

1. 走向知识经济时代

知识经济是市场经济的高级阶段，它是以知识、智慧和创新来推动经济的发展。这种以知识密集型和智慧型为核心的市场经济向我们的教育提出了挑战。发展现代科技、培养创新精神成为当今教育的历史使命。但是创新精神不是空中楼阁，它要建立在独立人格的基础上。而中国由于长期处在农业的自然经济中，由此形成的各种传统意识，使人的发展没有完全摆脱联结于血缘、地缘纽带中的人依赖人的关系，使得独立人格发展普遍不成熟，个体的价值得不到尊重，因而缺乏培育创新的土壤。

市场经济的出现对我国最大的贡献是使独立人格成为社会的需要与可能（如投资方向、决策能力、自我推销、自我表扬都需要善于合作、有创新精神的独立人格）。与知识经济时代需要相对应的是人的主体性。因此，培养孩子自我教育能力基础上的创新意识是符合时代的第一要求。

市场经济体现物的价值，必然关注人的价值。但市场经济追求效益最大化，追求利润最大化，也会对价值观教育产生负面影响，这也是在家庭教育中需要注意的。

2. 走向全球一体化时代

人类的发展不以人的意志为转移，当前社会发生了生存状态的根本性改变，人类逐渐走向互相依赖，结成整体，世界将成为一个“地球村”。全球性的生态危机促使每个人、每个国家都要把局部的利益和人类整体的命运联系起来。

“双赢”理念的产生和“强强联合”举措的出现，迫使我们重新思考教育应该如何适应这走向全球一体化的时代。因此，教育中的“自主—合作”理念积极体现了时代的要求。

信息技术的高速发展，使人类出现了新的交往格局。现实社会和网络社会中的频繁交往，使一种世界历史性的关系正在形成。

网络是把双刃剑，网络使青少年认知方式出现了很大变化，一方面网络给了青少年获得丰富多彩的知识极大的便利；网络有助于他们发挥主动性和创造性；网络在一定的虚拟化的环境中扩大和深化了他们的交往。另一方面，网络中鱼龙混杂的信息也会使缺乏辨别能力的青少年深受其害；网络的虚拟性也会误导一些青少年回避现实生活，阻碍他们获得解决实际问题的能力；网络还可能造成青少年不善于甚至惧怕现实的社会交往问题。这些也需要在家庭教育中加以重视。

3. 走向晚辈文化时代

当社会发展缓慢的时候，长辈所掌握的文化尚能代表那个时代的特征，晚辈通过长辈的传授，仍可以适应社会的需要，这时是处在长辈文化时代。

放羊娃的人生

中央电视台的记者曾经到边远地区采访过一个放羊娃。

记者问他："你为什么要放羊？"

放羊娃答："为了赚钱。"

记者又问："赚钱干什么用？"

放羊娃答："为了娶媳妇。"

记者再问："娶媳妇有什么用？"

放羊娃答："让她为我生娃。"

记者追问："生娃干什么？"

放羊娃答："长大了给我放羊。"

这就是一个放羊娃为自己设计的一生。但是，我们都知道，这种人生设计绝不是放羊娃自己的发明，他的父亲，甚至他的爷爷就是这么生活的。因为，在那个落后的地区，社会发展缓慢，老一辈的观念传到他的下一代、第二代仍然能够满足人们认识上的需要。而在迅速发展的社会中，长辈所掌握的文化已经不能适应时代的要求，只有那些和时代同时成长的一代，能批判性地继承长辈文化并迅速掌握最新知识，在此基础上不断创新的年轻人，他们所掌握的文化才代表了时代的特征。这时，就叫做晚辈文化时代。

在当前迅速发展的时代，必然形成新的“子教三娘”代际关系，宣布晚辈文化时代的到来。晚辈文化时代是要求两代人互相学习、共同成长的时代。

在晚辈文化时代，陈旧的教育模式必须改变，长辈用调羹喂孩子知识，教师在讲台上发布真理的做法将成为历史，于是，新型的亲子关系和师生关系则应运而生。

4. 走向人的转型的时代

生产力的发展促使人的生存方式发生巨大的变化。逐渐增多的共同利益、日见密切的社会联系使一种世界性的关系正在形成，它不能不对人的本质产生重要的影响。

人的本性并不是一成不变的，“整个人类历史无非是人类本性的不断改变而已”。社会的发展客观地产生了对新型的人的需要，教育应该培养能推动世界历史的主体，培养走进世界历史的人。

在这样的历史使命面前，人的转型应该成为教育的主题。过去的单一主体必须走向共同主体。这样的主体就需要完成人格上的根本转型：一是思维方式的转变。它的主要特点是开放性，达到与他人的“视阈融合”；二是价值取向的转变。它认为既有个体作为存在的价值，又有对与他人共有价值的肯定，双重规定性是价值主体的存在形式。简单地说：当代新型的人应该具有“自主—合作”的特点。

在当前形势下，这样一种人的转型教育则能将主体教育和爱国主义教育、集体主义教育、社会主义教育以及世界观、人生观、价值观的教育在深层次中结合起来，十分值得探索。因此，更加自主、更加懂得合作、更加善于创新，才是走向共同主体时代新人的特点。

（二）中西方文化的不同特点

中国家庭教育如何面对时代的挑战？解决这个问题，绝不能就事论事，我们应该从文化的“根”上着手。也就是说，要从世界各国文化的不同、哲学思想的不同着手，分析家庭教育的不同，从而采取恰当的步骤——认真地鉴别与梳理，通过融合、加工，转化成为符合当代需要的新理念、新思想、新方法，为发展中国的家庭教育服务。

由于地理环境和历史进程的不同，使得中国和西方的文化和它的精华哲学存在着各自不同的优缺点。总体来看，西方偏重于研究自然；中国偏重于研究人或人的生命。如果细致分析，又可以看到：

面对自然：西方偏重于人对自然的利用或征服，忽视研究自然对人的制约或反作用。中国强调人与自然的依存性，两者的和谐相处、平衡发展，某种程度上又忽视对自然的改造。

面对人：西方偏重于个人、自我、个人权益与对自由的追求和维护。他人，则是“从属于自我的他人”……边沁、康德都把人与人之间普遍性的伦理原则建立在个人的功利主义或自我的良心主义的基础上。中国偏重于个人与他人的关系。“他人的社会存在是个人的一切言行的出发点。只有承认、重视、关怀他人，处理好个人与他人的关系，才能有个人的幸福和自我存在价值。”①

1. 中国文化的特点

中国文化源远流长，我认为比较重要的至少有四个部分：

普世关怀的人文精神。仁爱是儒学的核心，“樊迟问仁，子曰：‘爱人’。”“仁者，人也，亲亲为大”，从爱自己的父母出发，“爱亲则继其爱人”，关爱他人应该是做人的基础，每一个人应该成为有善心、良心的人。教育青少年要从同情

---

① 夏基松：《谈中西哲学的差异与融通性》，《社会科学战线》，2008年，第4期，第45页。

心等基础性情感开始自我教育，懂得“恻隐之心，仁之端也；羞恶之心，义之端也；辞让之心，礼之端也；是非之心，智之端也”。

“天人合一”的思维方式。“它是把包括人类在内的整个自然宇宙看做是一个有机、有序、不可分割的整体……”“不能把自然界当做与人类对立的客体对象，从而肆意地向它索取、敲剥和破坏”。[①]

和而不同的共生哲学。“和”体现的是由不同因素构成的事物多样性的统一，而“同”则是由相同因素构成的简单同一。[②]多样性的统一能够使共同主体丰富、发展并生成新东西。春秋时期的思想家晏婴以“五味相济”“五音相合”来说明“和”与“同”的区别——清水加清水，不加调料，谁还爱喝？总弹一个音调，谁还爱听？

“与时共进”的变革理念。中国文化始终推崇“趋时求变”“日新”的理念，认为“天地万物无时而不动，无时而不移”。《易经》提出如何才能恒久，回答是“穷则变，变则通，通则久”。但是“变”，不能随心所欲，而是“与时偕行”，要看空间、时间等客观条件。汉代杨雄主张正确处理“因循”（继承）和“革化”（创新）的关系，才能得到真正的发展。

2. 西方文化的特点

西方文化同样博大精深，我认为比较重要的至少有：

重视个体价值、个性、独立性、开拓性、创造性。“西方哲学对人的意识能动性的强调、所包含的理性主义精神、对个人主体性价值的弘扬以及在此基础上发展出来的关于社会公共生活的现代性价值理念等，是中国传统哲学所欠缺的。”

关心的重点是自然。人也只是自然的一部分。而中国哲学中“对人生命内在的道德能动性与创造性的自觉，对人与自然、人与人之间毫无隔碍、生机盎然的

① 李中华：《国学的核心价值及其基本精神》，《党政干部学刊》，2012年，第7期。

② 李中华：《国学的核心价值及其基本精神》，《党政干部学刊》，2012年，第7期。

和谐境界的领悟等，同样是西方哲学所欠缺的。”[①]

思维方式是“主客二分”。“不仅是指主客二分，而且首先是强调形而上世界与形而下世界二分。”[②]

善于使用概念语言，运用逻辑的表述方法。

3. 中西方文化精神的不同优缺点比较：

“西方理性文化精神的优点——强调人对自然的科学认识和技术把握；突出个体的价值和人的文化创造性，这推动了西方现代工业文明的飞速发展；而其弱点在于忽略了对人和自然和谐关系的强调和对群体价值的弘扬。中华民族的文化精神在强调人与自然的和谐、人与人的和谐、人与社会的和谐……形成了中国文化的优秀的民族精神和凝聚力。但是，中国传统文化更多地强调经验，而不是理性；更重视群体的利益，而不是个体的价值，这往往容易导致用群体的价值来压抑个性，抑制创新的倾向。”

在多元世界的今天，“世界的混乱与病态，人类的分裂与自残”已经引起越来越多的人反思自己走过的道路、社会体制和哲学理念。西方安乐哲等一批学者注意到“中国哲学从追求的‘本原’到思维方式、表达方法乃至社会实践都有西方所欠缺而应参照的特点”[③]。西方学界已经开始了一场真正的革命！儒学中的和谐理念已经在全世界造成了越来越大的影响。

中国文化的特长在于尊德崇礼，爱好和平，天人一体，中道不偏，重人轻神；其短处在于智性不彰，个性不显，法治不明，竞进不足。[④]

我们要以仁爱之心对抗崇拜金钱、权力的思想，也要对抗那些把“自爱”变

---

① 贺来：《中国哲学、西方哲学、马克思主义哲学：价值信念层面的对话》，《中国社会科学》，2008年，第5期。

② 胡伟希：《从中西哲学比较到中观哲学》，《文史哲》，2008年，第1期。

③ 许嘉璐：《卸下镣铐跳舞——中国哲学需要一场革命》，《文史哲》，2009年，第5期，第6页。

④ 牟钟鉴：《儒学继承与创新的三种途径》，《人民政协报》，2010年，11月22日。

成“自私”，把“独立人格”曲解为“孤立不群”的论调。

（三）中西方家庭教育的不同

人类的持续发展，不断更新的生产力和生产关系构成了越来越进步的社会形态。不同的发展阶段，决定了家庭不同的基本状况。而由于世界各民族、各地区文化的不同，必然影响家庭教育。而决定家庭成员的发展方向的则是世界观、价值观。

在全球一体化的今天，要想搞好家庭教育，绝不能关在屋子里孤芳自赏，而应该了解中西方家庭教育的不同，取长补短，互相融合。在这个过程中，根据发展着的现实情况，淬炼和净化我们的世界观和价值观，把家庭教育推向一个新的高度。

1. 当代西方家庭教育明显的特点

（1）重视个人；

（2）尊重儿童独立、自我价值，发展个性，做最好的自己；

（3）强调民主。

2. 当代中国家庭教育明显的特点

（1）重视家庭；

（2）人际关系中提倡仁爱；

（3）强调和谐。

在全球一体化的今天，中国人随着自身生活条件的变化，随着与多元文化的接触，在中西方文化的碰撞中，每个人的思想不可避免地都会发生变化。中国人走向世界的过程中，常常遇到和自己习惯、看法相冲突的事情，这不能不引起我们进一步的思考。我们先从一个实例开始——

“让他自己爬上来”

有一位中国的报社记者去澳大利亚的一个城市采访。有一天，他走在大路上，看见前面有母子两人正在散步。孩子很活泼，边走边在路边的水沟旁跳来跳去，母亲责备孩子不应该在水沟边乱跳，因为一不小心就会掉到水沟里。看来孩子十分调皮，不但不听，反而继续跳来跳去，间或还跳到沟那边去。

结果，不一会儿，调皮的孩子还是掉进水沟里。水沟虽然不深，但是孩子爬上来不那么容易。这时，走在后面的中国记者跑到水沟边，正想“见义勇为”把孩子拉上来。没想到，只听见孩子的母亲厉声地制止记者，说道：“不！让他自己爬上来。”

最后，孩子经过自己的努力，终于从水沟里爬了出来，不好意思地走到母亲身边。

这件事情给了记者极深的印象。他在报道这件事情之后，意味深长地提出一个问题：如果是我们中国的家长遇到类似的事情，将会怎么办？

据我所知，在中国的街道上常常见到“四二一”结构的家庭出游，如果是孩子不小心摔倒了，往往是六个大人一起冲向前，紧接着精神安慰、物质满足全跟上。但是，这样热情“关怀”的结果反而是让孩子越来越胆小，自己一个人不敢在家里待着；孩子越来越无能，自己不会处理紧急情况，不会和外人交往……

究竟是这位澳大利亚的母亲不爱自己的孩子，还是我们有的家长“费力不讨好”，爱孩子爱得有问题……

我认为这位澳大利亚的母亲做得很好，有这样三点值得我们学习：

一是从小培养孩子的责任感，教育孩子为自己的行为后果承担责任。如果一个人对自己的行为不负责任，就没有办法培养出他的责任感。对于孩子也是如此，家长已经指明不应该在水沟边乱跳，孩子还要跳，后果自然应该他自己负责。现在，有的家长相反，只是在向孩子提要求的时候“既严格又严厉”，而一旦孩子出现不负责任的情况，导致了不良的后果时，家长却原谅了孩子，甚至替孩子承担责任。长此以往，如果孩子还有责任心，那才是怪事。

二是培养孩子自救的意识和能力。在保证生命安全的情况下（这位母亲当然知道水沟的宽度和深度，不至于出现安全问题），孩子付出点代价（全身湿淋淋），能够获得一些自救的知识和经验，培养自救的勇气和意识，也是很值得的。如果孩子平时遇到难题，总是依赖成人帮助解决，一旦遭遇孤立无援的局面，又不会自救，到那时后悔就晚了。

三是善于争取其他人共同贯彻自己的教育意图。有时家长教育子女，目的明确，方法也得当，可是遇到一些好心人（如亲友邻里）的劝说，只好作罢。这位澳大利亚的母亲不怕得罪人，要求别人也要帮助她共同贯彻自己的教育意图——“让他自己爬上来”。

（四）创建当代中国家庭文化

在改革开放过程中，全世界各种文化像汹涌的海潮激荡着我们原有的文化，有些人欣喜若狂，有些人忧心忡忡。更多的人开始思考：中国往哪里去？中国的家庭教育究竟怎么发展才是正确的方向？

当然，中国已经进入现代社会，我们的生活世界和生命经验正在和世界交织、融合，越来越具有丰富、复杂、特殊的性质。在这种情况下，如果我们拒绝、排斥和其他形态的文化对话，必然会出现片面性和僵硬性。因此，认真学习外来文化，兼收并蓄，这是我们应有的态度。

然而，现实告诉我们，在各种文化中同样是精华与糟粕并存，我们既不能一概排斥，也不能盲目全盘接受，应该加以认真地鉴别与梳理，通过融合、加工，转化为符合当代需要的新理念、新思想、新方法，为发展中国的家庭教育服务。

1. 正确对待中西方不同文化的指导思想

习近平指出，文明因交流而多彩，文明因互鉴而丰富。文明交流互鉴，是推动人类文明进步和世界和平发展的重要动力。推动文明交流互鉴，需要秉持正确的态度和原则。

第一，文明是多彩的，人类文明因多样才有交流互鉴的价值。人类在漫长的历史长河中，创造和发展了多姿多彩的文明。不论是中华文明，还是世界上存在的其他文明，都是人类文明创造的成果。文明交流互鉴不应该以独尊某一种文明或者贬损某一种文明为前提。推动文明交流互鉴，可以丰富人类文明的色彩，让各国人民享受更富有内涵的精神生活，开创有更多选择的未来。

第二，文明是平等的，人类文明因平等才有交流互鉴的可能。各种人类文明都各有千秋，没有高低、优劣之分。要了解各种文明的真谛，必须秉持平等、谦虚的态度。傲慢和偏见是文明交流互鉴的最大障碍。

第三，文明是包容的，人类文明因包容才有交流互鉴的动力。一切文明成果都值得尊重，一切文明成果都值得珍惜。只有交流互鉴，一种文明才能充满生命力。只要秉持包容精神，就不存在什么"文明冲突"，就可以实现文明和谐。

习近平强调，"中华文明经历了5000多年历史变迁，但始终一脉相承，积淀着中华民族最深层次的精神追求，代表着中华民族独特的精神标识，为中华民族生生不息、发展壮大提供了丰厚滋养。中华文明是在中国大地上产生的文明，也是同其他文明不断交融互鉴而形成的文明。"

习近平讲话的精神应该成为我们在家庭教育中如何对待中西方文化的不同、如何创建当代中国家庭文化的指导思想。

2. 在家庭教育中如何对待中西方文化的不同

马克思说："理论在一个国家实现的程度，总是决定于理论满足这个国家的需要的程度。” 现在，我们要实现中西方文化的融合，最需要的是搞清楚中国有价值的、需要继承的传统文化究竟是哪些？西方最有价值、需要我们学习的文化究竟是哪些？

一方面要挖掘、继承中国传统文化中的精华，鉴别、剔除传统文化中的糟粕。

我认为，中国当代学者对传统文化进行了大量的研究，但是仍然不能令人满意。尤其是中国传统文化中能够进入世界大家庭，作为普世文化的组成部分的内容，尚需要对其进行更深入的研究。

根据现有的资料，多数学者比较认同的中国传统文化的精华与糟粕，大致是以下几部分：

一是“仁者爱人”的人文精神——有爱他人、爱家庭、爱人类等传统文化的精华；但是也有等级思想，光宗耀祖，出人头地，缺乏平等、民主的糟粕。合作有余，自主不足。

二是“天人合一”的思维方式——有人与自然和谐相处、和谐发展的传统文化的精华；但是也有对天命（规律）没有敬畏的问题（没有成为一种信仰）。

三是“和而不同”的共生哲学——有“五味相济”“五音相合” 多样性的统一的传统文化的精华；但是也有趋同、随大流、抹杀个性的文化糟粕。

四是“与时共进”的变革理念——有“穷则变，变则通，通则久”的传统文化的精华；但是也有缺乏开拓、进取精神，习惯采取灌输的方法，存在静态、封闭和超稳定的问题。

另一方面要分析、学习西学精华，创建当代中国家庭文化。

当代中国家庭文化应该有这样四方面特点：

在人文精神方面——继续发扬仁爱精神，同时强调平等精神。建立一个充满爱心，又民主、平等的家庭。

在思维方式方面——以“天人合一”的思维方式建立科学信仰。建立一个人人有科学信仰的家庭。

在共生哲学方面——培养个性、独立性，坚持“和而不同”。建立一个和谐的、家庭成员各有特色的家庭。

在变革理念方面——在“与时共进”中，更加突出开拓性、创造性。建立一个人人通过自我教育，培养出自立、自强、自信、自尊品质的不断创新的家庭。

二、从《颜氏家训》到《斗妈大全》

——中国家庭教育的特点与变迁

人们的意识随着人们的生活条件、人们的社会关系、人们的社会存在的改变而改变。[①]

——马克思

有人指责中国家庭教育的落后面，往往忽略了一个重要的事实——中国的家庭教育，在近几十年发生了很大变化。因此，一定要明确区分开：是传统的家庭教育，还是当代的家庭教育？看不到中国家庭教育的变化，尤其是看不到近些年中国的进步，在中西方文化融合上的变化，也会变成空洞的议论。

（一）从“谨言慎行”到“出招斗妈”

下面我们从相距一千多年的两个实例看看中国家庭教育的变化有多大。

1. 老夫子《颜氏家训》：教诲孩子谨言慎行

颜之推是我国南北朝时期著名的思想家、教育家、文学家，《颜氏家训》是他对自己一生有关立身、处世、为学经验的总结。《颜氏家训》作为中国传统社

① 马克思，恩格斯：《马克思恩格斯选集》，第1卷，人民出版社，1972年，第268~273页。

会的典范教材，直接开后世“家训”的先河，是我国古代家庭教育理论宝库中的一份珍贵遗产。颜之推其实并没有显著的功劳与地位，却因一部《颜氏家训》而享千秋盛名，可见《颜氏家训》的影响多么深远。

为了和《斗妈大全》对比，下面我只选取了《颜氏家训》中的有关段落。

夫圣贤之书，教人诚孝，慎言检迹……（译文：圣贤的书籍，教诲人们要忠诚孝顺，说话要谨慎，行为要检点……）

吾家风教，素为整密，昔在龆龀，便蒙诱诲。每从两兄，晓夕温凊，规行矩步，安辞定色，锵锵翼翼，若朝严君焉。（译文：我家的门风家教向来严整、周密，在我还小的时候，就受到诱导教诲。每天跟随两位兄弟，早晚孝顺、侍奉双承，言谈谨慎、举止端正，言语安详、神色平和，恭敬有礼、小心翼翼，好似拜见尊严的君王一样。）

2. 10岁女孩编《斗妈大全》：向骂人的妈妈挑战

一本《斗妈大全》在微博和网络上迅速蹿红，让网友称奇的是，作者竟是两位北京的四年级小女孩，稚嫩的笔触和配图，让这本《斗妈大全》诙谐十足，二十余招“斗妈”招式令人忍俊不禁，不少网友看完都大呼：“了不得！不得了！”

《斗妈大全》前言：

“这是一本书，专为6—12岁天天被家长骂的小孩编的，独家放出《斗妈大全》。老妈们，你们准备好了没，开始接招吧！”

第一招

你的老妈骂你的时候，你可以：看着其他的地方，想别的事情。不管，不听。性质：硬。（注：不能经常用。）

第二招

你的老妈骂你，不让你看其他地方的时候，你可以：找妈咪身上的闲事。性质：硬。（注：不能经常用。）

第三招

你老妈使劲骂你的时候，你可以：装哭（使点劲儿哦）。性质：软。（注：一定要装得像，可以经常使用。）

第四招

你老妈使劲骂你的时候，你还可以：趴在你妈身上哭。性质：软+软。（注：可以经常使用。）

未完待续……

记者对此做了调查。

问：妈妈们会怎么看《斗妈大全》？答：开明家庭的妈妈和孩子就该这样。

调查结果：47%的网友觉得“只是好玩，妈妈们不用太紧张”，42%的网友称“挺好的，开明的家庭，妈妈和孩子就该这样”，还有6%的网友担心“孩子这样有心计‘对招’，做妈妈的会伤心”，5%的网友称，“真正有问题的孩子不会在这样的家庭中”。

爸爸说：家长看后会给孩子松绑。

小作者的父亲陈先生告诉记者，这本《斗妈大全》确实是他的女儿陈乐水和同学一起策划和创作的。陈先生的女儿陈乐水在北京丰台的一所小学读四年级，“我们对女儿的教育属于散养型，对她还是比较放任的，小女孩时不时有点小脾气，偶尔跟她妈斗斗嘴”。陈先生说，“就在前天，女儿拿出一本册子，神秘地对我说，‘爸爸，给你看样好东西。’打开一看，原来是一本《斗妈大全》。我看完后的第一反应觉得很真实、有趣。这也是当前家庭教育的真实写照。于是我决定放在微博上，给所有的家长看看。”他希望通过这本《斗妈大全》让家长们引以为戒，不要老是骂孩子，给他们自由，让孩子自己发挥。陈先生坦言，他也是位另类爸爸，因为自己小时候很淘气，所以也常教给女儿一些对付老师和老妈的怪招。

这本《斗妈大全》目前写了二十余招，未完待续。“女儿说还没结束，她没有时间写。”陈先生又上传了几张女儿的作品。他还鼓励女儿开个微博，让她以后自己在上面说话，那样会更真实。不久，陈先生女儿的微博正式开张，发的第一条微博是：“爸爸让我发微博，我说今天快被语文老师弄疯了，让我休息休息吧！”

《斗妈大全》被放到网上后，陈先生的妻子责怪他，“这不是丑化我嘛！”“我其实觉得有点委屈，我真的不是那样常骂孩子的妈妈！”电话那头，小作者的妈妈一边向记者解释，一边语气温和地问女儿，“当当，你觉得妈妈是不是经常骂你，妈妈是怎样对你的？你跟阿姨说说！”本想请女儿为自己“正名”，但女儿始终都没给妈妈“面子”，不愿接受记者的采访。

谈及女儿为什么要创作《斗妈大全》，妈妈“代答”：“有一次，女儿考试成绩不理想，放学后和同学一起回家写作业。看完分数，我忍不住说了她一句：‘跟××同学相比，拿着这张卷子回家，你难道觉得好意思吗？’一听老妈拿自己跟同学做比较，女儿有点生气，两个小女生一合计，当即决定‘给挨骂的孩子画本书’。于是，她们便开始在房间里偷偷策划起来。”

“我平时很少这样做的，因为女儿常对我说，她特别讨厌拿她跟其他人做比较！我是位历史老师，平时还是很注意对孩子的教育方法。我的脾气不是特别急，对孩子要求也不是很严格，尤其是爸爸更加宽松，常对女儿说，‘如果你考了100分，我会打你屁股的！’在我们周围，不少孩子都是‘上班族’，周末都被占满了，可我们征求她的意愿只报了两个班——古筝和英文。”妈妈告诉记者，女儿喜欢画画，原本还报了一个画画班，可考虑到不想占用女儿周末休息的时间，后来就把这个画画班取消了。

网友的微评：

对《斗妈大全》，网友们讨论热烈。有人从《斗妈大全》中看到了孩子的聪明智慧和创造力，有人从中看到了家长的教育方式，也有些围观父母表示“鸭梨很大”。

三日雾雨：哈哈，千万别让女儿看到！

东篱木歌：现在的娃娃真是不得了，我当年只会第一招，一招亢龙有悔走天下！

以吾之螟：现在的小孩真让我们哭笑不得……不过这也正说明他们有着无穷的创造力，希望他们的这种创造力不要被抹杀或误导……

照见去年残月：学会教育真不是件容易的事，爸爸妈妈们共勉吧！养大孩子其实也是件斗智斗勇的事！孩子们真的好可爱，要多爱他们，了解他们的内心，不能把骂当饭使，不管孩子是真错还是假错，骂是最无能的做法。

从《颜氏家训》到《斗妈大全》，可以鲜明地看到，中国的家庭教育已经有了多么大的不同。虽然《斗妈大全》是比较极端的例子，况且带有一些恶搞的性质，但是仍然可以看到，当代的孩子和当代的家长，他们所持的观点和一千多年前颜之推的观点差距极大。《颜氏家训》主张“说话要谨慎，行为要检点”“言语安详、神色平和，恭敬有礼、小心翼翼，好似拜见尊严的君王一样”。而《斗妈大全》中，10岁的孩子竟然让“老妈”“接招”，不但说话毫不谨慎，而且行为相当放肆，编写20余招数去和妈妈“斗”。但是，值得我们思考的：一是孩子们所以编写《斗妈大全》，是因为有妈妈骂孩子在前，孩子是一种反抗行为；二是大多数家长们不但不气不恼，反而认为“开明的家庭，妈妈和孩子就该这样”。从孩子和家长的所有行为和观点看，雄辩地说明了中国的家庭教育出现了巨大的变化。中国当代的家庭教育，虽然受几千年传统文化的影响，但是也融入了许多传统之外的文化。因为是正在变化之中，呈现出万紫千红的景象，甚至在某些地方有点离经叛道，也不足为怪。

（二）家庭教育的变迁

文学家龙应台在台湾大学法学院的讲演说过：“……我们从小就认为所谓西方文化就是开放的、民主的、讲究个人价值、反抗权威的文化，都说西方是自由主义的文化。自己亲自去研究一下欧洲史以后，你就会大吃一惊：哪有这回事啊？西方文艺复兴前是一回事，文艺复兴之后是另一回事；启蒙主义之前是一回事，启蒙主义之后又是一回事。”①

可见，不论东方还是西方，都有一个漫长、曲折的历史发展过程。家庭教育也不例外。

在过去的二三百年中，全球范围内的工业化、城镇化和现代化的浪潮给中国的家庭带来了深刻的影响。新中国成立已经60多年了，各个方面都出现了惊人的变化。随着社会的发展，家庭教育也在逐渐进步。有的研究机构通过科学的调查，认定“随着家庭中经济条件的提高和家庭中子女数量的减少，父亲对子女采用更多积极的教养方式，如情感温暖、理解，而母亲对子女要求越来越严格”。②特别是“1978年改革开放以来，社会的变化更是多方面的：从相对封闭到对外开放，从自给自足的计划经济到全球化情境下的市场经济，从极高的总和生育率到低于更替水平的生育率，从80%以上的农业人口到一半以上的城镇人口等”。③

由于我的个人见闻有限，对于家庭教育的变迁还不能做出全面的概括，感触比较深的有以下五个方面。

1. 从重男轻女走向男女平等

脱胎于封建社会的中国，至今仍然有不少封建余毒，在旧中国它的严重程度，现代人根本无法想象。例如“重男轻女”就是一条。

听我母亲说，生我哥哥和我的时候，奶奶特别高兴，照顾得相当好，而生我姐姐的时候，奶奶就不给生火取暖，大冬天只好冻着。在大家庭，如果男孩欺负女孩，奶奶总是护着男孩，说什么“小孩子打两下，也不会疼”；吃饭的时候，男人、男孩子都是上大桌吃好的；儿媳妇和女孩子一律在小桌吃饭，饭菜也比大桌差。

---

① 龙应台：《我们为什么要学习文史哲?》，《中国教育报》，2014年2月17日。
② 辛自强等：《社会变迁中的青少年》，北京师范大学出版社，2008年，第138页。
③ 杨菊华等：《社会转型过程中家庭的变迁与延续》，《人口研究》，2014年，第2期。

我出生在七七事变那一年，和许多老百姓一样，为了不当亡国奴，我们全家开始逃难。在过滹沱河的时候，发现桥梁已经被日寇炸塌。滚滚的河水挡住了去路，有钱的可以花一个大洋雇人背过去，没钱的只好全家手拉着手，一步一步蹚过去，可是大浪一来，眼看着把人全都冲倒，再也看不到人影。当时，河水还在猛涨，后面日寇的枪声越来越近，必须尽快决定怎么过河。奶奶决定，花钱先把男孩子送到对岸，给冉家留下根，女孩子自己想办法。我可怜的大姐，当时才五岁，只好自己攀着炸断的桥墩、铁梁，艰难地爬了过去。

到了新社会，时代不同了，走向男女平等，越来越多的家庭认为生男生女都一样，女孩子还是“贴心的小棉袄”呢！当然还有少数人脑子里至今还残留着封建意识。我在调查50个单亲家庭子女教育问题时，竟然有3个家庭就是因为生了女孩，丈夫和婆婆虐待儿媳妇而离婚。一位妇女在“坐月子”期间，丈夫和婆婆不但不照顾产妇，还在外屋风言风语挖苦了一个月。一个月过后，她毅然决然提出离婚，临走前，她向婆婆说：“我们都是女人，为什么你就那么看不起女孩子？我一定要把孩子培养得比男孩还好，名字就叫超男。”果然，之后她将孩子培养得相当不错，年年都是三好生。

2. 从重生存走向重发展

旧社会老百姓过着艰难困苦的生活，把孩子养大就很不容易，只好“先生存，后发展”，有条件的时候才谈得到上学受教育。

我父亲是中印公路勘探队的队长，这是为了抗日战争胜利修建的一条公路运输线。让人难过的是，我在逃难刚刚到云南见到父亲后不久，在1942年，他就因为积劳成疾因公殉职了。父亲去世后，我母亲带着我们兄弟姐妹四人，在云南祥云、昆明开始了艰难的孤儿寡母的生活。哥哥为了全家的生计，虽然当时只有13岁，却执意要辍学去参加工作……

北平和平解放前夕，我们家的生活来源已经完全断绝。到了晚上夜深人静的时候，母亲把我和二姐叫到她床边（我哥哥原在南京，后来去了长江边的游击队；大姐原在保定读书，后来和同学一起参加了解放军。这时候没有一点音信），轻声地对我们俩说："现在咱们家已经没有经济来源了，所以要尽量节省，从明天起，咱们只能吃饭……没有菜吃了。"我那时虽然年纪小，但也感到心里像压了块石头。

在那兵荒马乱的时代，保住性命是第一位的，孩子的发展问题，只好有条件再说了。实事求是地说，在旧社会，我们的家庭条件还不是属于特别困难的。所以，安定的局面是老百姓真正需要的。稳定的社会是教育孩子的基本条件，每一个人都应该珍惜。

说到孩子的发展，首先应当根据社会发展的需要来培养孩子，不能抱着老一套的观念不放。我们正在走向知识经济的时代，走向全球一体化的时代，走向晚辈文化的时代，走向人的转型的时代。因此，我们要培养的是德智体美全面发展的孩子，是既能自主又能合作的孩子。

3. 从口耳相传走向传媒手段

过去由于经济困难，人们的文化水平低，许多家庭的家庭教育经验主要靠上一辈对下一辈口耳相传。这里面既有精华，也有糟粕。有两个一代代传下来的古老故事，我估计有几千年了，不知有没有文字记载，但我认为只要是精华，一定会流传下去的。

古时候，有一个孩子得了重病，家人遍寻了名医，都说无法医治。正在为难的时候，孩子听到一个神仙说："只要有一颗心脏，就可以治好你的病。"母亲听说后，就毫不犹豫地把自己的心脏交给了孩子。孩子捧着这颗心去找神仙，走在崎岖的路上，不小心，孩子摔倒在地。这时，只听见那颗心在说："孩子！你摔痛了吗？"

这就是一个母亲的心，它是无私的、不要求回报的一颗心。它温暖了一个个孩子的心，教育了一代代人。

在现实生活中，要让孩子能处处感到这颗心，深深懂得这颗心，能为这颗无私的心发出强烈的共鸣，这就是我们要进行的教育。

有一个母亲，十分溺爱自己的孩子，不但衣来伸手，饭来张口，简直是“要星星，就不会给月亮”。由于惯得实在不像样子，结果孩子养成了一身坏毛病，不但好吃懒做，而且发展到偷鸡摸狗，打架斗殴，最后被抓了起来。但是，母亲不但没有反思自己教育的问题，而且还打通官府，用钱把孩子赎了出来，之后，继续娇惯。结果这个孩子越来越坏，最后因为杀人，犯下了死罪。孩子临刑前，认识到自己逐渐变坏，落得这样的下场，完全是母亲娇惯的结果。于是他提出临死前见母亲一面。母亲来到刑场，对孩子提出的要吃最后一口奶的要求也满口答应。最后，孩子狠狠地咬掉母亲的乳头，说出了最后一句话：“你哪里是爱我！是你害了我，我恨你！”

古老的故事为什么能够代代相传？因为它揭示的道理是朴素而又深刻的，在当代仍然有现实意义，每一个人应该引以为戒。但是，时代发展很快，当世界走向信息化的时代以后，各种现代化的传媒手段进入了千家万户，家庭教育步入了新阶段。大众传媒是把双刃剑，它一方面是培养人才的桥梁，丰富、快捷的信息传播比口耳相传有许多优越性，但是，大众传媒的开放性使得信息当中呈现鱼龙混杂、泥沙俱下的严重隐患。所以，大众传媒从另一方面看，又可能成为害人的陷阱。

时代总是往前发展的，当代的家长不应该埋怨，而应该迎接时代的挑战，充分使用和享受信息时代带来的“利”，想办法避开它的“弊”，让孩子们在新时代更健康地成长。

4. 从听话教育走向自主

中国的家庭教育，十分强调听话。在家里能够听话就是好孩子，大人说话，孩子没有参与的权利，更不能和家长有不同意见；即使家长说错了，孩子也只能够先忍着，不能反驳。

在《傅雷家书》中，我们可以看到，著名的翻译家傅雷原来“教子很严，有时几乎不近情理”“孩子在父亲面前，总是小心翼翼”。但是随着时代的变迁，傅雷思想上也发生了很大变化，他后来在给儿子的信中真诚地写道：“孩子，我虐待了你，我永远对不起你，我永远补赎不了这种罪过！”[①]

在旧社会，最悲惨的是孩子自己的婚姻大事都必须听从父母的安排。几千年来，这样的听话教育拆散甚至逼死了多少对有情人。那些听话的年轻人，听从父母的安排之后，被没有感情的婚姻捆绑在一起，一辈子郁郁寡欢。直到民国时期，连一些高级知识分子、著名的学者（例如胡适）都逃不出这个枷锁。

我小时候，有一位邻居，刚刚十五六岁，家长为了早些子孙满堂，就强迫孩子结婚。一个本来和我们一起活蹦乱跳的少年变成终日默默无语的“有家室”大人。他的同样遵从父母之命的妻子更是天天以泪洗面。

在学校，同样要听话才是好学生。许多家庭对孩子上学最主要的要求就是听老师的话。有一位高中学生回忆他的上学往事时，很感慨地说：“我从上幼儿园开始，母亲跟我告别时，唯一的一句话就是‘听老师的话’，上小学、初中、高中，仍然是这一句话。到了高三，我实在忍不住了，对母亲说：‘我都是高三的学生了，您这句九年一贯制的话，也该改一改了！’”

有的学校利用孩子这种听话的特点，给学生制订了许多不必要的规章制度，有的反而影响了学生的健康发展。比如，有的学校对刚刚入学的一年级小学生规定：上课必须两脚并拢，全脚着地。这个要求对于活泼好动的孩子简直是一种刑罚。大多数小学生都做不到，因此常常要挨批评。有一个小女孩倒是做到了，结果发现，她整节课都没有听讲，因为她必须全神贯注地去控制自己的两只脚。

现在的孩子，在民主氛围的影响下慢慢地有了独立见解，也敢于发表自己的意见了。

---

① 傅雷：《傅雷家书》，长江文艺出版社，2010年，第9页；第15页。

“你们大人走路没个样”

一天，我在公园散步，迎面走来一男一女两个成年人和一个七八岁的小女孩，小孩走得稍微靠前一点，气鼓鼓地不时回头看一眼那两个成年人。原来是两个成年人边走边打闹，嘻嘻哈哈，推推搡搡。

后来小女孩忍不住生气地说：“走路也没个大人样！”那两个成年人不以为然，不屑一顾地说：“怎么啦，怎么啦！”小女孩更生气地说：“你们大人还没有我们小孩走路像样呢！”

5. 从封闭走向开放

中国是一个农耕国家，自给自足的生产方式（在一个小山村里，衣食住行几乎可以自给自足）使人们的思想容易封闭，行为过于保守。重血缘、地缘的心理不知不觉融化在每个人的血液中。一个再不懂事的学生，如果在车上遇到自己的亲人或者熟人，一定会有礼貌地让座，而对于其他有需要的人，往往是不理不睬。一个人在外地遇到老乡，则感到格外亲切。在《明贤集》中就有“人离乡贱，物离乡贵”“凡是登途者，都是福薄人”的名言警句。前者是说人一离开自己的家乡，离开了亲人、地方网，就不值钱了；后者是说凡是出外打工、谋生的人，都是没有福分的人。可见，过去，人们都是被这些思想搞得很封闭。

于是，那时候国家要靠封港杜绝与外国交往，靠长城阻挡外族闯入，外城、内城、宫城，大城套小城；家宅要把院墙修得里三层，外三层，既可以防御外人进入，也可以控制自己人随意外出。训诫家人“大门不出，二门不迈”；对于女孩子，更有闺楼加以控制，一切活动只能在楼上进行，饮食都是佣人送上去，只有少数亲人可以上楼与女孩子见面、交谈……

“丁忧三年”（父母去世，儿女要守孝三年，不工作，不离家）“父母在，不远游”等等封建的伦理道德、制度把人们的思想行为禁锢得死死的。

然而，中国不可能永远闭关锁国，无论是自身发展的需要也好，还是国外势力的软硬兼施也好，中国封闭的局面终于被慢慢打开了。

以我的家庭来说，父亲是第一代学习洋文、洋知识的读书人。他学的是土木工程，职业是修建公路、铁路。那小四合院再也关不住他的思想和行动了。他走遍了全国各地重要的交通要地；思想上通过书报，走向了世界各地。他曾经建议他的侄女学习高尔基；通过自由恋爱娶了我的母亲，一个没有裹小脚的师范毕业生……虽然是在20世纪20年代，但这个家庭就再也不能被封闭了。

最有趣的是封闭与开放是交叉进行的，由于旧思想的强大，新思想要进来，要站得住，扎下根，还需要一个曲折的过程。

有一次，在中秋节，大家庭安排了祭月仪式。按规定，每个人都要下跪，恭恭敬敬给月亮磕三个头。这时候作为小学教师的母亲，已经有了新思想，当然觉得这种行为十分愚蠢，甚至可笑，因此坚决抵制——拒绝磕头。可是在奶奶的威逼下，尤其是全家无一例外全都磕头的环境中，母亲退了一步，答应对月亮鞠三个躬，老太太只好勉强同意。现在想起来，向月亮鞠躬，其实也很可笑，不过这是弱女子与封建老太太的第一次“交火”，坚持不磕头，也算是一个小小的胜利。

在中国，从封闭走向开放，有一段时期属于“四不像”的阶段——有留辫子的，同时有穿洋装的；有用打火石的，也有用洋火的；有读私塾的，也有上洋学堂的……其实我们现在也有类似现象。可能社会发展快了，这种混搭现象也是不可避免的。

改革开放以来，人们的思想更加解放，眼界更加放开。尤其是在教育子女方面，有了许多新想法。有一位家长回忆：

小佳刚生下来的时候，生活条件很不好，住在一个十二三平方米的平房里。那个院子很小，是个四合院，又盖了好多小房，一眼看不了多远。

我们院里也有一个小孩，跟小佳差两岁，那个小孩就是他奶奶带着，平时要不就是站在大门口，要不就是站在大马路上，那个小孩就显得有些发呆，让人心疼，我想是因为孩子缺少活动空间。

孩子生下来之后我们就买了小三轮，有时间就蹬上小三轮带她上公园。那时候她看的东西特别多，她看到花儿、草儿跟家里的不一样，就特别愿意出去，她就盼着我回来，一回来我们就经常出去玩儿。孩子一岁以前，基本上都这样。这点我觉得没白努力，她思路就开阔得多。

1997年，孩子一岁多的时候，为了让她的眼界更开阔，我买了一个奥拓。当时我们的经济也不是特别富裕，咬牙买的，花了七万多元钱。我每个周末都带着她去玩儿。北戴河、天津、塘沽什么的，反正就是要开阔眼界。这样我觉得随着我的活动半径增大，活动次数的增多，孩子的思维活跃程度、处理问题的能力都不一样了。特别是跟别的小孩在一起时，她说："爸爸，我给你提一个问题，我觉得其他孩子很吵，张文佳没完没了地问……"我那时候确实有意识地把小孩的活动范围增大，让她视野开阔，我说不清这里面的道理。但是反正……这个车我用了七年，这七年我觉得价值特别大。

眼界放开，一方面表现在旅游上，中国旅游的人数近几年成倍增长。家长为了让孩子放眼世界，带着孩子尽可能走远一些，像上面这位家长，采取自驾游的形式；还有的乘飞机、坐轮船，来个"周游列国"；另一方面，表现在阅读的范围上：

我儿子8岁了，一开始小的时候我也给他买"国产书"，但是后来我发现，国外许多优秀书籍更加适合孩子的阅读，因为它们很生动，画面要么很唯美，要么很有趣，不但吸引孩子，也吸引了我！他们的教育意义是从孩子的"人性"和特点出发，在一种轻松愉快的氛围中，让孩子懂得做人的道理、思考的方式等等，而不是采用"国产书"单纯的说教方式，比如：同是少儿百科全书，我们家有6套不同形式的，其中外国的有两套——《神奇校车》(美)、《什么是什么》(德)，这两套是孩子最喜欢看的。斯凯瑞的金色童书系列是把社会、知识融为一体的卡通幽默大全！文学方面的——《小鹿斑比》《小熊维尼》《小飞侠》《小王子》……不但有书而且还有动画片，孩子看得很轻松。

（三）家庭教育变迁带来的问题

在全球一体化和互联网的影响下，每个人好像都有了“千里眼”“顺风耳”。不论你处在繁华闹市，还是僻静山村，只要有“看世界”的意识，什么都挡不住你。这个时候中国从封闭走向开放，已经是大势所趋。现在的问题，可能更重要的是面对花花世界和滚滚洪流，如何鉴别、如何消化、如何正确地使用的问题。

中国家庭教育的变迁中，我认为当前有几个问题需要重视：

一是不完整的流动家庭与留守家庭、空巢家庭越来越多。2010年全国留守儿童约有5800万！2009年城市老年人空巢家庭已达49.7%！二是亲子关系中，由于电子产品的普及，一有时间，每个人就低头看手机，亲子之间的交流时间越来越少。三是家庭对子女的期望过高，对知识的迷信导致重智轻德，把家庭变成“第二课堂”的现象令人担忧。

还有一个极为重要的问题，就是重大的社会事件对家庭教育产生的影响。“文化大革命”产生的负面影响，所涉及的不仅仅是一代人，而是若干代人。直接受影响的一代人，是1966年之后诞生的一批人。因为儿童期、少年期对一个人的一生影响巨大。对此我们应该有足够的认识。

三、景象繁荣，措施混乱，效果堪忧，寻找突破
——当代中国家庭教育现状、原因与解决方法

有勇气在自己生活中尝试解决人生新问题的人，正是那些使社会臻于伟大的人！那些仅仅循规蹈矩过活的人，并不是在使社会进步，只是在使社会得以维持下去。

——泰戈尔

近几年，家庭教育的确出现了可喜的局面，政府和民间团体积极推动家庭教育水平的提高，家庭教育的学术活动越来越活跃，三亿个家庭在家长学校的影响下，逐步从自发性变成在先进理念的指引下有计划地开展家庭教育。

整体看，我们正处在一个蓬勃发展的时期，但是饥不择食、有病乱投医等怪现象的发生，教育思想、教育方法和教育内容都出现正确与错误并存的局面，可能这是一个由乱到治的时期，我们既要充满信心，又要认真对待出现的问题。

（一）繁荣的景象

"在计划生育政策和经济发展的双重推动下，到20世纪90年代，中国已经完成了从高出生率、高死亡率到低出生率、低死亡率转变的第一次人口转

型。”[①] 中国的家庭教育是在这样的背景下发展的。

1. 家庭：绝大多数家庭重视孩子发展，他们尤其肯为孩子花钱。遍地开花的“兴趣小组”和各种培训机构、夏令营，收费不菲，但家长哪怕自己节衣缩食，也愿意让孩子参加；家长为了提高自身素质，学习他人经验，也到处听讲座，参加交流活动、咨询活动；家长自发成立的网络群，不少都超过一两千人。有的网络群还有网下的活动，有的不仅组织家长，还进一步组织孩子参加活动。

与家庭密切相关的中国当代婚姻状况如何呢？科学的调查给出权威的答案：“中国的婚姻状况总体来说仍然是比较稳定的，主要表现为初婚的普遍性和较低的离婚比例（从国家民政部公布的离婚率可以看出：中国的离婚率呈上升趋势，从2004年的1.28‰逐年上升到2012年的2.29‰）。[②]尽管同居现象日益增多，但并不意味着婚姻制度的松动。因为同居很可能是婚前的过渡状态或者准备阶段，而不是代替婚姻的生活选择。”[③]

2. 学校：广泛举办家长学校。从20世纪80年代开始，家长学校逐步在全国铺开。2011年全国妇联、教育部、中央文明办还颁布了《关于进一步加强家长学校工作的指导意见》。家长学校多数能够经常举办活动，请专家或者学校领导、教师讲课。还有的学校开展多种形式的家长主导的实践活动。

3. 大众传媒、出版社：关于家庭教育的期刊、书籍和音像制品大量出版。在书店里，家庭教育的书柜往往一大排，有的家庭教育读物，如《好妈妈胜过好老师》就出版了几百万册，从中可以看出家长对家庭教育知识的巨大需求；电视台、广播电台都有家庭教育节目，一个《爸爸去哪儿?》立刻提升了收视率。

4. 民办家庭教育机构：如雨后春笋般出现的民办家庭教育机构，有的组织几千人的免费讲座；有的采取一对一的个别辅导。一般面向学生的教育机构，往往

---

① 谢宇等：《中国家庭追踪调查：理念与实践》，《社会》，2014年，第2期。

② 《2012年社会服务发展统计公报》，人民网北京6月19日电。

③ 谢宇等：《中国家庭追踪调查：理念与实践》，《社会》，2014年，第2期。

也要同时组织家长活动，这样才能够落实学生的出席率。例如俞敏洪的“新东方”每年都举办家庭教育研讨活动。但民办家庭教育机构当前的特点是：上得快也下得快。

5. 大专院校、教育机构：纷纷建立家庭教育的研究机构，有的院校还设立家庭教育专业。家庭教育的学术活动也比较活跃，例如海峡两岸有关家庭教育的研讨会就举行了多次。

北京大学开展了十分严密的中国家庭追踪调查，他们指出：“中国社会具有多层次结构。家庭是最基础和最直接影响个人角色、地位、行为与态度等的社会组织。对中国社会的了解与研究不能脱离对家庭这一社会细胞的研究。”他们在2010年~2013年，抽样25省，进行了大规模的调查，追访19986万户（面访为主，网络和电话访问为辅）。①

（二）混乱的措施

在多元文化的大背景下，随着家庭结构的多样化，教育观念的多样化，教育方法也呈现出多样化的发展趋势，显得有些混乱，但正像有的家长说的“混乱是改变的前奏”。

下面我罗列一下有关家庭教育的主要措施：

1. 培训措施：社会上，从零岁认字（甚至一岁学外语）到中小学生出国留学；从培养记忆力（倒背老子《道德经》、“π值”的表演）到各式各样的“训练营”……

2. 家长的学习：有的是“饥不择食”，有的是“有病乱投医”，多数是在迷茫中摸索。家庭教育的书刊很多，不知道应该读哪些。家庭教育的专家不少，不知道信谁的。有的家长书读得很多，一有讲座就去听，甚至跨省市远道去听课，但是就是不见孩子有什么进步。

3. 课程选择：有的把学习国学作为重点，还有的把学习英语作为重点，甚至

---

① 谢宇等：《中国家庭追踪调查：理念与实践》，《社会》，2014年，第2期。

有的把学习台球、马术作为重点……

4. **"在家上学"**："在家上学"是世界范围内出现的一种新兴的教育形式。早在1933年，美国50个州全部实现这种非制度化的教育形式合法化。根据美国国家教育统计中心2009年发布的统计结果，全美国在家接受教育的儿童已经达到200万人左右。而且他们比其他接受学校教育的同龄人具有更好的学业表现和生活能力。

1999年台湾当局修订的《国民教育法》第四条规定，在家教育属于"非学校形态之实验教育"中的一类，由此确定了"在家上学"在台湾的合法地位。2000年台湾最大的在家教育"慕真在家教育协会"成立，为台湾在家教育提供了广阔的交流平台和共享资源。①

2009年浙江义乌商人徐雪金，因为女儿的一次不成功的学校教育经历，他下决心放弃了自己的公司，回到家里专职教育自己的孩子。2011年春，他创办了"在家上学联盟"网站，不到三年，就吸引了来自广东、浙江、上海、北京等10多个省份"在家上学"家长的关注，每天都有不少家长在上面发帖交流心得、分享经验。现在全国已经有2000名家长注册，仅北京就有320多名家长注册。

据21世纪教育研究院发布《中国在家上学研究报告（2013）》表明，我国"在家上学"的现状是：大陆约有1.8万名学生在家上学，主要是处于小学阶段的孩子，大多数家庭不认同学校的教育理念，过半数家庭月收入一万以下。②

南京师范大学教育科学学院齐学红等对此进行了个案研究，研究结论是："在家上学"的社会化发展情况呈现出典型的"自主型"特征，包括较高的独立自主能力，对家庭事务有较高的参与度，能积极认识自我、尊重父母权威……其社会化发展并未出现批判者所担心的"社会发展不利"问题。

虽然"在家上学"有许多优越性，但在中国面临的问题有：一是违法的问

---

① 齐学红等：《在家教育对儿童社会化影响的个案研究》，《教育科学研究》，2012年，第7期，第50页。

② 济北南：《在家上学是一种什么样的"叛逃"》，《北京青年报》，2013年8月26日。

题；二是社会化问题；三是学习质量能否保证问题；四是“在家上学”需要有高水平的人力、物力教育条件。“在家上学”也是一种高成本的付出。

5. 小学寄宿：由于农村许多学校合并，不可能就近入学，产生了一批小学生的寄宿学校。六七岁的孩子就离开家庭，靠一两周一次的见面，靠电话的联系，这种家庭教育的质量如何保证也是一个新问题。①

6. 三流（留）儿童：据有关统计，三流儿童（指流动儿童、流浪儿童和留守儿童）占该年龄段儿童的四分之一。这样一个庞大的数字，他们的家庭教育如何进行，这也是当代的一个非常重大的问题。

（三）悲哀的效果

中国家庭教育的发展离不开社会大背景：“随着农村的现代化和城乡人口、资源、信息流动日益频繁，城乡家庭和个人在许多重要特征上的界限也在不断模糊，而城市内部和农村内部个体间的异质性却在扩大。”“人口迁移与流动是自20世纪90年代以来中国社会的一个重要现象。2010年已经达到22143万人。”②

“30年来中国取得了前所未有的伟大成就，特别是在经济上的巨大成功令全世界瞩目。然而，很多社会学家提醒我们，必须看到我们为环境污染、各种社会问题所付出的代价。‘除了经济代价外，还有许多关于变迁的心理代价。’在中国剧烈的社会变迁背景下青少年心理健康水平在下滑。”③

措施混乱，其效果自然也是可悲的。虽然成绩和问题并存，但我认为，值得注意的是以下四个问题似乎处在主流地位：

1. 现象上：重智轻德、轻体，重分数、轻实践的思想态度在家庭教育中蔓延。应试教育的压力已经导致有些家长想办法让孩子“提前上一年级”，甚至要

① 齐学红等：《在家教育对儿童社会化影响的个案研究》，《教育科学研究》，2012年，第7期，第50页。

② 谢宇等：《中国家庭追踪调查：理念与实践》，《社会》，2014年，第2期。

③ 辛自强等：《社会变迁中的青少年》，北京师范大学出版社，2008年，第330页。

求在幼儿园学习小学课程。但有几个调查都说明，高考状元在社会中几乎都不是一个思想境界高尚和业绩出类拔萃的人物。相反，从所谓的名牌大学中不断传来学生自杀的消息，让人心寒。

2. 追求上：正确的核心价值观得不到弘扬，不正确的价值观越来越有市场。在家庭教育中，"事不关己，高高挂起；不要多管'闲事'"的观点在悄悄流行，而追求金钱和权力，甚至"精致的个人主义"，在有的家庭中已经"名正言顺"。真所谓香的不香，臭的不臭。

3. 方法上：四个过多（满足过多、照顾过多、禁止过多、包办过多），仍然在许多家庭中是难以割舍的主要方法。

4. 途径上：从盲目地模仿西方到盲目地复古，仍然不同程度地存在着，反映了家庭教育目前仍然是处在迷茫、摸索阶段。

(四) 急需寻找原因

改革开放之后，全世界各种信息源源不断地流进中国；通过打破"极左思潮"的束缚，人们的思想不断解放；人们的主体意识逐步增强，人人都敢于选择自己认为正确的理念来指导家庭教育。于是，家庭教育也呈现出理念多元、形式多样的特点。这当然是好事情，有助于我们吸收新鲜血液，在当代发展新型的家庭教育。但是，多元文化并不是简单地拿来就用，因为这里面同样是鱼龙混杂、泥沙俱下，甚至有敌对势力故意散布丑化中华民族的错误观点。目前家庭教育的混乱，与此不无关系。

不管情况多么复杂，关键是我们应对的措施是否得力，尤其是理论认识上是否过硬。目前，我们好像是"食洋不化和食古不化"。老祖宗的精华，没有继承下来；西方的精华，也没有学透。哲学理论跟不上，家庭教育理论研究跟不上。因此，当前的解决之道：首先是在认识上提高，理解中国家庭教育如何正确对待多元文化。

我认为有三个比较重要的问题需要解决：

1. 盲目地一切模仿西方，极力贬低中国

盲目地一切模仿西方的现象并不奇怪。因为百年来生活在半殖民地的社会里，崇洋媚外的心理总是阴魂不散。过去是“言必称希腊”，现在是“论必引西方”，学术上的西方霸权思想，不知不觉地影响着许多人。

过去参加过几届心理学大会，听到心理、生理学者议论：有一阵子，从西方老师那里学回来的“非母乳喂养优于母乳喂养”理论，在中国大力传播，过几年，又到西方开会，发现人家已经改为“母乳喂养优于非母乳喂养”理论，于是我们又返回来，重新紧跟。

对于基础教育，一般都认为西方的教育先进，后来发现，西方正在反省自己的基础教育不扎实，要向中国学习。这时候才有勇气开始分析自己国家的基础教育有什么优势。就连亲子何时分床，也是先盲目学西方，孩子生下来就分屋、分床睡，不论幼小的孩子哭得死去活来，也咬牙坚持。后来英国学者通过对比实验发现，五岁前孩子和母亲一起睡，有利于身心健康。于是，中国又回到自己的老传统——孩子大约五岁或者上小学，才开始分床。甚至有的人认为英语是世界上最好的语言，造成有的孩子母语还没有掌握好就花大力气学英语，到最后不仅英语没学好，就连母语也没掌握好。更有甚者，随着互联网的普及，多元文化的广泛传播，有些网上的所谓“意见领袖”常常发表一些极端错误的思想。比如，有些人把中国文化、儒学贬得一钱不值，认为“从根上烂了”“需要换血”。有的竟然认为中华民族是劣等民族。“如果没有八国联军，中国依旧在那个愚昧时代！劣等民族！一百年了思想没有进步一点点！”“明白了中国的本质，我非常肯定地说：（中国是）劣等民族！”“我真的（对中国）很绝望。”

而西方的有识之士恰恰相反。他们认为：“我们过去（甚至包括现在）所有的教育与文化都只让我们看到了西方的文明——它的构成和内涵，以致误认为西方文明承载了人类的所有一切，而忘了世界上还有他种文明——包括中国和印度的文明……”“中国的文化，特别是古代中国的文化，在西方人眼中，绝不可小

看。我认为古代中国的文明与西方文明相比，毫不逊色，只有对中国情况不了解或了解不多的西方人，才会对东方中国带有习惯性的偏见或误解。”①以上这些话，也许能够让那些盲目崇拜西方的人冷静点。事实上，西方也发现了自己的问题，正在向中国学习。

世界上的有识之士同意并实践着与习近平相同的主张——“文明因交流而多彩，文明因互鉴而丰富。文明交流互鉴，是推动人类文明进步和世界和平发展的重要动力”。

例一：瑞典反思“零体罚育儿”做过了头。

瑞典是全球第一个立法禁止体罚孩子的国家。然而法新社曾报道，很多瑞典人担心，瑞典在“一切以孩子为中心”方面做得太过头，导致如今的孩子成了家中的“小皇帝”。

瑞典著名精神病学专家坎波哈德认为：“大人应当听取孩子的意见，这一点没错。但是，瑞典在这方面的做法简直太离谱……这样的育儿方式必然会使年轻一代的瑞典人难以为成年期做好充分准备。这些孩子对任何事物都抱有很高的期望值，在现实生活中难免碰壁。儿童焦虑症患者和自残行为的增加就是佐证。”

瑞典“零体罚育儿”也影响到学校教育。学生成绩每况愈下，行为粗暴，有老师阻止学生不良行为，甚至会招来打骂。

例二：英国老年人老无所依，卫生大臣呼吁向东方国家学习养老经验。

英国卫生大臣亨特日前表示，成千上万的英国老人被社会忽视，无人关心。这位娶了一位中国太太的英国卫生大臣表示，英国在养老方面应该向中国、日本等东方国家学习。

据英国媒体曾报道，亨特是在一个会议上发表讲话时提出这一主张的。他说，目前英格兰地区有80万老年人生活在慢性孤独当中，还有500万人每天靠电

① 雷米，马诸又：《西方人如何理解中国》，《文汇报》，2013年2月5日。

视陪伴他们度过时光。这些被遗忘的老人是英国的耻辱。虽然政府采取了一些行动，但是并没有取得显著成效，情况反而变得更加严重。亨特说，英国应该向中国和日本学习，在这些国家老人都与自己的子女生活在一起，作为中国人的女婿，他看到了亚洲文化里体现的对老人的善待和尊重。如果想解决老龄化社会带来的问题，就必须向他们学习，恢复老年人与下一代人之间的社会联系。大家都应该从自己做起，善待自己的父母和祖父母。

事实上，和许多国家一样，英国的老龄化问题严重，在大街小巷随处都能够看到很多白发苍苍的老年人。许多老年人在辛苦一生之后，住进养老院，过着幸福淡然的生活。有报道说，英格兰生活在养老院的老人总数达到了40万。不过，媒体有时也会报道在养老院里出现的虐待老人的丑闻。而有些地方为居家老人提供的看护服务也并不是那么尽善尽美，有七成多看护人员在老人家待的时间只有15分钟。

有人对这种东西方差别化的现象从理论上进行了分析：东亚文化圈的“敬老文化”是深深嵌套在儒家思想中的重要文化体系。长期以来，东亚“家天下”的政治体系和农耕文明，使得一个长幼有序的家庭成为稳定社会最重要、最基础的构成元素。敬老传统自然和对老人的感情分不开，更重要的还是体现了东亚文化圈的世代构成方式和家庭结构，而这些又与经济水平密切联系。

反之，英国最早进行了工业革命，工业化生产水平和资本主义制度都发展到了成熟阶段，社会文化自然与其制度相适应。子女18岁后与父母无关、年迈父母与子女无关的观念都是由尊重独立个体的西方核心伦理衍生出来的。这套理念产生和不断巩固的根本原因，在于资本主义发展需要可以最大限度自由移动和组装的生产力个体—— 一个个“原子化”的个人。所以，现代化的经济生产方式自然而然摧毁了原有家庭结构与秩序，带来一系列的养老问题，使“养老”由文化传统转变为制度。

老龄化是世界性问题，更是我们国家日益突出的现实问题，如何解决，影响到国家的发展、稳定和形象。邓小平在南方谈话期间也专门讲了这个问题。他说："欧洲发达国家的经验证明，没有家庭不行，家庭是个好东西。都搞集体性质的福利会带来社会问题，比如养老问题，这可以让家庭消化。欧洲搞福利社会，由国家、社会承担，现在走不通了。老人多了，人口老化，国家承担不起，社会承担不起，问题就会越来越大。我们还要维持家庭。全国有多少老人都是靠一家一户养活的。中国文化从孔夫子起，就提倡赡养老人。"[①]邓小平这段话的核心有两点：第一，在养老这个问题上，中国不能搞福利社会，国家、社会负担不起。第二，养老要以家庭为主。这既符合中国传统文化，也符合中国家庭养老观。

2. 顽固地遵循一切旧有理念，极力贬低西方

和历史上出现的几次现象类似，有些人顽固地坚持中国旧有的文化，认为儒学"没有糟粕"，有的甚至论证现在世界上的所有新观点、新理论在国学[②]那里早就存在。有些人可能是出于爱国的动机，生怕学西方、中西文化融合会导致中国文化的消亡，甚至亡国灭种。确实，在世界范围内曾经有这样的先例，我们应当警惕。但是不能因噎废食，何况在中华民族历史上已经有相当多的成功地融合外部先进文化的经验。

（1）盲目地继承一切，可能走向倒退。

现在，更需要警惕的是，如果盲目地不加分析地继承一切传统文化，中华民族反而有可能后退。因为历代统治阶级为了麻痹、欺骗老百姓，已经在相当大程度上篡改了国学。例如，宣扬愚忠、愚孝，有利于封建专制统治。中国传统文化中对"孝"非常重视，说明中国非常重视家庭伦理。"君子务本，本立而道生。孝弟也者，其为仁之本与"（《论语·学而》），但这里并没有盲从的意思。在孔子关于孝的观念中，他批评了仅仅养活父母就是孝的观点，特别强调了"敬"的重要性。

由于历代统治阶级的奴化教育，在老百姓当中流传的是真真假假、鱼龙混杂

---

① 倪德刚：《未被整理到"南方谈话"要点中的"要点"》，《学习时报》，2014年06月23日。

② 注：国学这个名词，的确不够科学、确切，需要有一个能够涵盖中华民族文化精髓的概念产生。目前只好暂时代用。

的国学。由于不善于鉴别，我们现在的家庭教育中也存在着一些国学的糟粕。

一是，我们在家庭中严重地缺乏民主、平等思想。“听话”成了家庭中最基础的教育。“虎妈、狼爸”的家庭教育方式仍然为一些家长拥护。

二是，把光宗耀祖、出人头地当成了家庭教育的目的。

我完全同意网友卉佳的看法：我们不能仅仅热衷于解释经典和故步自封，而是应当融入世界，以彼之长增益自身。只有更好地接触世界，我们的“国学”才会与时俱进，才会得到发展。只有站在世界的角度去思考，“国学”才能走向世界。

（2）**善于学习、融合外域文明，是中华民族的长处。**

有些人把东方文化贬得一钱不值，“从根上烂了”“需要换血”，那是“全盘西化”的主张，这才是亡国灭种的主张。正确的态度应该是对生我养我的祖国充满感情，怀有敬意。俗话说“子不嫌母丑，狗不嫌家贫”，我们既要看到自己民族的问题，又要善于改变她。因此应该采取“挽救大树”的立场和态度。面对一棵大树，它曾经被毒害、被损伤，我们如果是基本否定它，就可以把它连根拔掉，付之一炬；如果是基本肯定它，则要治病就医，去除枯萎的枝条，尤其要消灭霉烂的部分，以防止它给大树传染疾病。正确的态度应该是扬弃，而不是抛弃。

实际上，中华民族历来善于学习、融合外域文明，积极吸收新鲜血液，壮大自己。

3. 在鉴别中学习西方的优势

（1）**学习西方：尊重孩子，培养孩子的独立思考能力。**

“西方家长普遍认为孩子从出生那天起就是一个独立的个体，有自己独立的意愿和个性，无论是家长、老师还是亲友，都没有特权去支配和限制他的行为，在大多数情况下都不能替孩子做选择，而是要使孩子感到他是自己的主人，甚至在什么情况下说什么话，家长都要仔细考虑，尊重和理解孩子的心理。”

西方家长一般都相信孩子具有自我反省和教育的能力，孩子要自己劳作，自己生活，从劳作中得到快乐，从动手中获得各种知识，学习各种技能。孩子能做到的就让他自己做，这是对孩子的尊重。

“美国人注重个性，他们的价值取向基础是个人主义[①]。他们注重自己的利益，提倡个人的改善和找到自己真正的价值。这就是美国文化的核心。”[②]这点和西方哲学中“单子式”主体观点相联系。然而主体并不是孤立的，主体之间的“主体间性”是不同主体为变革某一客体而相互交往的特性。它是在我们教育领域内最主要的主体性表现。在家庭教育中，我们也要强调家庭成员之间的合作关系，而不是由于强调主体性而走向自私自利。

（2）**不能因为强化个体而弱化家庭。**

在学习西方家庭教育经验的时候，还需要认真分析西方在家庭教育方面的盲点与弱点，避免盲目地把精华与糟粕同时吸收。

世界上所有盲目欣赏西方文明者、所有接受两极思维者，都不容易意识到观念与价值上的“个人—社会”两极化正是侵蚀、破坏家庭的始作俑者……[③]

“西方文明自始至终存在关于家庭的盲点和弱点，其中型团体（指比家庭规模大，但比国家规模小，如城邦——冉乃彦注）文化的强大与家文化的薄弱一直互为因果，并且这种互为因果还使西方人对自己的家盲点和家弱点迄今缺乏明确的意识、改善的动机。”[④]

西方的教育，突出个人与社会化，弱化家庭；上帝是大家想象中的家长；李泽厚指出：“中国讲爱跟西方不一样，中国讲爱首先是亲子之爱，父母亲对儿女，儿女对父母亲。……中国的夫妻不仅仅讲爱，也讲恩。西方是上帝叫你爱，你就爱，你爱你的爸爸妈妈，不是因为你们是亲子关系，是上帝叫你爱。”[⑤]

西方的“家庭教育”概念，主要被理解为不是教人如何过家庭生活，而是通

---

① 注：这里的“个人主义”和我们比较熟悉的意识形态中的“个人主义”不同。我理解的它的含义是“个体主义”，即尊重个体的利益，而不是鼓励自私自利。

② 王丽（译）：《中国和美国的家庭教育比较研究》，《内江科技》，2010年，第9期。

③ 笑思：《家哲学——西方人的盲点》，商务印书馆，2010年，第363页。

④ 笑思：《家哲学——西方人的盲点》，商务印书馆，2010年，第1页。

⑤ 李泽厚：《该中国哲学登场了》，上海译文出版社，2011年，第178页。

过家庭教人如何过个人或社会生活。结果，父母子女意义上的家，在西方被广泛接受为一种“社会化”幼年人、使其变成“个人”的“社会结构”……[①]

西方家庭系统陷入何种危机，可以从统计数据来看：仅37%是有子女的家庭。根据人口学统计资料，美国有孩子的户数从19世纪末的75%下降到21世纪初的低于35%。……英国目前的婚外生育率是32%、丹麦为46%、瑞典高达50%，即使素有天主教保守传统的爱尔兰也有20%。[②]

从西方历史发展看，家文化一直比较薄弱。18世纪之前，欧洲语言中没有把母亲—父亲—子女组群作为社会单元进行指称的词语。拉丁文familia所指为社会群体（在罗马时代包括仆人和奴隶）居住的物理处所（房屋）。也就是说，18世纪前，还没有词语来表达真正的家庭。

“资产阶级家庭中的父母，在家庭教育中基本没有履行他们应有的教育责任和义务，父亲往往忙于资本的原始积累，母亲则沉溺于享受、交际和娱乐，均无暇对子女进行管理和教育，而把对孩子的管理和教育权拱手让给保姆和家庭教师。父母在家庭教育中的‘缺位’无疑会对孩子的健康人格产生不利的影响。”[③]

如果说近代资本主义家庭教育处于逐渐没落的境地，那么，进入现代以来，伴随着家庭教育职能的进一步社会化以及家庭面临的诸多困难，现代资本主义家庭教育则继续呈现弱化的倾向。……家庭职能的全面转移，即家庭职能逐渐为社会所取代。“‘经济服务’已让位于工厂及其他机构。”

“在资本主义上升时期……无情的剥削不仅损害了工人的家庭关系、家庭生活，而且严重破坏了工人子女的家庭教育，甚至连儿童也沦为剥削对象，童工现象日益严重。正如马克思、恩格斯所指出的：‘无产者的一切家庭联系，愈是由于大工业生产的发展而被破坏，他们的子女愈是由于这种发展而被变成单纯的买

① 笑思：《家哲学——西方人的盲点》，商务印书馆，2010年，第361页。

② 笑思：《家哲学——西方人的盲点》，商务印书馆，2010年，第362页。

③ 邹强：《中国当代家庭教育变迁研究》，天津大学出版社，2011年，第49页。

卖对象和劳动工具，那么资产阶级关于家庭教育、关于父母和子女的亲密关系的空话就愈是令人作呕。'"[①]

"在资产阶级的家庭教育中，他们往往聘请一些学识渊博、具有教育才能的人来担任家庭教师，洛克和卢梭就是其中的佼佼者。""过去在英国和欧洲大陆，上层社会里由保姆或保育员对孩子们负主要责任，母亲很少直接照管，父亲根本就不参与。男孩稍大就被送到住宿学校，直到长大成人。"[②]

罗素曾经指出："西方文化的明显特点，我以为就在科学方法；中国文化的明显特点则是他们对人生意义的正确认识。吾人希望此二者应当逐渐结合在一起。"[③]

通过以上分析，我们的态度应该是：不盲从，要鉴别、吸取中外的先进理念，加以融合，扎根在中国的土壤里。探索适合中国国情的家庭教育。

（五）中国应该在家庭教育方面对世界做出贡献

中国是一个文明古国，近代几百年里，在列强的侵略下，曾经被统治、被奴役。但是在先人前赴后继的奋斗中，又开始富强起来，走向世界民族之林。这时，自觉与自信非常重要，和其他方面一样，我们应该有勇气、有决心，在家庭教育方面对世界做出自己的贡献。

一百多年前拿破仑曾经预言："中国并不软弱，它只不过是一只睡眠中的狮子。""以今天看来，狮子睡着了连苍蝇都敢落到它的脸上叫几声。""中国一旦被惊醒，世界会为之震动。"英国哲学家罗素说："中国从其资源和其人口来说，完全可能继美国之后成为世界最强大的国家。"[④]中国哲学家李泽厚说："我这次到欧洲看过以后，感到中国将来大有希望。"[⑤]

---

① 邹强：《中国当代家庭教育变迁研究》，天津大学出版社，2011年，第49页。

② W.德雷珀（W.Draper）(储平译)：《人的发展》，教育科学出版社，1989年，第367页。

③ 罗素：《中国之问题》，梁培宽：《梁漱溟全集》卷4，第194页。

④ 罗素：《中国之问题》，梁培宽：《梁漱溟全集》卷4，第241页。

⑤ 李泽厚：《该中国哲学登场了》，上海译文出版社，2011年，第177页。

中国在家庭教育方面对世界做出自己的贡献，并不是一种空想，而是确确实实有这样几个有利条件：

1. 中国家庭教育的传统优势

中国是世界上十分重视家庭教育的国家。中国“家文化”历史悠久。“家存在的观念，虽然不存在于西方，却早已长期而实际存在于中华文明的观念之中。中国传统的儒家、道家，始终注重从家的观点看待人与人的和人与自然间的存在及其相互关系。”①

中国从古代开始就把家放在极其重要的地位。早在《周易·家人》中就提出“教先从家始”“正家而天下定矣”。

最近，福建有领导访问台湾，发现两岸不仅有200多个同样名字的村庄，而且这些家庭都保留有家训、家规。更重要的是中国的文化，尤其是哲学思想和家庭的发展、提升，有着内在的吻合。中国的文化彰显了“家是客观存在”的理念，有丰富的家庭伦理，家庭情感方面的论述……

2. 在信息时代的今天，我们有学习全世界优秀家庭文化的条件

中国的传统文化中，善于融合各种先进的东西。历史上友善地对待外国，尤其是唐代、明代。我们与世界上许多民族交往，互相学习，互通有无，至今在民间留下许多美谈。最有趣的是，“迪斯科”舞蹈传到中国的时候，开始强烈反对的是老年人，而后来积极学习、大跳“迪斯科”的也是老年人。

信息时代，网络成为我们走向世界、了解全世界家庭教育经验的快捷渠道。家庭教育QQ群在迅速发展，我了解的几个群都有上千人，天天有活动。活动的内容有一个显著特点，就是信息沟通。其中学习和分析国外家庭教育的理论和经验占了很大比例。在我们的家庭教育与学校教育QQ群里，还有荷兰、新加坡、德国的家长。

---

① 笑思：《家哲学——西方人的盲点》，商务印书馆，2010年，第416页。

全球一体化的今天，中国老百姓与外界的交往越来越多，一方面，使我们更多了解国外的家庭教育；另一方面，中国现在也引起了全世界的注意。他们想了解这个神秘的国度，频频造访中国，也提供给我们向国外学习的机会。

3. 在经济发展的基础上，中国家庭教育发展有了坚强的后盾

在衣不遮体、食不果腹的年代，人们只能终日为生存奔波，而大多数家庭进入小康社会的时候，就开始对家庭的文化建设重视起来。尤其表现在对子女的教育方面，家庭肯投入。为了满足孩子的兴趣，大量购进玩具；为了丰富知识，大量购买书籍；为了发挥孩子才能，发展他的专长，让他们积极参加各种兴趣小组；为了孩子学习成绩名列前茅，不惜花费重金为他们报各种培训班……难怪，所有的商家都看准了当代这个重要的消费群体，不约而同地去“挣孩子的钱”。

在旅游的投资方面，更能看到家庭文化的重大变化。旅游应该说是一种“高档”的消费，但是这些年，中国人的旅游目的地不再局限于国内，而且已经发展到国外。其中“带孩子旅游，让孩子见见世面”是一个重要的目的。

近些年，出国上学、出国游学的人越来越多，而且年龄有越来越低的趋势……

这一切说明了：不仅是客观上，在经济发展的基础上，中国家庭教育发展有了坚强的后盾；而且在主观上，中国人在经济富裕之后，又肯把钱花在家庭教育上。这样，中国的家庭教育若想在世界上做出贡献，应该说是有条件的。

四、没有自我教育的教育不是真正的教育

——探索新型家庭教育

没有父母的榜样，没有父母在相互关心和尊敬中所表现出来的爱的光和热，儿童的自我教育简直是不可想象的。

—— 苏霍姆林斯基

在这迅速发展的时代，在这全球一体化的时代，在这多元文化的时代，教育怎么搞，家庭教育怎么搞，成为一个重要而又难以解决的问题。

在众多教育家的观点中，苏霍姆林斯基的观点给人一种豁然开朗的感觉。他认为“只有能够激发学生去进行自我教育的教育才是真正的教育”。[①]那么，是不是可以说，在家庭教育中，如果没有自我教育，也就不是真正的教育？

严格说，教育整体应该是由他我教育和自我教育两部分组成。而我们习惯上说的教育，实际上仅仅是教育的一半。没有自我教育的教育不是真正的教育。那么我们辛辛苦苦搞了那么多年的教育，到头来，竟然不是真正的教育，这是多么严重的问题啊！

---

① 苏霍姆林斯基：《给教师的建议》，教育科学出版社，1984年，第350页。

因此，只有我们下功夫了解自我教育思想，才可能搞好家庭教育。

（一）自我教育思想产生的四个源头

人在进行物质生产活动的时候，必然伴随着精神活动，也就是人在变革客观现实、客观社会的同时，也在变革自己的思维，变革自己的意识观念。不变革自己，也就不可能更好地变革客观世界。因此，人在实践过程中必然产生自我教育。

马克思主义者和历史上的其他思想家不同，不把自我教育看做是孤立的个人修养行为，而是在更高的层次上，从人类历史发展规律出发，指出“无产阶级和革命人民改造世界的斗争，包括实现下述任务：改造客观世界，也改造自己的主观世界——改造自己的认识能力，改造主观世界同客观世界的关系”。①

实践证明，在历史上，人类改造客观世界的确是永远与改造自己的主观世界无法分开的。一方面，人类只有通过改造客观世界的实践过程，才可能从实践的成果中发现自己的本质力量，认识自我，并根据改造客观世界的需要，改造自己的主观世界；另一方面，人类只有不断地改造自己的主观世界，才能更有效地改造客观世界，使世界越来越美好。

人类的自我教育是由不自觉到自觉，在不同历史发展阶段，人类改造自己主观世界的性质也有所不同。

不论人类、群体和个体的自觉改造自己，都是以人的自我意识发展为基础。恩格斯曾把人类自我意识的发展划分为三个阶段：在原始社会，自我意识表现为群体的自我意识，他们只能把人类与自然区分开，而不能把个人与社会区分开，它是一种连自身生理过程也不能理解的低级的自我意识，尚缺乏自觉意识的基础；在私有制社会里，自我意识发展为个体的自我意识，“人们通过每一个人追求他自己的、自觉期望的目的而创造自己的历史，却不管这种历史的结局如何”。②然而，由于追求自己目的的自觉性实际又是盲目的，“无数的个别愿望和

① 毛泽东：《实践论》，《毛泽东选集》，第1卷，第296页。

② 马克思，恩格斯：《马克思恩格斯全集》，第21卷，第113页、341页。

个别活动的冲突，在历史领域内造成了一种同没有意识的自然界中占统治地位的状况完全相似的状况”。[①]只有社会发展到一个新的历史时期，这个社会的生产组织能使个人目的与社会目的协调起来，这时才能形成自觉性充分发挥基础上的普遍的自我意识。

对这一历史发展规律，毛泽东又进一步指出，“到了全人类都自觉地改造自己和改造世界的时候，那就是世界的共产主义时代”。[②]在这里，他阐明了自觉地自我教育是人类社会发展到高级阶段的一个重要内容。[③]

人类各个民族、各个地区的发展，或早或晚都会出现自我教育的思想。如果从对当代中国教育影响比较大的角度来分析，它的源头可能有四个：

1. 来自中华民族的自我教育思想

我国作为一个文明古国，有着极其丰富的文化遗产，在自我教育思想方面，也有着自己的传统与特色。代表人物有：

孔丘：孔丘是我国春秋末期的伟大教育家。在孔丘的教育理论遗产中，涉及自我教育的思想是十分丰富的。主要有：（1）主动学习的思想：他一贯主张求学，认为自己也不是天生什么都懂，“我非生而知之者”（《论语·述而》）；主动学习的态度：经常主动地向别人学习，“三人行必有我师焉，择其善者而从之，其不善者而改之”（《论语·述而》），“子入太庙，每事问”（《论语·八佾》）；主动学习的方法：“博学之，审问之，慎思之，明辨之，笃行之”。只要这样做了，就能“虽愚必明，虽柔必强”《中庸》；要求教师重视受教育者的主体地位，因材施教，启发诱导，“不愤不启，不悱不发”（《论语·述而》）；（2）道德上自我修养的思想。严于律己：“躬自厚而薄责于人，则远怨矣”“己所不欲，勿施于人”（《论语·卫灵公》）；自省和克己：“见贤思齐焉，见不贤而内自省也”（《论语·

---

① 马克思，恩格斯：《马克思恩格斯全集》，第21卷，第113页、341页。

② 毛泽东：《实践论》，《毛泽东选集》，第1卷，第296页。

③ 冉乃彦：《试析毛泽东同志论自我教育》，《上海教育科研》，1994年，第2页。

里仁》)；“克己”“自讼”对自己的错误及时改正（“过则勿惮改”“过而不改，是谓过矣”“君子之过也，如日月之食焉；过也，人皆见之；更也，人皆仰之”。）

孟轲：战国时期的教育家。他主张“深造自得”，强调学习上必须做主观努力，要有不断深造的意志，积累知识，深刻体会，用时才可左右逢源。同时主张注意启发学生学习的自动性。在道德上他重视的手段是“反求诸己”。他认为自己的行为得不到预期的结果时，要“自反”，要进一步要求自己。他在自我锻炼方面的主张，对后世产生了很大的影响。“故天将降大任于是人也，必先苦其心志，劳其筋骨，饿其体肤，空乏其身，行拂乱其所为，所以动心忍性，曾益其所不能。”这句名言，在激励人们为理想而自觉进行锻炼时，起到了很好的作用。

韩愈：唐代教育家韩愈给后世留下了许多名言，如：“业精于勤，荒于嬉；行成于思，毁于随。”指出攻读学业必须勤勉，自我修养，必须独立思考，严格要求自己。这些对于自我教育、自学至今仍然是至理名言。他认为“弟子不必不如师，师不必贤于弟子，闻道有先后，术业有专攻，如是而已”。强调了能者为师，自学的天地很广阔，学生可以超过老师等一些先进的思想，也是自我教育思想的重要组成部分。

朱熹：南宋教育家。他在自学、读书和求学的方法上也有许多精辟的见解。如“自学自得”“循序渐进”“熟读精思”“虚心静虑”“切己体验”“致知”要和“笃行”结合等。他重视“慎独”“节情”和“忍”的修养功夫，对于当代进行自我评价和自我克制的教育也有重要的参考价值。

王守仁：明代教育家。他在学习方法上十分重视“躬行实践”的原则，“自求自得”原则，主张通过实践和独立思考求得真知。他对于儿童的教育也有不少精辟的见解。他首先揭露了束缚儿童身心的教育方法，特别深刻地批评了体罚。如“……鞭挞绳缚，若待拘囚，彼视学舍如囹狱而不肯入”，他还提出了符合儿童身心特点的教育方法，“今教童子，必使其趋向鼓舞，中心喜悦，则其进自不能已”。

王夫之：明清之际的教育家。他具有唯物主义思想，主张主动地学习，他在讲《周易》时，强调“天行健，君子以自强不息”，人需要动，人的进步是在他的不息的活动之中取得的。学习，也要主动，这才是为学的道路。他还主张“自勉”与“乐为”“自得”结合。认为学生如果不知“自勉”，只要求教师“服从”自己，那一辈子必陷于“不知不能”的悲惨境地。

蔡元培：民主革命时期的教育家。他认为新教育和旧教育的区别，就在于旧教育是将成人的成见强加给儿童，阻碍儿童自由、个性地发展；新教育是以儿童的个性为出发点，使其自由发展。他提倡学生自动、自助、自学。教师只处于引导和辅助的地位。

陶行知：民主革命时期的人民教育家。在他的教育理论中，自我教育思想已经十分鲜明。例如在《教学合一》中他提出：（1）先生的责任在教学生学；（2）先生教的法子必须根据学的法子；（3）先生须一面教一面学。培养他们的自学能力。（《陶行知教育文选》，第6页）在《学生自治问题之研究》中，他提出培养学生的自治能力出于三点需要：（1）共和国的公民，需要他们有共同自治的能力；（2）当人们渴望自由的时候，最需要的是给他们种种机会得些自治能力，使他们自由的欲望可以自己约束；（3）自治的学生公民，只可以拿自治的方法将他们陶冶出来。

2. 来自西方文化中的自我教育思想

苏格拉底：古希腊思想家、教育家。苏格拉底的座右铭是“要认识你自己”。他鼓励人们认识自己，就是要发展和培养自己的自我意识。苏格拉底的一种思想方法叫做“产婆术”，意思是将“产婆术”的方法用在思想的“接生”上。“产婆术”可以说是最早的自我教育的方法之一。

蒙田：文艺复兴时期法国的教育家。文艺复兴时期出现的人文主义思想，歌颂人自身的力量、智慧和创造性，认为应该重新肯定人的尊严、人的本性。人文主义思想推动了进步的教育思想的产生，尊重儿童，反对体罚，解放思想，解放个性，已经成为当时一些教育家的重要主张。蒙田的教育思想中有明确的自我教育思想。他的座右铭是“我知道什么呢?”。他的研究就是从探索自我开始的。他主张根据学生的年龄特点、能力进行教育。他极力主张主动地学习，“有时给他开条路，有时让他自己去开路”。

莱布尼兹：德国哲学家。他的“单子论”的体系中包含着极其丰富的辩证法思想。列宁认为“莱布尼兹通过神学而接近了物质和运动的不可分割的（并且是普遍的、绝对的）联系的原则”。他从单子的能动性这一原理出发，认为“也是凭着关于必然真理的知识，凭着关于这些真理的抽象概念，我们才提高到具有反省的活动，这些活动使我们思想到所谓‘我’”。也就是人们因为有了理性而能认识到自我，具有了自我意识。他的这个思想，从哲学上为自我教育建立了有力的基础。

卢梭：法国教育家。他的“自然教育”中包含有自我教育思想基础。“自然教育”是指以发展儿童的“内在自然”或“天性”为中心的教育。卢梭要求按照儿童身心的自然进程进行教育，在教育之前，必须了解儿童的心灵特点。卢梭第一次把儿童，也就是把教育对象提高到教育的中心地位。从一个接受塑造的动物，变成主动接受教育的孩子。“自爱”也是卢梭的一个重要的观点。自爱并不是自私，是为了保持人的生存，是一种指向自我的感情。他要求把自爱扩大到爱别人，以至爱人类。

康德：德国哲学家。他主张自己强制自己做出理性的选择。人正是通过自身的道德实践而意识到自由，自己应以崇高的理想为行动的指南，意识到真正的自我。康德在他的《教育论》中主张：理想的教育是要实现儿童的本性，使儿童的理性得以发展，使他能够自觉地用道德来约束自己，意识到自己人格的尊严。康德十分重视自尊、自信和自治品格的培养。

福禄倍尔：德国教育家。他主张教育要遵循儿童“内在”的生长法则。他特别强调教育中儿童的“自动”（自我活动或自发活动），他认为认识不是对客观世界的被动的反映或意见，不是占有而是创造性的活动。真正的认识是由自我的自由活动取得。认识的起点是活动，认识的目的是自我意识。

第斯多惠：德国教育家。第斯多惠认为人与生俱来的思维、语言等各种身心能力，都具有渴望发展的特性，即自动性。这种自动性是人的一切创造性活动的源泉，是人的发展的主观因素，应该通过教育使它充分发展起来。他主张教师应当让学生自己主动掌握知识。他说：“一个坏的老师奉送真理，一个好老师则教人发现真理。”他还认为，主动性没有明确的方向，而真善美是人的发展的终极目标，它可以决定主动性的方向。因此，教育的最高目标，就是充分发展固有的自动精神，使之达到真善美的人生最终的目的，成为为真善美而积极自觉活动的人，即身心和谐发展的完人。

斯宾塞：英国教育家。他十分强调学生的自我教育，鼓励学生学习的主动性。在他看来，自我教育是无论怎么坚持也不过分的原则。他认为：“人类完全是从自我教育中取得进步的，而为了取得最好的效果，每个人的心智必须多少照同样的方式取得进步。”因此，“教学工作最重要的原则是使学生能正确地教育自己。”更可贵的是，斯宾塞还提出了终身学习的思想，指出人们应当“终身继续他们在青年时代开始的自我教育”。

蒙台梭利：意大利教育家。她的教育基本内容中，自我教育占有重要的地位，主要是三个方面：（1）自由教育。她主张教育“应当绝对服从儿童自己本性的发展规律”。让孩子们从自由出发，通过作业活动，达到良好的秩序；（2）自我教育。在蒙台梭利的教育中，自我教育是主要的教育方式。她认为“帮助儿童逐渐变好的正是环境本身”。主张最重要的是为儿童准备一个环境，让他们在这个环境中自由活动和自我发展；（3）感官教育。她认为进行各种感官训练是儿童获得知识的基础。

杜威：美国教育家。他认为教育是人类社会生活的延续和交流的工具，教育要利用和通过环境进行；他主张要把社会生活搬到学校中来，使儿童参与社会生活。他认为教育是使个人经验不断改组和改造的过程。教育的目的就是指导不断生长经验的能力。因此他主张要尊重儿童及其天性，但也要尊重教师，从而把儿童的天性引向正道。他主张的“儿童中心论”实际就是“活动中心论”。他十分重视活动，认为活动产生经验，活动产生良好的思维，“从做中学”“从经验中学”。他重视让学生在“主动作业”中运用思想。他提出的教育目的论认为，可以把个人的自由的充分发展和社会需要的充分满足两者有机结合在一起。杜威极其重视学生个性的发展，重视学生个体亲自获得经验等，这些观点都在一定程度上深化了自我教育的理论。

皮亚杰：瑞士心理学家、教育家。他继承了卢梭和杜威的主动学习的思想，他的理论的核心是“发生认识论”。这个理论为自我教育提供了重要的心理学基础。它的主要内容有：（1）人的智慧发展进程中，存在着主体的认识结构；（2）主体的认知结构和外界的刺激是通过“同化”和“顺应”这两种机能实现的；（3）思维发展大致分为四个阶段，即感觉运动智力阶段、前运算阶段、具体运算阶段、形式运算阶段。

3. 来自苏联的自我教育思想

应该说，对自我教育思想进行了比较系统的从实践和理论上的提升，主要来自苏联。“……尤其是自我教育概念的提出，具有重大的理论意义和实践意义。这一概念并非来自西方，而是来自苏联，为一些著名的教育家所提倡，苏霍姆林斯基是其代表。他们总结了社会主义教育的宝贵经验，将其上升为理论，才形成了光辉的自我教育思想，为教育理论与实践的发展做出了重要的贡献。”①

马卡连柯：苏联教育家。他的集体主义教育思想中，除了充满了集体的自己教育自己的内容外，也有不少个体的自我教育的思想观点。马卡连柯曾经用一个简单的公式来概括他的教育经验的本质：“要尽量多地要求一个人，也要尽可能地尊重一个人。”他还认为，纪律不是教育的手段，而是教育的结果。我们的纪律永远应该是自觉的。但自觉只能和纪律平行，而不能是纪律的基础。

苏霍姆林斯基：苏联教育家。他的自我教育思想非常明确。他的名言“只有能够激发学生进行自我教育的教育，才是真正的教育”，在全世界产生了重要影

① 王道俊，郭文安：《华东师范大学学报》（教育科学版），1990年，第4期。

响。在下面“自我教育涉及三个根本”部分，将专门介绍苏氏的自我教育思想、途径和方法，在这里就不赘述了。

阿莫纳什维利：苏联教育家。他在自我教育方面有许多精辟的见解。他的主要观点有：（1）要培养孩子在智力劳动上的自主性——探索真理。（2）要培养孩子学会独立思考。（3）教育要从儿童已有的经验出发，并帮助儿童用宝贵的生活经验使儿童自己充实起来。（4）把分数变成实质性评价。在阿莫纳什维利的实验学校里取消了分数，而是用内容丰富、多方面的评价（实质性评价）来代替它。（5）教师学会和孩子交往，是培养孩子的自主性的必要条件。他极力主张教育者必须遵循四条原则：热爱儿童，理解儿童，相信儿童，优化教育环境。

4. 来自中国共产党的自我教育思想

毛泽东明确指出自我教育是马克思主义政党的显著标志。毛泽东认为，“批评和自我批评的方法就是自我教育的基本方法”。而“有无认真的自我批评也是我们和其他政党互相区别的显著标志之一”。他还进一步从共产党的根本性质出发，阐述了把自我教育作为显著标志的原因，“以中国最广大人民的最大利益为出发点的中国共产党人，相信自己的事业是完全合乎正义的，不惜牺牲自己个人的一切，随时准备拿出自己的生命去殉我们的事业，难道还有什么不适合人民需要的思想、观点、意见、办法舍不得丢掉的吗？”他还多次从党的作风高度提到自我教育，“以马克思列宁主义的理论武装起来的中国共产党，在中国人民中产生了新的工作作风，这主要就是理论和实践相结合的作风，和人民群众紧密地联系在一起的作风以及自我批评的作风”。为了在人民内部健康地进行自我教育，他还从实践经验中总结了“惩前毖后，治病救人”的重要政策。

“……对人民来说则与此相反，不是用强迫的方法，而是用民主的方法，就是说必须让他们参与政治活动，不是强迫他们做这样做那样，而是用民主的方法向他们进行教育和说服的工作。这种教育工作是人民内部的自我教育工作，批评和自我批评的方法就是自我教育的基本方法。”

在当前改革开放时期，重温毛泽东的这些论述，很有现实意义，“正确的而不是歪曲的、认真的而不是敷衍的批评和自我批评”，仍是我们端正党风以使事业成功的保证。

在延安整风运动中，批评与自我批评的武器得到了极为成功和娴熟的运用。在这一运动中，通过总结党的历史经验，毛泽东对批评与自我批评的含义进一步做了深刻阐述。1942年4月，在中央学习组会议的报告中，他明确指出：“批评是批评别人，自我批评是批评自己。批评和自我批评是一个整体，缺一不可，但作为领导者，对自己的批评是主要的。”

毛泽东强调：“如果没有充分的民主生活，没有真正实行民主集中制，就不可能实行批评和自我批评这种方法。”[①]

邓小平在政协五届二次会议开幕时明确指出：“统一战线和人民政协要发扬自我教育、自我改造的传统。”1982年，他又指示全国政协章程修改委员会，务必在政协学习工作中坚持自愿原则。我们认为，自我教育是个好传统、好经验，是解决人民内部矛盾的好方法。它有利于在统一战线内部解决矛盾，提高认识，统一思想。

邓小平说：“在人民内部实行自我教育，是毛泽东在《论人民民主专政》中早就提出的。”他把“革命人民内部的自我教育工作”同对于敌对阶级的人们所强迫施行的宣传教育工作严格地加以区别，指出二者不能“相提并论”。他强调人民内部的自我教育要坚持“三自”原则：自己提出、自己分析、自己解决。社会主义制度建立后，毛泽东更全面地、创造性地提出了关于正确处理两类不同性质社会矛盾的学说，在这里他以极大的耐心进一步指出，解决人民内部矛盾的方法就是“自我教育”四个大字。后来，自我教育就成为思想政治工作的具体方法之一，并与灌输教育相对应。

① 中共中央文献研究室：《毛泽东思想年编》，中央文献出版社，2011年，第914页。

（二）自我教育思想涉及三个根本

马克思有一句名言："理论只要说服人，就能掌握群众；而理论只要彻底，就能说服人。所谓彻底，就是抓住事物的根本。但是，人的根本就是人本身。"① 很多人一接触自我教育理念，常常会感受到心灵的震撼，原因正是自我教育不是一般的理念，它涉及了三个根本问题。

1. 自我教育理念涉及人的根本

马克思说："人是最名副其实的社会动物，不仅是一种合群的动物，而且是只有在社会中才能独立的动物。"② 马克思对人的本质的这种认识，是来自对人的劳动关系和社会关系的深入分析得到的："我们每个人在自己的生产过程中就双重地肯定了自己和另一个人……在我个人的生命表现中，我直接创造了你的生命表现，因而在我个人的活动中，我直接证实和实现了我的真正的本质，即我的人的本质，我的社会的本质。"③ 通俗地说，人的本质就是指个体的社会本质。只有懂得个人不能离开社会的道理，而且是自觉、自主地去和别人合作的人，才是人。

苏霍姆林斯基的自我教育思想中，多次阐述这一观点。如："关心别人，这是自我教育的一种最好的方式。一个人希望在别人身上确立善的愿望越深切，他就能越多地看到、认识和感到自己身上的好与坏。"④ "我深信，教育的艺术和技巧就在于使每一个少年把这种愿望当成自己的精神需要。只有当一个少年在别人身上看到了自己的精神美的一部分的时候，他才是真正地开始了自我教育。"⑤ "严格地说，自我教育就是从这里开始的：让一个人去关心另一个人，力求看到自己身上的好的东西在另一个人的身上表现出来。"⑥

---

① 马克思，恩格斯：《马克思恩格斯选集》，第1卷，人民出版社，1972年，第9页。
② 马克思，恩格斯：《马克思恩格斯选集》，第2卷，人民出版社，1972年，第87页。
③ 马克思，恩格斯：《马克思恩格斯全集》，第2卷，人民出版社，2008年，第37页。
④ 苏霍姆林斯基：《育人三部曲》，人民教育出版社，1998年，第529页。
⑤ 苏霍姆林斯基：《给教师的建议》，教育科学出版社，1984年，第358页。
⑥ 苏霍姆林斯基：《给教师的建议》，教育科学出版社，1984年，第349页。

苏霍姆林斯基不是简单地从道德层面提出自我教育，而是从人类的根本性质引申出关心他人才能进行自我教育的深层理念。他指出“深入地认识世界和自己，以及进行自我教育，是少年期精神生活中的一个有决定意义的特点。没有在劳动中的自我肯定，就不可能有这一特点。人对自己创造的东西体验不到、感觉不到自豪，那么人的和谐、全面的发展是根本不可能的。”[①]

这样，他就把自我教育提升为了人的类特性，成为个体发展、教育本质等根本性的不可或缺的部分，阐明了自我教育应该存在于人类本性之中。

2. 自我教育理念涉及人发展的根本

什么是人发展的根本呢？人是通过自主活动获得主动发展的。何中华指出：“自主活动范畴，在一定意义上隐藏着马克思哲学的全部秘密。在马克思语境中，它是一种历史规定。在人的异化状态下，自主活动沦为一种虚假的外观，而不再具有实质的意义。人的异化的历史扬弃，使自主活动构成人的自由自觉的类特征的历史内涵。”[②]随着马克思思想的演进，“有个性的个人”、以“自由个性”为特征的人、“自由人联合体”中的“自由人”，分别成为自主活动之主体的不同表征。只有当私有财产导致的劳动异化、劳动仅仅作为谋生的手段、旧式分工所固有的外在强迫性被历史地超越之后，自主活动范畴才能获得充分的意义。也就是说，人的真正发展必须是一个自主的人。自主活动的主体只能是“有个性的个人”。因为所谓“自主”乃是个人的内在的自我决定的能力，这种能力所塑造的人格就体现着人的个性特征。

我认为，如果孩子的教育发展过程完全是外在的东西，例如在鞭子抽打下学钢琴；在分数、名次的压力下去死记硬背，那么，他在自己的成长过程中，就同样不是在肯定自己，而是否定自己；不是感到幸福，而是感到不幸；不是自由地发挥自己的体力和智力，而是使自己的肉体受折磨，精神遭摧残。只有主动发

---

① 苏霍姆林斯基：《育人三部曲》，人民教育出版社，1998年，第635页。

② 何中华：《论马克思语境中的“自主活动”》，《东岳论丛》，2012年，第33页。

展，才是真正的发展；而主动发展必然建立在一个自我教育过程上。

马克思指出："环境的改变和人的活动或自我改变的一致，只能被看做是并合理地理解为革命的实践。"也就是说，人的实践活动有两方面的表现：一是对外部环境的改变；二是对人自身的改变。

在苏霍姆林斯基丰富的自我教育思想中多次讲到这些观点。例如："一个少年，只有当他学会了不仅仔细地研究周围世界，而且仔细地研究自己本身的时候；只有当他不仅努力认识周围的事物和现象，而且努力认识自己内心世界的时候；只有当他的精神力量用来使自己变得更好、更完善的时候，他才能成为一个真正的人。这里说的就是学生在精神生活的一切领域里的自我教育。"①

"自我教育需要有非常重要而强有力的促进因素——自尊心、自我尊重感、上进心……""小孩在发现自己周围的美，并对这些美而感到非常兴奋、赞叹的时候，这宛如在照镜子，会观察到人的美。孩子对美的这种感受越早，对美的惊奇越精细，他的自尊感就越高。""人类有许多高尚的品格，但有一种高尚的品格是人性的最高峰。这就是个人的自尊心。"

人的追求，最根本的是对自我价值的追求，苏霍姆林斯基说："只有在教师关怀学生人格尊严时，教导才能成为教育。就本质而言，教育的核心就是关怀学生，让他经常具有作为智力劳动者的自尊感，作为公民的自尊感，作为自己父母儿女的自尊感，作为因自己崇高的意向、激情和成绩而变得美好起来的个人的自尊感。"②

因此，教师培养学生的自我教育能力，最重要的是要爱护学生的自尊心，培养自我尊重的感情，也就是激发学生主动追求自我价值。而只有这样的发展才是人的发展。

---

① 苏霍姆林斯基：《给教师的建议》，教育科学出版社，1984年，第347页。

② 苏霍姆林斯基：《寄语后来人》，《苏霍姆林斯基》（五卷本），教育科学出版社，2001年，第5卷，第593页。

3. 自我教育理念涉及教育的根本

教育的根本是什么？当前有许多说法，我认为比较准确的是苏霍姆林斯基说的："只有能够激发学生去进行自我教育的教育才是真正的教育。"[①] 在这里，他既指出了教师的主导作用（由教师激发学生而不是孤立靠学生自发），又明确了教师的外因地位（教师只是激发学生去进行自我教育，而不是去灌输，更不是代替）。

马克思说"人的根本就是人本身"。教育过程中哪些是人本身？就是教师和学生，尤其是学生。所以真正教育的根本，涉及两种人的行为——教师的激发和学生的自我教育。"只有能够激发学生去进行自我教育的教育，才是真正的教育"，准确地阐明了教育的根本。

苏霍姆林斯基强调："对少年和孩子的教育，像对成年人的教育一样，只有在自我教育的基础上才能进行。而自我教育是人的尊严的具体体现，是使人类尊严的车轮向前推动的巨大动力。教育少年的真正艺术就在于给少年提供一种机会，让他自己去思考：怎样进行自我教育，怎样变得更好，怎样在克服困难和感受胜利喜悦的过程中进行自我奋斗。"[②]

"情感如果没有参与到认识过程之中，那么教育者所解释的真理，是不会被少年接受的；这样，教育就不能成为一种自我教育，因而也就不能算是真正的教育。"[③]

"有一句古老的格言说：'战胜自己是最不容易的胜利。'一个人正应当从这里开始认识自己，开始自我教育。应当在儿童时期和少年早期，即从七岁到十、十一岁，就教给一个人自己安排自己的事，并且在必要的时候能够'强制自己'。如果错过了这个时期，那么以后就不可避免地出现再教育的问题。"[④]

苏霍姆林斯基在教师如何激发学生去进行自我教育，在途径、方法上也有许

① 苏霍姆林斯基：《给教师的建议》，教育科学出版社，1984年，第350页。
② 苏霍姆林斯基：《育人三部曲》，人民教育出版社，1998年，第363页。
③ 苏霍姆林斯基：《育人三部曲》，人民教育出版社，1998年，第361页。
④ 苏霍姆林斯基：《给教师的建议》，教育科学出版社，1984年，第351页。

多精彩的论述。

（三）自我教育在家庭教育中的重要性

那么，在家庭中有没有必要开展自我教育？当然需要。过去是因为整个人类对于自我教育认识不够自觉，再加上家庭教育与社会教育、学校教育相互脱离，尤其是中国传统文化中，“听话”教育使得在家庭教育中自我教育发展不起来。

现在，时代产生了剧烈变化，自我教育也成为家庭教育中的重要内容。

1. 社会发展的需要

人类的自我教育是由不自觉到自觉，人类社会发展到今天，好像已经从幼稚阶段迈向比较成熟的阶段。以前，全世界大规模的战争，此起彼伏。不论是领土问题，宗教问题，商业问题，甚至一个婚姻问题，都会引发战争，动辄发动几十万、几百万人互相残杀的战争……而最近几十年，这种战争越来越少，双方尽可能采取谈判的途径解决矛盾，这就是人类整体自我意识提升，进行自我教育的结果。

社会的高速发展，表现在对人的需求也出现了重要变化。社会最需要的人，是那些有独立思考能力，有创新能力的人，也就是具有自我教育能力的人。因为这样的人才能更好地推动社会前进。一个比尔·盖茨带领全世界进入互联网时代；一个乔布斯抛来个“苹果”手机，让我们的生活更加快捷和充实；一个“新东方”让千千万万在失败前徘徊的人们挺起胸膛；一个马云使中国的企业敢于和国际企业竞争。重要的原因——他们都是自我教育能力很强的人。

2. 学校教育发展的需要

在教育过程中，家庭必须与学校配合。学校是根据社会发展需要进行教育改革。当前各种教育学派，不论是叶澜的基础教育改革学派，还是生本教育学派、情感教育学派、新教育学派；不论是杜郎口中学、洋思中学，还是十一学校，学校的改革，教育改革的方向，都是从他我教育为主走向自我教育为主，都是由教为主走向以学为主。

在学校教育改革走向新的阶段的时候，家庭如何对待，出现了两种情况：一种是顽固地坚持旧的轨道，只能是格格不入，处处碰壁；另一种是接受学校的新理念，让家庭也成为培养学生自我教育能力的场地。

学校要求学生具有自我教育能力。不论过去“轮流当班长”，还是现在的“走班制”，都要求学生具有自我教育能力，才能适应学校的改革。正像细胞为躯体输送血液一样，家庭是社会的细胞，也要不断地向社会、向学校输送社会真正需要的人才。因此，在家庭中培养自我教育能力，是当今一个重要任务。

3. 孩子个人发展的需要

家庭是孩子的第一所学校，父母是孩子的第一任老师，也是孩子终生的老师。自我教育的早期培养、长期培养，都离不开家庭。新型家庭必须融入自我教育。

马克思曾经指出：“一个人的发展取决于和他直接或间接进行交往的其他一切人的发展。”[①]家庭成员是孩子最早交往的人，也是与孩子交往最多的人。家庭氛围极大地影响孩子的成长。一个不尊重孩子的家庭，孩子只能被动地、痛苦地学习；而一个尊重孩子的家庭，能够激发孩子进行自我教育，孩子的学习就会变得主动，变得愉快。有的家长已经意识到：把自己定位为孩子的监督者而不是帮助者，成天督促孩子学习，这会使孩子反感；没有教不好的孩子，只有不会教的家长，当孩子出现一系列问题的时候，家长首先要找找自己的问题。家长的成长就是孩子的成长。有的家长认识到：如果家长自身不学习，没有进行自我教育，是不会具备较强的教育能力的。凭主观想法，靠过去老辈经验，都不可取。

孩子的成长，关键是激发他的自我教育，调动内因。舞蹈家资华筠曾形象地说：“我因饥渴而学习。”徐静蕾回忆自己过去时，也发表了这样的感想：“一个人在需要学习的时候再学习，能学到很多东西。”青年舞蹈家邱思婷的成长过程历经艰难困苦，她以亲身体验，总结出了这样一个深刻的人生哲理——“如果你深爱一件事，所有的折磨都会变成享受”。

家庭教育中，许多家长开始悟到培养孩子自我教育能力的重要性。有的说：“让孩子发现自己身上的优点。”有的说：“面对孩子时，要发现孩子与众不同的

① 马克思，恩格斯：《马克思恩格斯全集》，第3卷，人民出版社，2008年，第515页。

优点，而不是说教和批评。”有的说：“孩子练字的时候，我曾让他和自己以前写的比，好的画红圈，孩子很为那些大红圈骄傲，就一次比一次好了。从做一件小事上，让孩子有成就感，建立自信。”

（四）自我教育思想引导家庭教育走向新阶段

中国家庭教育的发展和中国的整体发展一样，都有一个“面向现代化，面向世界，面向未来”的问题。中国的家庭教育虽然历史悠久，有一些优势，但是也有不少落后的必须改变的东西；西方的家庭教育，也有一些优势，同样也有盲点，需要用东方家庭教育中的优秀思想加以校正。如何把中西方家庭教育的优势集于一体，寻找融合东西方优点的新型家庭教育，使中国的家庭教育走向新阶段，是当代人要做的一篇大文章。如果能够将自我教育思想作为中心内容切入家庭教育，更有利于中西方家庭教育思想的融合。

首先，自我教育思想不是一般的理念，它涉及三个根本（人的根本；人发展的根本；教育的根本）；其次，自我教育能力的培养，需要尊重孩子，培养孩子的独立人格，激发孩子的内在力量，这方面西方教育思想有许多值得我们借鉴的地方；再次，自我教育能力的培养，需要有一个和谐的家庭环境，这方面中国传统教育有许多地方有借鉴价值。

1. 人类的发展，个人的成长，都离不开家庭和家庭教育

马克思说：“人是最名副其实的社会动物，不仅是一种合群的动物，而且是只有在社会中才能独立的动物。”[①] 是不是承认家庭的这种存在，是不是重视家庭的这种存在，过去东西方存在着比较大的差别。西方精神文明自古至今以宗教为主流。其世俗家文化，相应地受到了歧视……与西方人的命运相反，东亚较早地离开了西方式的宗教迷狂，在周初即基本上完成了精神生活的世俗化革命。[②] 其实，家庭是客观存在。家庭是什么客观存在？一是一种男女两性结合的存在

① 马克思，恩格斯：《马克思恩格斯选集》，第2卷，人民出版社，1972年，第87页。

② 笑思：《家哲学——西方人的盲点》，商务印书馆，2010年，第351页。

（互为阴阳互补的“另一半”）；二是一种血缘关系的存在（不是神给的）；三是一种不同年龄主体的共同存在；四是生活中亲密合作，情感上亲切交流的群体的存在。[①] 既然家庭是重要的客观存在，那么人类的再生产和再发展一定要依靠家庭教育是不言而喻的。但是，怎么发展？如果只有他我教育，没有自我教育，则这种家庭教育也不是真正的教育。

2. 自我教育的基础是独立性，这是新型家庭的重要特点

主体性是人的最高本质。“自由的有意识的活动恰恰就是人的类特性。”西方家庭教育中，尊重孩子，重视独立性的培养是正确的。马克思在致莱昂·菲利普斯的信中说：“我一生还从来没有看到过更好的家庭。你所有的孩子都有独特的性格，彼此各不相同，每一个都有特别的才智，而且个个都同样受到广泛的教育。”[②]在这里，马克思赞扬了“你所有的孩子都有独特的性格”。

自我教育的心理基础是自我意识；自我教育能力培养的是主体的自爱、自立、自信、自尊、自强等品质。而中国家庭教育中缺乏民主、平等，进行“听话教育”，“听话就是好孩子”“长者恒为师”都极不利于孩子培养自我教育品质。

当代重要的品质，如创新、交往、合作，它们的基础都是独立性。创新精神的基础是独立人格。一个唯唯诺诺、毫无独立见解的人，不可能有所发现、有所发明。真正的合作与交往，一定是独立自主的人的行为。有独立性的人，才能打破陈规陋习，才能推陈出新；有独立性的人，才能在交往中产生有价值的碰撞和互补，才能在合作中共赢。要在家庭中培养孩子的独立性，就要通过自我教育。

3. 自我教育的方法是合作性（互动性），这也是建设新型家庭的主要方法

要在和谐关系中进行自我教育，在这方面中国的仁爱思想为我们提供了许多精神财富。领会仁爱思想的精华之后，可以在家庭教育中更好地开展自我教育。

自我教育思想在家庭中得到平等的体现，那就是人人都要进行自我教育。中

---

① 笑思：《家哲学——西方人的盲点》，商务印书馆，2010年，第426~451页。

② 马克思，恩格斯：《马克思恩格斯全集》，第30卷，人民出版社，2008年，第695页。

国传统思想中实际有这种思想，不过被统治阶级利用、修正为一种“愚孝”。中国传统文化中对“孝”非常重视，说明对家庭伦理的重视。“君子务本，本立而道生。孝弟也者，其为仁之本与”（《论语·学而》），这里并没有盲从的意思。

“今之孝者，是谓能养。至于犬马，皆有以养。不敬何以别乎！”（子游问孔子怎么做才是尽孝。孔子说：“现在人们认为的孝，是能养活父母。其实，连狗马等牲畜都能得到饲养。假如对父母不敬的话，供养父母与饲养狗马有什么区别呢？”）这是孔子关于孝的观念。他批评了所谓仅仅养活父母就是孝的观点，特别强调了“敬”的重要性。

最让人感动的是，《弟子规》还能够引导孩子认真、动情地使父母认识自己的过错。“亲有过，谏使更（劝说父母改正），怡吾色，柔吾声（自己要和颜悦色，柔声细语），谏不入，悦复谏，号泣随，挞无怨（如果父母不听劝告，还要乐意继续劝说，要大声哭喊，制止父母犯错误，哪怕挨打，也不怨恨一时想不通的父母）”。

家庭中的自我教育意味着家庭中每一个成员都要进行自我教育，成员之间则要互相激发，推动自我教育的实施。

马克思常常说“孩子们必须教育他们的父母”。①

家庭中的自我教育，首先是家长的自我教育。这正如托尔斯泰所写的，“教育孩子的实质在于教育自己，而自我教育则是父母影响孩子的最有力的方法。”②其次，培养孩子成长，要通过孩子们的自我教育。也就是在家庭中，一方面成人要善于自我教育，以自己的榜样来带领孩子前进；另一方面，要激发孩子进行自我教育，通过自我教育——自我认识、自我要求、自我践行和自我评价等环节，得到真正的健康成长。

看起来，家庭教育的发展是离不开自我教育这个内容的，尤其是在以人为本的当代更是如此。

---

① 马克思，恩格斯：《马克思恩格斯论教育》，人民教育出版社，1958年，第370页。

② 苏霍姆林斯基：《家长教育学》，中国妇女出版社，1982年，第23页。

第二章
家庭中孩子的自我教育

发展的根本原因在内部，第二位原因在外部。

——毛泽东

一、自我意识是孩子发展的关键因素

——人的发展受四个因素的影响

研究任何过程，如果存在着两个以上矛盾的复杂过程的话，就要用全力找出它的主要矛盾。捉住了这个主要矛盾，一切问题就迎刃而解了。

——毛泽东

家庭中的自我教育一般由三部分组成：一是家庭中孩子的自我教育；二是家庭中家长的自我教育；三是家庭成员之间的相互影响，是家庭这个群体的自我教育。

（一）四个因素影响人的发展

自古以来，人们对于“什么因素影响发展”一直在进行探索，并存在着长期的争论，有的强调遗传，有的强调环境和教育，随着科学研究的深入，我们进一步认识到自我教育这个因素对人的发展具有重大的作用。总体来说，我们应当辩证地看待这四种因素。

1. 遗传因素：不可否认，先天的生理、心理基础是人发展的前提。如果孩子有悦耳的嗓音，就为成为歌唱家提供了可能性；如果孩子有惊人的记忆力，就为牢固地储存大量信息提供了可能性。任何人的发展不能否认有遗传因素的影响。

遗憾的是，现在有些家长盲目地攀比别人家的孩子："人家孩子唱歌怎么那么好听，你就怎么不成!""人家孩子画画那么好看，你怎么不努力啊!"

现在科学研究已经证明，每个人生下来获得的智能结构并不一样。美国心理学家加德纳经过多年研究，提出了一个"多元智能"理论。他认为人拥有的智能是多种多样的，各种智能组成的结构又是千变万化的。目前已经发现的有言语、语言智能；逻辑、数理智能；视觉、空间智能；音乐、节奏智能；身体、动觉智能；人际交往智能；自知、自省智能；自然观察智能八种类型。加德纳预计将来有可能会发现一百多种智能。

一方面，我们应该实事求是地承认遗传因素的存在，不强求孩子去做无意义的拼搏；另一方面，还要认识到遗传因素只有特点不同，没有什么好坏之分。遗传因素它只是发展的一个前提。因此家长和老师应该立足于孩子不同的智能结构，引导他扬长避短或者扬长补短，有特点地发展自己，获得幸福的一生。

舟舟的成长过程就是一个引人深思的实例。舟舟是一个生下来就智残的孩子，他的智商估计相当于三四岁的孩子。但是他现在竟然是家喻户晓的著名人物，因为他不但指挥过中国有名的乐队，甚至还在维也纳指挥过国外的著名乐队。这种奇迹为什么能够出现呢？应该说，是他父亲的正确认识起了关键作用。舟舟的父亲没有陷在埋怨命运的悲痛中，更没有像有的家长那样盲目攀比，强迫孩子和别人家的孩子一样学数学（例如要求孩子数学必须及格才能学其他喜欢的东西），而是认真观察舟舟的表现，发现舟舟的智能结构的特点。结果他发现舟舟的智能结构，虽然好些地方不如其他孩子，但是唯独对音乐的爱好，尤其是指挥能力，却超出一般人。父亲为舟舟高兴，因为"舟舟从交响乐中找到了他的快乐，他能兴奋，他激动，这就足够了"。

后来，由于社会上"所有的生命都是值得尊重的"的理念的普及，以及中国残联的帮助，才有了今天舟舟快乐的生活。

2. 环境因素：环境是一种相对的不可控的因素。比如，历史环境是人无法选择的。在奴隶社会环境中，要想普遍培养出自主性很强的人是不可能的；大的社会环境通过社会意识、社会心理影响着每一个人的成长，个人也是无法选择的。

孟母之所以要三迁，就是看到了环境因素的重要性。虽然大的环境我们往往无法改变，但是，对于不成熟的孩子，帮助和引导他们学会主动地选择优质的微观环境仍然是必要的。

实际上，对孩子成长影响最大的是中观环境和微观环境。

“孟母三迁”中孟母主要是在选择中观环境。街头巷尾，街坊邻里，这些中观环境传播的社会文化、心理和亚文化，往往对成长中的、善于模仿的孩子，通过耳濡目染有深刻的影响。而家庭这个微观环境，目前反而不被重视。其实微观环境，不仅由于孩子从小就生活在其中，而且由于孩子生活的方方面面都与它密不可分，所以这才是对孩子成长影响最大的环境。最明显的就是饭桌上、电视前的聊天。可以说古今中外、天南地北、世界要闻、奇闻怪事，大家无所不谈。成人好像是不经意说出的一些观点，甚至一个表情的流露，其实就是价值观的传播。孩子们都在睁大眼睛、竖起耳朵捕捉这些信息，而且由于对亲人的信任，他们往往是全盘接受。所以，净化微观环境才是我们能够把控的重要环节。

3. 他人教育因素：他人教育是一种相对的可控因素，是人们有目的、有计划、有组织地对人类自身发展的积极干预，是人类自身生产的重要组成部分。社会教育、学校教育和家庭教育都对人的成长发挥着极其重要的作用。

教育家苏霍姆林斯基极其重视家庭教育。他强调家庭成员之间丰富的、深刻的关系对孩子发展起决定作用，这个观点已经为许多实践证明。他认为：“最完备的社会教育就是学校—家庭教育。家庭以及存在于家庭中的子女与家长之间的相互关系是智育、德育、美育和体育的第一所学校。在孩子生活之初的头几年里，在他的发展中起决定作用的是他周围的人，以及丰富的、多方面的人的关系。”[①]

---

① 苏霍姆林斯基：《帕夫雷什中学》，教育科学出版社，1983年，第7页。

家校合作将学校教育和家庭教育紧密结合起来，不仅是推动学校、家庭发展，也是提高全民素质的有效措施。“实施学校一家庭教育，不仅可以很好地培养年轻一代，而且还可以使家庭和父母的道德面貌更完美。没有对子女的教育，没有父母对学校生活的积极参与，没有成人与孩子之间经常的精神上的接触和相互充实，就不可能有作为社会基层单位的家庭本身，不可能有学校这个最重要的教学教育机关，也不可能有社会在精神上的进步。”[①]

除了学校教育和家庭教育之外，社会教育的作用也不能低估。学校之外的文化教育机构有博物馆、图书馆、科技馆、展览会、文化宫、少年宫、俱乐部和各种体育场馆。这些校外文化教育机构近些年发展很快，但是许多家庭还没有意识到它们的重要性，和国外相比较，主动带孩子去博物馆的中国家庭实在是太少，因此使用上还有很大潜力。实际上，学校和家庭的一般教育不可能满足不同智能结构的孩子，而这些图书馆、博物馆却往往能够使他们的特殊需要得到更大的满足。

在全国产生重大影响的体育界的庄则栋、郎平，文艺界的姜昆，如果没有少年宫这些社会教育的帮助，不可能迅速成长起来。有远见的家长已经积极地行动起来，充分使用这些资源，帮助孩子发展特长。最近，民办教育机构也如雨后春笋般大量出现，不过鱼龙混杂，家长要认真选择那些真正培养人，而不是单纯赚孩子钱的民办机构。

4. 自我教育因素：这一因素对成人、成才的重大作用过去一直被人们忽视。自我教育是指人通过认识自己、要求自己、调控自己和评价自己，自己教育自己。当然，自我教育是在一定的遗传基础上，在环境和他人教育的条件下生成和发展的，但是它一旦生成，就积极地反过来发挥作用，极大地影响着个人的成长，而且随着人的成长，它的作用在四个因素中占据了越来越重要的地位。最

① 苏霍姆林斯基：《帕夫雷什中学》，教育科学出版社，1983年，第8页。

终，它在人的成才的各种因素中成为最重要的因素。回顾人类历史，所有取得巨大成就的人，无不是具有很强的自我教育意识和能力。

自我教育因素与他人教育因素是相辅相成的关系，应该深刻理解教育家苏霍姆林斯基一再强调的："只有能够激发学生进行自我教育的教育才是真正的教育"，处理好他人教育和自我教育的关系。没有自我教育的教育不是真正的教育，教育目的必须通过受教育者的内化才能真正实现，外因必须通过内因才能起作用，现在这是人人皆知的道理。而所谓"内化"，实际就是自我教育的过程。一个学生只有当他把教育者提出的教育要求变成了自我要求，并把它付诸实践的时候，教育目的在他身上才能真正实现。相反，没有自我教育的所谓教育，就会变成一种野蛮的灌输，甚至是一种精神的摧残。当然，培养孩子的自我教育能力仍然需要家长和老师的教育，只不过这种教育是在尊重孩子前提下的一种引导，而且目的是激发孩子的自我教育。

家庭中的自我教育是本书的主题，而处理好他我教育和自我教育关系，更是本书的关键内容，这些论述和分析将在各章逐步展开。

（二）自我教育是四个因素中的关键因素

自我教育的重要性来自自我意识的重要性。自我意识这个"序参量"是孩子发展的关键因素。它在人的发展中，尤其是在自我教育过程中占有极其重要的地位，家长应该给予重视。

1. 什么是"序参量"

"序参量"这个名词是在系统科学中经常使用的重要概念。这在家庭教育领域内是属于比较生疏的理论名词。但是为了把家庭中自我教育研究搞清楚，大家还是有必要啃啃这些"硬骨头"。

世界上的所有事物，不但自身有内部的子系统，而且都是存在于一定的外部系统里面。当然，这个系统并不是静止的，更不是僵化的。发展着的系统，一定是开放的系统，必然是和外界不断地交换着物质、能量、信息。

在这个复杂的系统中存在着很多的变量。值得注意的是，这些变量起的作用并不一样。绝大多数变量叫快变量，对事物的整体没有明显的影响；而另有一个或几个变量（如果是几个慢变量经过合作与竞争，最后也会形成一个起主导作用的序参量），却能够左右整体，主宰着事物的变化，决定着变化结果出现的结构和功能，它叫慢变量，也叫序参量。

在一定系统中，快变量和序参量相互依赖，协调一致，形成一个相对稳定的结构。但是序参量总是起着主动、支配的作用。序参量的作用在各种系统中，物理的、化学的，都有体现，同样在社会这个复杂系统中，在人的发展中自我意识这个序参量也在起着主宰作用。

2. 自我意识为什么是一个人发展系统的“序参量”

人也是一个复杂的系统，存在着各种子系统和大量的变量。从纵向看，有生理、心理、社会文化等层面的变量；从横向看，仅心理层面，就有认知、情感、意向等子系统，其中也拥有大量的变量。这些子系统和各种变量，它们互相作用，相互协调，成为一个结构。这些变量中，它们各自起的作用，同样是不一样的。

自我意识是人发展的序参量。自我意识这个变量，它变化得最慢，然而它一旦变化，整个人就会发生变化。最明显的是少年期的“开窍”阶段，从中就可以看出自我意识这个序参量的重要性。

中国民间有一种孩子到一定阶段就会“开窍”的说法。许多家长和老师也有这样的经验——孩子到了少年期，往往会出现成人料想不到的情况。一个前几天还是完全不懂事的孩子，突然变得懂事了。之前，写作业必须让人一遍一遍地催，现在，一回家自己就赶紧写作业；过去，一进家门，就高声喊叫：“怎么还不开饭？我都快饿死了！”其实妈妈也是刚刚下班，满头大汗地在那里忙着做饭。现在，孩子放学回家，主动地说：“妈，您刚下班，歇会吧，我来做饭。”

为什么孩子突然像变了个人？就是因为自我意识发生了质变。

孩子进入少年期，虽然许多变量都在发展，比如个子有的已经超过家长了；

抽象思维有了发展；知识丰富了；交往面扩大了……但是，只要是自我意识还没有出现质变，他就仍然像一个幼稚的孩子。当然，其他快变量也影响、牵制着自我意识的发展。比如，家庭文化中是激发孩子的自主性，还是压制自主性影响自我意识的发展。那些连洗脚、擦屁股，甚至挤牙膏都由父母代替的孩子，他的实践权利都被父母剥夺了，他是一个脱离实践的人，理解不了世界，也影响了发现自己。所以他长期呈现的是“长不大”的“幼稚心理”。即使是生理上的影响，比如“睡眠不足”，也会影响脑神经发育，自然也会影响自我意识的发展。而思维的发展，尤其是抽象思维的发展，使得少年能够从具体事物中逐渐解放出来，他们有条件自己发现自己的内心世界。对自我，达到抽象思维的阶段，就可以把自己当做另一个人，自己可以把自己当做客体来认识。这个时候自我意识作为序参量影响全局，才能出现“开窍”这种质的变化。

那么，为什么少年阶段的孩子才能“开窍”，难道更小的孩子没有自我意识吗？当然，更小的孩子也有自我意识，只不过发展得不成熟，所以还不能“开窍”，或者说，他们“开窍”的内容和少年有所不同。

由于自我意识发展的阶段不同，它对孩子整体发展的影响也会呈现阶段性。

（1）乳儿、婴儿时期

乳儿、婴儿时期的孩子，他处于只能够意识到自己身体层面的时期，他对自己整体的影响也都是在身体、动作层面。所以他的“开窍”，是他发现了自己的身体和力量，开始知道自己的动作和效果之间的关系，他频繁地体验、享受、展示自己的力量：最初是咬东西，甚至咬人；接着是拿东西、扔东西、撕扯东西。总之，是在身体和力量层面表现自我。

豆豆一岁半的时候，大人让她学习用小勺子吃饭。开始因为还不能运用自如，很难“挖”到一块有一定分量的饭或一块菜，但她还是坚持练习。偶尔一下子挖到一个比较大的饭团或者自己想吃的菜，她会微笑着举起勺子，向大家展示她的成果，特有成就感。有时候因举起勺子显摆而使来之不易的成果掉下来，引来一阵笑声。

当小勺子用得比较熟练以后，她常常抢别人的筷子，尝试用筷子吃饭。开始时，经常失败，但是她还会反复练……

有一天吃饭时，突然听到她惊叫一声，只见她兴奋地举着筷子，筷子上夹了一片黑木耳，原来她是从大菜盘子里夹起来的。当大家都欣赏过她的新成果之后，她又有一个新的举动——将黑木耳放到自己碗里，放下筷子，自己鼓起掌来，大家反应过来之后，也一起为她鼓掌。

（摘引自成运广《为自己鼓掌》）

乳儿、婴儿时期，是从身体、物质层面上的自我与非我不分，逐渐走向能够区分（即第一次自我中心化—去自我中心化）。

（2）幼儿时期

幼儿时期的孩子，他们已经有了心理活动，能够把感知到的东西，通过形象内化到自己心中，能够意识到内心表象。幼儿计算数目，往往要用手指头，当把手指头形象变成脑子里的表象，这时候就不再数手指头，虽然比较困难，但仍然可以计算。幼儿时期的孩子热衷于玩“过家家”这种象征性游戏，喜欢听童话故事，他们有丰富的想象力，正反映了他们的自我意识达到了一个新阶段。他们通过自己的幻想、象征等方式与他人交流。这种内心表象，虽然还不是客观事物本身，但确实是孩子自己的想法。因此，也是可贵的、有意义的。

他们的“开窍”就表现在各自有自己的表象。虽然比起婴儿阶段有很大进步，但是他们还意识不到，每个人的表象并不一样。常常以为自己的想法和别人的一样。自我意识作为序参量，它的水平影响他们的全部行为。幼儿是在表象层面认识自己，在表象层面影响整体行动。他们往往是现实与梦境不分，自己的想象与现实不分。

我曾经做过一个测查：20名幼儿画同一个女孩子，画的结果差异很大，而和对镜画的自己却极相似。这说明，幼儿阶段自我意识水平决定了幼儿主体行为的一些特点：一方面自觉、能动地反映客观（用具有自己特点的观察和表现方法去画那个女孩子）；另一方面，也表现出用自我意识现有水平、表象去干扰对客观的反映（画小女孩不像，而更像自己）。

幼儿时期，是从表象、体验层面上的自我与非我不分，逐渐走向能够区分(即第二次自我中心化—去自我中心化)。

（3）**儿童时期**

儿童处于具体的思维阶段，思维的特点是具体、零散的，不能组成一个结构的整体和一个完整的系统。他们的思维停留在具体的单独的事物上，就事论事。只能把思考应用到具体的或者观察到的事物，不能设想可能的形式。如，有的儿童不认识字，不会写字，但有长时期的自发的“读报”“写作业”行动。但只限于行动，而没有真正的意识性质的内容。这时候，儿童的自我意识处在“行动”的层面。

许多小学教师和家长都有这样一种体会：对小学生的教育，如果不和他的行为联系起来，不落实在行为习惯上，恐怕都会费力不讨好。因为小学生的自我意识水平，主要处在对外感知的层次上，对内部心理活动的体验尚不经常、不稳定、不深刻。当问小学生“你爱不爱劳动”时，他的回答往往是一些具体的行为表现，如：“我每天都做值日”“我扫地扫得特别干净”；问“你学习努力不努力”时，他就回答：“我上课认真听讲”“我每天都完成家庭作业”。

小学生对自己的要求也主要是行为上的。有一个一年级学生，看到别人都得到了小红花，可是自己字也写不好，课堂上又管不住自己，靠在这些方面进行努力，要想得到小红花，实在是希望渺茫。于是有一天，他就见到哪个老师都鞠躬，每见一次就鞠躬一次，有时甚至向“值周”的大同学也恭恭敬敬地鞠一个大躬，他想用这种行为得到一个礼貌方面的小红花。可以看出，这个小学生，仅仅是对自己的行为有了要求，还没有达到较深层的道德品质的自我要求。

儿童时期，是从具体的行动思维层面上的（自我）思维和对外（非我）感知不分，逐渐走向能够区分（即第三次自我中心化—去自我中心化）。

人类有自我意识的基因，这是发展和培养自我教育能力的有力前提条件。但是，自我意识的发展并不是孤立的，人自身的系统，只有在不断与外界交换物质、能量和信息的时候，才能维持，才能发展。

外界条件不好的时候，自我意识发展肯定受到影响。如果外界社会条件过分恶劣，超过了限度，就会使自我意识的发展终止。狼孩的出现就是最有力的证据。

"狼孩"是野生儿的一种，指被狼抚养的人类儿童。最著名、最可靠、留下资料最丰富的是1920年印度加尔各答东北山地发现的两个狼孩。这两个狼孩均为女性，大的被发现时约8岁，后取名卡玛拉，小的1.5～2岁，后取名阿玛拉。人们从狼窝里发现她们后，将她们送到米德拉波尔孤儿院。据该院辛格牧师抚养日记记载，刚到孤儿院时，两个女孩行为如同狼，四肢行走，昼伏夜行。阿玛拉因病于一年后死去，卡玛拉活到17岁。经过在人类社会中生活的几年，她学会了穿衣、直立行走，知道了一些简单数字概念，学会了50个词汇，能讲一些简单的话。美国心理学家格赛尔根据卡玛拉的社会行为和心理状态，认为她17岁的智力达到了3～5岁儿童的水平。①

我国历史上也曾经发生过类似的情况，明成祖朱棣夺取了建文帝的皇位以后，为了巩固他的统治地位，残酷地把建文帝的小儿子朱文圭押到北京，隔离在一间小屋里，从2岁一直关到55岁。由于长期与世隔绝，这位"天子"的后代，终于成为丧失了人的基本能力的白痴。

这个所谓人的"基本能力"，最主要的就是自我意识所表现出来的自我教育的意识和能力。当自我意识这个序参量缺失的时候，仍然会有其他变量来充当主宰者，决定着整体的功能和结构，那就是动物所具有的生理、神经系统的变量，

① 朱智贤：《心理学大词典》，北京师范大学出版社，1989年，第375页。

而绝不是自我意识。

家长和教师都有这样的印象：在孩子成长过程中，都是从有序状态走向无序状态，又从无序状态走向新的有序状态……这就是成人眼中的“不听话了”“无理取闹”“乱了套”阶段。例如，一岁、三岁、五岁，小学中年级，初中二年级。

小学生处于他律阶段时，崇拜家长和老师，他和成人的关系处在有序状态——听话、服从；而随着思维的发展，尤其是到了少年期，发现老师和家长的观点不一致，甚至发现成人也有错误的时候，原来的听话、服从关系就要被打乱，表现为走向无序。

苏霍姆林斯基也发现了这种现象：“在少年这个年龄阶段，人的精神生活会发生深刻的变化。他的认知能力、脑力劳动、行为、与同学的相互关系、情感和审美以及道德的发展等许多方面的实际表现，都使教师感到不可思议和迷惑不解。有经验的教师也经常抱怨“少年工作难做”。他们身上常常出现某种神秘莫测、难以理解的现象。”① 他分析道：“少年期的这种矛盾，在很大程度上是由于在这一时期思维方法的改变。因为儿童的具体的形象思维正在让位于抽象思维。少年开始用概念来进行思维，而这仿佛在他面前展现了一个新的、陌生的世界。他力图用逻辑思维的方法认识生活现象，但是又很难把千变万化、错综复杂的世界纳入形式逻辑之中。因而产生了一些少年所特有的错误、仓促的结论与概括。可是由于少年关注的对象，不仅仅是他的身外之物，同时还包括他自己，他对他自己也做出了片面的、仓促的结论，时而夸大自己的优点，时而又夸大自己的缺点。由此而产生那种一方面对自己的力量充满信心，另一方面又不满意自己的两种心情奇怪地交织在一起的现象。”②

这种现象好不好呢？其实，这种“混乱”正酝酿着新的结构的产生。可以

---

① 苏霍姆林斯基：《育人三部曲》，人民教育出版社，1998年，第316页。

② 苏霍姆林斯基：《育人三部曲》，人民教育出版社，1998年，第349页。

说，在三次中心化到去中心化的过程中，都有“混乱”的出现，但是每一次“混乱”之后，都会上一个新台阶。不过，需要特别提醒的是，虽然都是上一个新台阶，但是新台阶的方向仍然需要成人关注。比如，少年的自我意识质变之后，做事情更加自觉，但是自觉学习还是自觉放弃学习却是两种不同的方向。

二、“鸡蛋变小鸡”靠的是什么?
—— 自我教育的四个环节和十二个层次

在教育中，没有孤立的对人起作用的因素。

——苏霍姆林斯基

孩子的不断发展究竟靠什么？许多家长不理解规律，只是一厢情愿地从外部下功夫，结果费力不讨好。毛泽东说得好：“外因是变化的条件，内因是变化的根据，外因通过内因而起作用。鸡蛋因得适当的温度而变化为鸡子，但是温度不能使石头变为鸡子，因为二者的根据是不同的。”[①] 所谓“根据”就是指内因。所以，我们要想让孩子健康成长、顺利发展，首先就要研究孩子自身的内因，研究孩子内部的运行规律——自我教育的四个环节；然后再思考家长应该怎么做，就能够做到有的放矢，提高成效。

① 毛泽东：《毛泽东著作选读》（上）甲种本，人民出版社，1964年，第72页。

（一）自我教育的运行过程——四个环节

自我教育是由四个环节组成的动态结构[①]。一般都是在自我认识的基础上，提出自我要求；在自我要求的目标引导下，不断地通过实践过程中的自我激励、自我监控、自我调节，力争达到一定预期效果；然后用自己认可的价值标准对自己进行评价，通过这一评价，形成对自己新的认识。在这一新的基础上，又开始了新的自我教育，它是一个螺旋式上升的过程。

第一个环节——自我认识

自我认识是自我教育的前提。苏霍姆林斯基指出："人，只有当他了解自己时，才能教育自己。"[②]因为，一个人有什么样的自我认识，就会对自己提出相匹配的要求；有什么样的自我认识，就会推动自己怎样行动；一个认为自己很聪明的孩子，对什么事情都有尝试的积极性；而一个自认为很笨的孩子，则往往在成功面前令人遗憾地停下了脚步。

人的动力，来源于现实自我和理想自我之间的矛盾。现实自我，就是自己对自己现状的认识。如果对自己认识不正确，自卑或自傲，都不能为自己的发展提供一个真实的客观基础。只有正确的自我认识，才能正确地提出对自己的要求，从而使自我教育走上健康的道路。

有一个一年级小学生，在参加智力测试时，面对着一堆能组成马的形象的纸片，她试都不试，用手一推，就说："我不会"，原因就是她处在一个教师和家长都经常贬低她的环境中，变得十分自卑。由于自卑，过低地估计自己，就放弃了一次锻炼自己、了解自己的机会。而另一个同龄的小学生，面对这一测试，立刻就说："我能行。"接着就紧张地拼装起来，其实，在规定的时间之内，她也没有完成拼装，但是她还是不愿离去，边装边说"我能行"。后一个学生虽然是超时

---

① 冉乃彦：《自我教育研究》，京华出版社，2002年，第43页；冉乃彦：《真正的教育是自我教育》，新世界出版社，2004年，第7页。

② 苏霍姆林斯基：《家长教育学》，中国妇女出版社，1982年，第245页。

完成任务，但她不仅得到了一次宝贵的锻炼机会，更重要的是她再一次增强了自信心，享受到了战胜困难的乐趣。

自我认识可以细分为三个层次：

（1）客观认识自己

正确认识自己，最根本的是客观认识自己，也就是实事求是地认识自己，既不盲目听信他人看法，也不自以为是地看待自己。有的家长抱着“恨铁不成钢”的心态，经常说孩子“笨”“傻”，结果孩子就真认为自己是“笨孩子”，一开始，就会离开真实情况，站在错误的起点上。

（2）全面认识自己

正确认识自己，还需要学会全面地认识自己。我们进行调查时，发现不论在小学或初中，每个班总有一两个同学，认为自己“只有缺点，没有优点”或者“只有优点，没有缺点”。如果不能全面看自己，或者变得盲目自卑，或者变得盲目自傲，都会影响孩子进步。

（3）发展认识自己

固定地看待自己，以为落后就永远落后，先进就永远先进，不是使自己丧失信心，就是使自己丧失前进的动力。孩子们对一些比较快的变化、外在表现明显的变化，容易看到（如自己掌握了一种游戏；个子长高了），而一些变化比较慢、外部表现不明显的变化，不容易看到自己实际在发展（如经过多次努力，表面上分数仍然没有提高，其实是处在学习的量变阶段，只是变化不明显）。这些都会干扰孩子正确认识自己。

人怎样认识自己？

人要想认识自己，首先是要唤醒自我，有认识自己的意识，其次才谈得上能够正确地认识自己。

怎样唤醒自我？

通过“被重视”，唤醒自我。期望本身就是一种激发，教师和家长的眼神，反映出对学生的关注、欣赏，让学生感到“被重视”，是最基本的激发。

通过“树标准”，比较自我。学生在“自我感觉良好”，懵懵懂懂过日子的时候，很难主动想到去认识自己，因此要通过打破这个平衡，暴露这个差距。除了正面“树标准”之外，自愿地和同龄学生比较，城市和农村学生比较，找到自己的差距，都能够引起学生自己的反省、自悟。

通过激发孩子“研究自己”，使他们愿意反思自己（观察、分析、顿悟）。有的教育者指出，“青少年学生正处在心理发展期，有很大的可塑性，也存在很大的波动性……需要学生看清自己，剖析自己”。[①]针对学生年龄小的情况，有的老师想出了“随身小纸条”[②]的妙主意，随时结合具体问题，引导孩子学会自我反思。

认识自己，还包括认识自己在社会中所处的地位。一个性格孤僻的学生在老师的关爱下，“认识到自己不是一个多余的没人疼爱的孩子”[③]之后，开始了自我认识并提出自我要求。

不过，人正确认识自己并不容易。比如，人对自己的长相的认识就是一个复杂的过程。因为，人从生到死，都不可能直接看到自己的脸，最多只能隐约看到自己的鼻子尖，人对自己长相的认识是从水面、镜子、照片和录像间接认识的。但是照片上的形象是不是真和自己的长相一样，还需要旁人的确证和自己的推断。一个人，只有经过长期的实践过程和思考分析，才能逐渐形成对自己比较正确的、稳定的认识。

一岁多的孩子，第一次照镜子时，往往还不知道镜子当中的形象就是自己，有的觉得好玩，伸手去摸，有的以为是另一个小孩在对他微笑，也有的甚至因为不知是何物而感到害怕。别人告诉他“镜子当中的那个孩子就是你”时，他还不十分相信，慢慢地通过他观察镜子中的妈妈和真实的妈妈是一样的，才会逐渐通

---

① 苗臣耿：《自我教育需要看清自己》，载贺乐凡主编《自我教育方法》（教育前沿），第80页。
② 金惠芳：《我的妙主意“随身小纸条”》，载贺乐凡主编《自我教育方法》（教育前沿），第402页。
③ 赵方丽：《请记住“我的人生我作主”》，载贺乐凡主编《自我教育方法》（教育前沿），第46页。

过推论，确认镜中的形象就是自己。

小学生对自己的优缺点的认识就更不容易，开始也只是用成人的认识代替自己的认识，例如“妈妈说我吃饭吃得快”“老师说我写字写得好”。

把他人的认识变成自己的认识，同样也有一个反复统合的漫长过程。一方面，小学生通过自己的亲身实践，逐渐增加了对自己的认识。比如，在赛跑中如果他经常跑在别人前面，就会认识到自己在奔跑上有优势；在搬运重物时，他能搬动别人搬不动的东西时，他才会知道自己的力气大……另一方面，小学生这时会得到来自各方面的他人评价（上一年级后，就会在家长评价的基础上，又增加了老师的评价）。这些评价，有时相同、相似，而有时又不同，甚至完全相反。

这些来自亲身实践的评价和多种的他人评价，尤其是互相矛盾的评价，将激发孩子思考，促使他不断地比较、分析、推理和判断。这是一个曲折、复杂的过程，通过这一过程，他将得到比较客观的自我认识，但仍不能保证都是正确的。应该说，构成自身的一切都是自我认识的内容。

对最基础的物质层面的认识：有对自己机体的物理认识，如身高，体重，头发长短，皮肤黑白。

对生理层面的认识：如胃口好坏，出汗多少，心跳快慢，体态胖瘦，身板强弱。

对机体活动力的认识：如力量大小，跑得快慢，跳得高低，扔得远近……

对心理层面的认识：如情绪的稳定和易变，记忆的长久和短暂，性格的内向或外向，能力高低，气质类型，爱好特长，行为习惯等等。

再高一些，是对自身社会文化层面的认识：如爱集体，关心他人的道德品质，理想，信仰，人生观，价值观，文化知识积累状况等等。

这些组成了人的自我认识，这一内容和西方心理学说的自我概念是一致的。

自我认识的内容虽然很广泛，但是具体到每一个人，认识的深度能达到哪一个层面，总要受到两方面的制约。一方面是作为客体的我，暴露和展示的程度如何。如没有经过多种测试，不容易发现自己的记忆能力如何；和别人交往极少的人，难以判断自己的性格类型；另一方面，是作为主体的我，自身中枢神经系统发展成熟的程度如何。如幼儿自己尚不能了解自己的思维类型、气质特点，这样一些带有抽象性质的品质，小学生也不可能去认识自己的人生追求。他们既不会自己提出这样的任务，即使别人提出了，他们也无法在这一层面上认识自己。

苏霍姆林斯基强调："在认识自然界的普遍规律性的广阔背景中，进行自我认识和自我教育。要把对大自然的揭示作为认识世界和对个性的自我肯定的广阔天地。"①

"一个少年，只有当他学会了不仅仔细地研究周围世界，而且仔细地研究自己本身的时候；只有当他不仅努力认识周围的事物和现象，而且努力认识自己内心世界的时候；只有当他的精神力量用来使自己变得更好、更完善的时候，他才能成为一个真正的人。这里说的就是学生在精神生活的一切领域里的自我教育。"②

第二个环节——自我要求

自我要求是自我教育中的重要一环。一个人如果仅仅是认识自己，没有让自己变得更好、更完善的愿望，没有进一步的自我要求，自我教育的这四个环节只能中断，也不能出现螺旋式的上升。所以，要推动自我教育的进行，需要关注的是紧接着进入自我要求这一环。但是，从笔者1996年在北京城区对中小学生自我教育能力进行的调查来看，在四个环节中，目前最薄弱的一环便是自我要求，也就是中小学生最能口头说应该怎样做（自我评价），也能知道自己做得如何（自我认识），但行动差（自我践行），尤其值得注意的是最不想去做——缺少对自己的要求。

自我要求也可以细分为三个层次：

（1）形成动机

一个人，当他不满足自己的现状，有改变自己，产生让自己越来越好的强烈愿望的时候，才能进入自我要求的第一步——形成动机，开始自我教育的第二个环节。

---

① 苏霍姆林斯基：《育人三部曲》，人民教育出版社，1998年，第433页。

② 苏霍姆林斯基：《给教师的建议》，教育科学出版社，1984年，第347页。

恩格斯说过："就个别人说，他的行动的一切动力，都一定通过他的头脑，一定要转变为他的愿望的动机，才能使他行动起来。"要进行自我教育，自己提出对自己进行教育的要求是最关键的一环。一个觉得自己已经十分完美的学生和一个自认为无可救药的学生，同样都不会真正进行自我教育，他们虽然对自己的看法截然不同，但内在的本质是相同的——即都是来自错误的自我认识，这两种看似相反的看法，导致的却是相同的结果，那就是都没有自我教育的愿望和动机。

（2）提出目标

人类和动物不同，在行动前，在头脑中就会出现超前的表象，在这里，就是指自我教育的目标、蓝图、远景的建立。要建立一个理想的比较符合实际的目标、蓝图、远景，需要对自己的现状、对自己的能力和对自己的需要进行综合的把握。比如，一个中学生在班上感到被大家冷落了，他的心情很不好，这时他必须首先对自己的"需要"究竟是什么有一个正确的认识，他其实需要的是"别人对他的尊重"，是一种自尊的需要；其次，他还需要对被冷落的现状有一个实事求是的分析，之所以"感到被大家冷落"，究竟是因为自己的多疑，或是旁人的骄傲自大，还是自己本身的缺点造成的；然后再对自己解决这一问题的能力有一个正确的估计。在这个基础上才能为自己设置一个恰当的目标：例如是在班上捣乱引起别人的重视；还是用小恩小惠去收买人心；还是用自己的良好行为去赢得大家的信任。有时候，也许有的同学仅仅需要的是解除自己的多疑，就能改变局面，从而满足了自己自尊的需要。

中小学生设置的自我教育目标应该是远目标和近目标结合，远大理想和具体设计结合。

远目标——中小学生需要有远大理想，以英雄人物为榜样，建立自我教育的远目标。苏霍姆林斯基指出："所谓自我教育，就是用一定的尺度来衡量自己。很重要的一点，要让学生用英雄人物的生活作为测量自己的尺度。"

近目标——一方面，不但要远学英雄，还要近学同学中的榜样；另一方面，不但要有人生大目标，还要有年目标、学期目标、周目标、日目标。

（3）安排计划

安排计划是自我教育实践过程的超前表象，它包括行动的方案、步骤、过程管理、方法和措施等内容。这是为了达到目标对实践过程的一种预设。

对于中小学生来说，这些可能有一定的难度，但是，又是非有不可的。如果没有这一步扎实的安排，自我教育就有可能落空。因为自我教育是一种需要自己亲自把握的实践活动。而中小学生自身就存在着不善于全面规划、不善于细致筹备的弱点，而他们面对的客观情况往往又是千变万化的。所以，安排计划这一个层次，老师、家长应该多一些具体引导。

有一个后进生，考试成绩是全班最后一名，他完全丧失了前进的勇气。这时候他父亲循循诱导，帮他制订了一个变后进为先进的计划。第一年超过倒数第二名的同学，第二年超过倒数第三名的同学……这个计划使他看到了曙光，于是通过他的努力，一步步改变了落后的现状。

孩子的计划，有的容易大而空，有的只有琐碎小目标，而缺少人生规划的指引。北京顺义一中教师引导学生"既有远大理想——'外职业生涯规划'，也有怎样实现远大理想的具体可行的计划——'内职业生涯规划'，这些孩子们的生活一下变得充实起来了"①。

实践经验证明，如果既有长规划，又有短安排，长远的目标能从根本上引导着学生，近期的具体目标则能保证着计划逐步实现，就有可能使学生的自我教育不断取得阶段成果，增强继续前进的信心。

第三个环节——自我践行

自我践行是自我教育四个环节中最关键的一环，没有这一环，自我教育只能是空中楼阁。我国历代知识分子虽然崇尚自我修养，但是很多人不仅脱离实际，

① 盖伟：《我的地盘我作主——我们的人生规划》，载贺乐凡主编《自我教育方法》（教育前沿），第125页。

更是脱离群众，因此往往把自我修养变成了一种远离现实生活的“闭门思过”，而且还进一步养成了在面对蓬勃发展的客观世界时，“述而不作”“坐而论道”的陋习，这些也间接影响了孩子。这点在当前尤其要加以注意，不迈出实践这一步，自我教育永远是一句空话。

（1）自我强制

一个人由“想”到“做”，由愿望到行动，是既重要而又艰难的一步。很多人的失败就由于在这一步“掉了链子”。因为“想”比较容易，它仅仅是停留在心理活动，不需要克服实际困难，也没有什么付出。然而，一旦要行动，敢不敢付出，愿不愿意承担责任，都会成为“拦路虎”。这个时候，如果确信自己的选择正确，就需要战胜自己的“惰性”“怯懦”，就像俗话所说的“对自己狠一点”。

有的教育者强调激发孩子自我监督的重要性，“必须让他发自内心的自我约束，才可以改掉缺点”。①

苏霍姆林斯基非常重视培养“强制自己”的品质。他认为“自我教育的实质包含着善于强迫自己”。②他说：“如果一个人在童年时期就体验过克服自己弱点的满足，那么他就会以批判的态度看待自己。正是从这一点上，开始了一个人的自我认识；没有自我认识，就既不可能有自我教育，也不可能有自我纪律。一个年纪幼小的人，不论他把‘懒惰是不好的’这句话记得多么牢，理解得多么清楚，但是如果这种情感，没有迫使他在实际行动中管住自己，那么他就永远不会成为一个意志坚强的人。”③

“人的最大的胜利就是他能战胜自己。一个人从童年起就要学会支配自己。从小就要学会命令自己，管束自己。逼迫自己去做应当做的事，而且把应该做的

---

① 刘蓉：《你希望学生变成什么样，你就怎么说》，载贺乐凡主编《自我教育方法》（教育前沿），第34页。

② 苏霍姆林斯基：《家长教育学》，中国妇女出版社，1982年，第241页。

③ 苏霍姆林斯基：《给教师的建议》，教育科学出版社，1984年，第352页。

事变成你愿意做的事。”[①]“在童年和少年早期，在7～11岁时，就要教会一个人自我管理，而如果需要的话，还要学会‘强制自己’的能力。若是错过这个时期，以后就会不可避免地出现重新教育的问题。”[②]

（2）**自我监控**

强烈的自我教育的动机、美好的自我教育的目标和周密的自我教育的计划，都要在实实在在的实践中接受考验，取得发展。

“实践出真知”“实践是检验一切真理的标准”在自我教育的过程中也同样适用，只不过显得更加复杂。因为这一过程不但有来自外部的影响（如写作业时，隔壁电视机传来诱人的节目的声音，做完作业的同学来邀请一起踢足球等等因素），也有来自内部的干扰（如自己的懒散习惯，遇到了总也解不开的难题就心里发怵等等），这些都会干扰计划的实行。所以，要不断地对自我践行过程进行监督，对出现的情况加以判断，看看哪些和原来预想的设计有了出入，出了偏差，分析一下造成的原因是哪些，准备如何解决……

低龄孩子自我监督更是困难，他们的注意和思维多是外向型的，他们往往只是看到别人在违反纪律，而发现不了自己也同样在违反纪律。为了帮助他们，有的教师或家长不但要采取必要的暗示等方法进行提醒，有时还要教会他们在脑海中形成对自己的表象，以此来监督自己（如建议他们，设想自己飞到了天上，往下看看自己在怎样做作业的景象）。

在老师的启发下，孩子们根据自己的情况，积极想了许多办法。如请同学在自己容易犯老毛病时，及时提醒自己；早上请家长叫醒自己。这些直接、主动求助于他人的控制，对于年龄小的学生也应该视为自我控制。

---

① 苏霍姆林斯基：《怎样培养真正的人》，《苏霍姆林斯基选集（五卷本）》第2卷，教育科学出版社，2001年，第425页。

② 苏霍姆林斯基：《教育与自我教育》，《苏霍姆林斯基选集（五卷本）》第5卷，教育科学出版社，2001年，第335页。

通过自我监督发现了问题，有些是属于外界并没有造成什么干扰，是自己主观上就没有付出努力，自己放松了要求。对于这种自身的坏习惯，只能是用自己的意志力来解决了。所以，自我控制是和学生的理想、追求紧密相连的。另一种情况是外界干扰引起了自己的心理冲突，不能把要做的事坚持下去（如隔壁电视节目的引诱），这就要善于重新唤起心中的美好目标，再次强化对自己的要求，如有的同学就在自己的书桌上摆放能激励自己的格言、警句。这些做法，只要是同学出于自愿，往往效果也比较好。更重要的是，学生在这一次一次的自我监控的过程中，意志得到了锻炼，初步得到了成功的体验，就会提高自信心，使自强的愿望不断得到升华。

（3）自我调节

自我教育的过程和任何事情一样，遇到的现实情况往往与预期的不同，这就需要善于及时进行自我调节。

有的教师激发学生“把存在的问题真实地摆出来。面对真问题才有真思考，有了真思考，才有独立人格，随后才会有自我。学生有了自我，才有自我教育存在”。根据这个认识，教师引导学生召开交流会，对规划做出总结反思与调整，一步步激发学生实现自我践行。①

在调节的问题上，学生常常出现两种极端表现：一种是固执地丝毫不考虑调节，误以为这是自己意志坚定的最佳表现。历史上世世代代都有“不发明永动机，誓不罢休”的可怜人，当代也有成千上万个“不当上文学家死不瞑目”的糊涂人，当他们的“作品”被一麻袋一麻袋地送往造纸厂时，也从不思考自己当文学家的主观条件和客观条件是否具备，仍然是咬紧牙关，一篇篇地写下去。而另一种人，则是过于轻率地频繁地进行着调节。他在自我践行过程中，客观稍有障碍，主观稍有困难，就重打鼓另开张，用自我调节的借口来原谅自己意志力薄弱

① 韩克剑：《自主规划　自我提高——高一（2）班学生阶段规划交流会》，载贺乐凡主编《自我教育方法》（教育前沿），第131页。

的致命弱点。

一般情况下，最好是强调“再坚持一下”，因为事物在发生质变前，往往是最困难的时期，“黎明前的一刻是最黑暗的”，许多胜利是产生在“再坚持一下之中”。对于培养心理品质来说，不战而退，就不如拼搏一下，即使不能全部成功，也能取得些经验和教训。当然，当情况已经十分明显，继续蛮干下去肯定毫无效果时，就要勇于及时自我调整，这从另一角度说，急流勇退，撞南墙肯回头，其实也是一种对意志的锻炼。

第四个环节——自我评价

认识和评价有联系，但两者不同。认识是对客观事物的反映，而评价是知识和态度的结合。如果把自我教育过程比作一个螺旋上升的链条，那么自我评价就是具有特殊意义的一环。这一环将决定自我教育过程在进入下一个周期时，驶入哪一个轨道。

雷锋的战友乔安山，热心助人，将一位被别人撞倒的老人送进医院后，竟被老人及其家属诬陷，把肇事者的帽子强加给乔安山。这时乔安山必然会对自己的行为有个自我评价，如果认为“救人反被诬”“好心不得好报”，从事情的全部过程看，看来是由于自己不了解当前社会现实，做的是一件傻事，这样的评价结果，肯定会使他下决心，今后再也不做这样的傻事了；而乔安山却是坚定地用高尚的共产主义思想来评价这件事，宁肯自己受委屈，今后还要坚持这样做，他认为这样做是一种社会进步的需要。可见，自我评价必将影响着自我教育的发展方向。

（1）选择标准

自我评价，首先要选择评价标准。评价标准中最根本的是价值观。

“所谓自我教育，就是用一定的尺度来衡量自己。很重要的一点，要让学生用英雄人物的生活作为测量自己的尺度。”①

① 苏霍姆林斯基：《给教师的建议》，教育科学出版社，1984年，第354页。

许多学校、家庭激发学生在学习英雄人物之后，用英雄的言行作为尺度进行自我评价，有效地提高了精神境界。学生不但学习名言警句，而且自己写出质量很高的“凡语”“益言”，对自己进行再一次的激励。如何评价孩子的学习，有的家长主张：“孩子只要尽力就好，分数不要计较。”这就非常好！家长首先要能够从考分中解放出来 。

（2）**分析自己**

在实践之后，每个人都会有各种各样的体验，并用价值标准来分析自己，这一步如果做得好，就能够得到比较清晰，而且是提高了一步的正确认识。例如，孩子们参加义务劳动之后，得到丰富的体验。有的通过劳动获得了成就感；有的在劳动中发现了自己的不足；但有的感到重复的劳动十分乏味，甚至也有的对劳动的艰苦性产生了恐惧。不要以为，通过劳动实践就一定会热爱劳动，如果搞得不好，也会产生厌恶劳动的结果。因此怎么用正确的价值标准来分析自己的这些体验，就显得格外重要。

另外，一定要实打实地进行分析，也就是说，要用自己内心认可的价值标准来分析自己的真实情况、真实思想。因为人们往往有一种自己都没有发觉的情况——用“应该”（老师要求的，学校规定的）作为价值标准来分析自己。可是并不是自己认可的内心需要。这样空对空的分析，得出来的只能是一种虚假的“分析认识”。

所以说，这个时候成人的正确引导是十分重要的。成人要善于帮助孩子，首先面对自己的真实思想，然后对照核心价值观，看看哪些可以认同，哪些有差距，然后逐步接近，这个过程往往需要反复多次，只有这样才能避免“夹生饭”。

（3）**肯定自己**

肯定自己，就是指学生通过一次次自我践行、自我评价，逐步看到自己的价值，肯定自己的价值。

学生发现了自我，进行了自我肯定之后，才会有自我教育。所以苏霍姆林斯基强调“自我肯定是自我教育之母”。当然这个“发现自我”有一个过程，自我肯定也有一个过程，作为“第二次诞生”的少年期，应该是重要的质变阶段。

苏霍姆林斯基认为：“教会少年肯定自己，不能寄希望于找到一种万能的方法。对少年来说，自我肯定的过程应当成为他生活的真谛。”[①]也就是说，自我肯定是他全部生活中真实的、最有意义的内容。

一个人经过自我认识、自我要求、自我践行，最后进入自我评价环节。自我评价经过选择标准、分析自己，在肯定自己之后，就会进入新一轮的自我教育。

自我评价不能和群体评价割裂开。群体的评价就是群体的自我教育。“人的存在具有两重性，既是个人的存在，又是社会存在物。”学生的自我教育能力培养也需要家庭、集体、同伴及各种社会联系参与。自我评价同样需要调动一切积极因素，灵活采取各种方法与“公众评价”相结合。“如果在集体里没有对少年的道德面貌、劳动行为提出严格的要求，并进行公众的评价，那就谈不上让每一个少年认识自己。”[②]在这里苏霍姆林斯基强调了“公众的评价”对培养自我教育能力的重要性。

四个环节并不是完全依次进行，中间可能有交叉；层次也不是只有十二个，上面只是总结以往的经验，提供给大家一个可以参照的框架。

（二）自我教育运行逐步获得的四个品质

一个孩子，如果长期坚持自我教育，就会逐步获得四个令人羡慕的重要品质——自信，自强，自立，自尊。

1. 通过自我认识培养自信的品质

自信是指自己对自己有信心，自己相信自己的实力和潜力。自信需要科学地、正确地认识自己。所谓正确认识自己是指：如实地认识自己，全面地认识自

---

① 苏霍姆林斯基：《育人三部曲》，人民教育出版社，1998年，第367页。

② 苏霍姆林斯基：《给教师的建议》，教育科学出版社，1984年，第353页。

己，发展地认识自己。科学地、正确地认识自己，一靠自己的实践活动，通过亲身的实践，取得体验；二靠别人的准确的评价，在别人正确的帮助下认识自己。所以，自信是指建立在科学地、正确地认识自己的基础上对自己产生的信心。

自信并不是一个人主观地认为自己没有缺点，而是相信自己能够克服缺点，自己有克服缺点的能力；自信也不是教条地认为人应该没有缺点，而是相信自己即使有某些缺点，也不影响自己从整体上看仍是优秀的。自信并不是盲目地认为自己超过了别人，而是不会因自己有某些缺陷而全面贬低自己，否定自己，失去前进的勇气。自信的人相信自己有潜力，自信的人认为每一个人可以有自己不同于别人的特色，都可以找到自己恰当的位置。

因此，自信又是建立在对整个世界的科学的、正确的认识上而产生的对自身的一种信念。

2. 通过自我要求培养自强的品质

自强就是有进取心，善于自己对自己提出要求，善于激励自己，有一种奋发图强、战斗不息的精神。自强是出自内心自愿的要求，而不是教师、家长一厢情愿从外部强加的。自强是在对自己有了正确的认识基础上，有目的、有打算、自己积极提出来的对自己的要求，而不是一时冲动的感情用事，更不是出于嫉妒的盲目攀比。

自强有不同的层次。一方面受到年龄条件的制约，一方面受到认识水平，尤其是价值观的影响。因此，从动机到内容，可以将自强分出若干等级，如为满足生存需要，为满足生理欲望的需要，为满足情感的需要，为满足虚荣心的需要，为满足实现远大理想的需要等不同层次的自强。

3. 通过自我践行培养自立的品质

自立就是勇于实践，敢于负责，顽强地克服困难，扎扎实实地实现自己对自己的要求。自立体现了务实的作风和做事的能力，而不是“语言上的巨人，行动上的矮子”；自立，需要自觉地做实实在在的工作，需要具有解决各种实际问题的能力作为基础。

自立又是指一种独立工作的能力和敢于负责的态度，而不是那种处处依赖别人、毫无创见、喜欢随大流的心态。

自立是人生极其重要的品质。只有通过自我践行才能产生自立的品质。自我践行是四个环节中最重要的一环，如果不去践行，自我认识、自我要求都会成为纸上谈兵。教师和家长要设法帮助学生完成由想到做这极其重要的一步。这一步看似简单，却是关系到事情的成功和失败的关键一步。

4. 通过自我评价培养自尊的品质

自尊就是自我尊重。究竟自己应该尊重自己什么？自尊要有个标准，自尊的核心问题是评价标准，所以苏联心理学家科恩说："自尊心就是个人的价值判断"，自尊也就是自己要捍卫自己的价值追求标准。

自尊应该是体现了社会价值的一种自我价值追求，是指向深远的人生目标的追求，而不是为了虚荣心，为了面子的肤浅的价值追求，更不是出于狭隘目的，寻求私利的价值追求。

著名的詹姆士公式是：自尊＝成就/追求。这个公式对于每一个人虽然都是适用的，但是对于每一个人来说，具体的内容又可能是完全不一样的，原因就在于，对成就、对追求，每一个人的标准可能不一样。因此，在现实生活中，每个人的自尊表现又有很大不同。例如，有的人把为人类发展做贡献作为自己的追求，而有的人则把生活享受作为唯一的追求，甚至有的人把"面子"作为重要的追求。因此他们的自尊表现必然不同。虽然表现不同，但对每个人来说，因为它是人的最根本的追求，所以在重要性这一点上又是完全一样的。

应该引导孩子用正确的标准建立自尊，用正确的标准来评价自己的所作所为，用正确的价值追求形成自己强大的精神动力，准备用自己创造性的劳动为人类做出贡献，用这种方法提高自己的人生价值。

要使孩子具有既不向别人卑躬屈膝，又不容许别人歧视和侮辱自己，内心深处有一种超出物质利益的浩然气节。因此，在当前多元文化的背景下，许多人心浮气躁的情况下，如何引导孩子尤为重要。

三、富兰克林："一个刚生下来的婴儿有什么用?"

——孩子是主体，但他是未成熟主体

人是一个初生的孩子，他的力量，就是生长的力量。

——泰戈尔

科学家富兰克林在第一次试验用气球上天取得成功时，一个贵妇人困惑地问道："费这么大劲，您把气球弄上天，有什么用?"富兰克林没有正面回答，而是机智地反问道："一个刚生下来的婴儿有什么用?"同样，我们也可以问："未成熟主体有什么用?"这种主体，他的更重要的作用是在今后，所以培养未成熟主体的任务，从长远看有格外重大的意义。

人类发展到今天，全球化社会的到来，使人的生存方式正在发生着变化，主体性发展成为极其重要的问题。我们关注人的发展，核心是关注他的主体性的发展，而人的主体性发展只能从对未成熟主体的教育开始。

在家庭中，家长对孩子的期望往往很高，家长和孩子朝夕相处，对孩子的潜移默化的影响巨大而深刻，因此家长对"未成熟主体"的认识，更为现实、更为重要、更为紧迫。

人的成长有许多关键期，不论提前或者错过了关键期，教育效果就要大打折

扣。心理学家加德纳就强调过“责任感的教育，是不可能在儿童早期完成的，但是，必须从娃娃抓起。到了成年人再抓，就太晚了”。①

所有对尚未成熟又不断成熟的孩子的教育问题，都有一个放眼未来、立足现在的问题。

（一）为什么家长要关注“未成熟主体”问题？

中小学生的自我意识和自我教育是我多年关注的研究内容。尤其是参加了王道俊、郭文安、裴娣娜所倡导的主体教育研究后，对于中小学生的自我意识的发生、发展过程我更加重视，在实验中深深感到主体教育中他们的“未成熟”性质十分值得注意，应该进行探讨。

1.“未成熟主体”问题引起理论界的重视

关于这个看法，我分别向黄济、鲁洁、朱小蔓等学者请教过，得到了他们的一致肯定。在一次主体教育年会上，我提出了这个看法，引起了一些学者的思考。记得会后有一批北师大研究生还自发进行了讨论，并和我交流看法。他们强调对未成熟主体的研究有助于主体教育进入更加实质性的研究，这个观点给了我很大的鼓舞。

我带着初步的研究素材到中央教科所做访问学者，立刻得到导师朱小蔓的理解与支持。她帮助我把这个研究和她的课题《社会转型时期道德学习的研究》结合起来。她说：“你这个题目——“对未成熟主体的研究”非常有意思。我很赞赏、赞成这个看法，我认为把主体性毫无限制地蔓延到所有地方、所有场合、所有年龄段、所有维度上去使用，肯定要成为谬误的，肯定要出问题的。儿童主体性的发展，它是一个过程。而且这个主体性应该界定为比较完整的，他的个体自由一面怎样发展，平等、对称一面怎样发展，理性能力怎样发展，超越性如何发

① 霍德华·加得纳：《未来的教育：教育的科学基础和价值基础》，《教育研究》，2005年，第2期，第18页。

展，都有一个过程。”

最近，郭文安教授在《主体教育思想发展的回顾与前瞻》一文中对于我的研究给予肯定：“有的学者还对主体性发展的条件做了专门的研究和富有创意的论述，认为主体的发展主要与六种因素变化相关：其中生活内涵逐步扩大，人际交往逐步增加，学习内容逐步丰富是外部条件；心理品质逐步提高，自我意识逐步发展，价值观念逐步深化为内部依据，主体性是在内外因素的变化及其相互作用过程中成长的。这些研究均有重要的进展和价值。”①

主体性是人的最高本质。作为未成熟主体，它的不成熟，一方面表现为不可能完美，这就要求我们不应该用过高的标准苛求他们，而是认真探索他们在这个发展时期的真正需求是什么，从而有效地给予支持；另一方面“不成熟”表现为走向成熟，他们是有远大前途的，尤其是在这个网络时代。而且这种前途是上一代人不曾有，甚至可能是想都想不出来的，因此两代人都要审慎地发挥各自的主体性。

2. 为什么唯有人类有比较长的童年期（不成熟期）？

华南师范大学教育科学院杨宁在《对童年期的本质的某些新认识》一文中指出：在动物界中，唯有人类个体要经历一个比较长的童年期（不成熟期）。

人类发展最重要的，也是最令人惊讶的方面之一，是其个体发展过程中“全方位”的不成熟；从身体和生理，特别是神经系统发展的不成熟，到行为、认知乃至情感和社会性发展的不成熟……

人类如此长的不成熟期，具有什么样的适应意义呢？为什么进化没有使人类个体更早，也更迅速地进入成年期（按照我们许多人的逻辑，似乎这样更有效率）？许多人类学家、进化生物学家都认为，人类之所以必须要有一个延长的童年期，是因为人类与其他物种的动物不同。人类社会比其他所有动物群体都远为复杂和多样化，这就要求人类不仅要有灵活的智力，也要有比较长的时间学习与

---

① 郭文安：《主体教育思想发展的回顾与前瞻》，《教育研究与实验》，2006年，第5期。

掌握社会的习俗、规范和制度以及必要的技能与知识。神经学家霍洛威（1997）也指出："不成熟期的延长是一个必需的适应进化战略。它让人类能有一个延长的幼儿依赖期，能延长生殖成熟的时间，推迟身体发育成熟。让脑能长得更大和进行行为的学习。"

在许多情况下，重大的进化改变是通过发展的延迟（或阻滞）而非积累来实现的。

从神经生理的角度来讲，人类延长的童年期（不成熟）的最重要的方面是与大脑的可塑性和可变性相联系的。与其他物种不同，人类主要依赖学习和行为的灵活性来获得成功，由于发展的延迟，大脑持续发展直到青春期。因此，人类大脑神经细胞的联结可以不断形成并改变（而在其他物种的动物中这种联结早已经被固化），使人类个体得以产生灵活的思维和行为。此外，延迟的童年期还给学习复杂的成人角色提供了机会。之所以说这种成人角色复杂，是因为它们在文化上的变化性和复杂性，使得它们不能预先在大脑中布线。幼儿的大脑由于其不成熟，能够被重新布线，从而提高了认知和行为的可塑性。如果儿童出生时就有一个较为成熟的大脑，或者发展比实际情况快得多，那么幼儿在心理、社会和情感上的灵活性也就不复存在，这种行为和认知上的灵活性，也许是人类更具有适应价值的特性，而它正是由延长的心理（及大脑）的不成熟期所提供的。

从感觉和动作系统的发展看不成熟的作用。人类大脑延缓的成熟（相比其他灵长类动物）不仅保证了行为的可塑性，而且也保护了幼年的机体免于刺激过量（overstimulation）。不成熟的感觉和动作系统具有适应性价值，Oppenheim曾提出不成熟的感觉和动作系统在发展早期起着适应性作用，不成熟的感觉系统意味着它所接受和加工的信息量是极其有限的，这就直接使得婴幼儿免于刺激过量（相当于我们常说的超限抑制）。

总之，感觉系统各通道不同的成熟速率，减少了各通道之间的竞争，人为地加速某一晚成的感觉通道的发展，将干扰正常的早成熟的感觉通道的发展。同时，感觉系统和运动系统的不成熟也有助于儿童建构一个简化的、可理解的世界（Biorklund，1997）。[①]

3. 家庭教育中的不当看法影响孩子健康成长

家庭教育中，家长对孩子是不是“未成熟主体”的认识，更是一个现实而紧迫的问题。因为家长天天都在面对不断成长的孩子，用什么态度和方法教育孩子，是一个急需解决的问题。

首先，不把孩子看做主体是许多家长意识中存在的问题。过去旧的教育是一种“目中无人”的教育，德育是把孩子当做可以任意机械加工的“标准件”，不尊重孩子的人格，不尊重个体的多样性和独特性；智育则是把孩子当做可以随意灌输的容器，不允许孩子有自己的见解，不允许质疑，更不允许创新。这样培养出来的人，没有个性，没有独立见解，缺乏主体性，不能主宰自己的行为。这样的人不可能成为积极主动、奋发有为的个体，不可能成为社会的真正主人。

其次，孤立、片面地看待孩子的“未成熟主体”性质。一部分家长只看到孩子的未成熟性，不承认孩子也是主体，孤立地强调“孩子还小”，处处照顾过度，保护过度。长期溺爱的结果使他们成为长不大的孩子；另一部分家长片面地只强调孩子的主体性，不看年龄，不加区分，用成人主体性的标准要求孩子，也脱离了实际。例如，有的家长强迫幼小的孩子像成人那样每天认识很多字，背唐诗若干首，表面看成绩能够上去，但是心理受到损伤，开始厌学，真是得不偿失。

因此，每位家长和教师在教育工作中要研究孩子是怎样逐渐成熟的，当前处在什么阶段，应该采取什么样的措施才是最恰当的。

从上述科学家对人类的研究可以看出，人成长中的“不成熟”阶段，不但不是坏事，而且实属必要。因此，该等待的时候就要善于“等待”孩子，这是现在许多家长需要修炼的本领。

---

① 杨宁：《对童年期的本质的某些新认识》，《心理科学》，2003年，第3期，第575页。

家长最需要做的是两方面。一方面要对人的发展规律提高认识。

有一个著名的“双生子爬梯试验”，研究的是双生子在不同的时间学习爬楼梯的过程和结果。反复地做了上百个对比试验，最终得出的结果是相同的，即孩子在52周左右，学习爬楼梯的效果最佳，能够用最短的时间达成最佳的训练效果。这说明存在一个“最佳教育期”！提前和推迟，效果都不好。“狼孩”现象同样说明在关键期受损害，以后不能补偿。

另一方面，要加强对孩子的调查研究。认识了规律并不等于可以随意用到自己孩子身上，因为每个孩子成熟的早晚有很大区别。优秀家长在这方面有很多经验。他们提出，“要研究孩子的情况，不要盲目要求”“要研究孩子的情况，调查清楚了，才有发言权”“要发现孩子与众不同的特点”。

（二）家长要遵循的教育原则

虽然学校和家庭长时期在进行着教育孩子的工作（包括近年进行的主体教育），也总结了许多应该遵循的原则，但是针对上面阐述的未成熟主体的特点，还需要专门强调以下原则：

1. 真正把教育对象作为主体

未成熟主体的第一个特点是“完整不完善”。如果真正把教育对象作为主体，那就要看到他主体性的完整这一特点（也就是，孩子再小，仍然完整地具有能动性、主动性、目的性这些特性），而不能由于强调不完善否定完整性（尤其面对幼小的孩子）。这点正是过去的教育所忽视的。

“学生代表的发言稿由谁来写？”

在一个重要的全市德育大会筹备会上，领导提出需要有一个学生代表的发言。于是大家按照习惯的思路，赶紧物色一位文笔好的成人起草这个发言稿。当时在场的都是支持主体教育的专家和领导，但是这时谁也没有想学生代表的发言稿为什么要由成人替他们来写。我们是真正把教育对象作为主体了吗？长期以来，可以说从小学一年级到中学，越是重要的会议，这种越俎代庖，学生发言由成人写的现象越严重。

“我还知道1/4”
——学生也是教育的资源

有一次北京市特级教师吴正宪讲“分数概念”一课，先要求学生各自讲讲自己理解的1/2。在这个过程中，有一个学生突然讲出来：“我还知道1/4。”针对这个发言，学生们展开了热烈的争论。有的说“他不对，骄傲，不听老师的话，老师让说1/2，他非说1/4”；有的说“他做得对，爱动脑筋，老师还没有讲，他就会了”；也有的说“他也对也不对……”

而这时，老师走到这个学生面前，亲切地对他说：“你真了不起！老师还没有讲，但是你通过自己的思考，明白了什么是1/4。”这以后，课堂气氛变了，学生们都积极开动脑筋，表述自己还懂得1/8，1/12，甚至1/1000……接着课上得越来越活泼，学生的积极性全部都调动起来了。

吴老师的课之所以能把学生的积极性全部都调动起来，就是因为她真正把学生看做学习的主人。课堂教学的目的是为了学生的主动发展，而学生们的主动发展又离不开他们自身的基础，离不开他们所掌握的信息，离不开他们之间的互动。吴老师正是不只看到学生是教育对象，更重要的是他们自身拥有丰富的教育资源，而这种资源最利于他们作为主体得到生动活泼、主动的发展。

2. 要看到孩子的不成熟性——他们虽然是主体，但是目前是不成熟的主体

在这里又要强调未成熟主体的第一个特点“完整不完善”中的“不完善”，以及未成熟主体的第二个特点“从他律到自律”中的“他律”成分。

第一次你抓住了吗?

放学了，学生们有序地走出校门，家长们也像往常一样在校门口翘首以盼。这时，从二楼窗口伸出了一个小脑袋，向门口张望了一下后，突然一件衣服被扔了下来，“啪”的一声掉在了地上。正在我吃惊之际，一位家长从门外疾走几步捡起衣服，又急忙退回门口。看来，扔衣服的就是她的孩子了。

过了一会儿，那个一年级的小同学欢蹦乱跳地从楼里跑了出来。我走向他，拉住他的手问：“小同学，你为什么把衣服从二楼扔下来呢?”他一听我问这事，极力想挣脱我的手，说：“怎么了？以前都是这样的……”这时他妈妈也走了过来，连声说：“还不承认错误？这懒孩子，老扔东西，一扔就得给他捡，真是没办法……”

现在许多老师、家长都在抱怨孩子不好教育，可他们有时却忘记了，这和孩子第一次犯错误时成人的态度密切相关。如果孩子第一次扔衣服，家长能当场进行教育，给以正面强化，就能让孩子及时明辨是非，端正自己的行为。

所以，虽然是“人之初，性本善”，但孩子善的潜能更需要老师、家长去引导，尤其是在这种行为第一次出现时。对孩子第一次好的行为，要赞赏，要支持，第一次不好的行为，要批评，要制止，这样才能让孩子在与成人的互动中健康发展。

看到教育对象的“不完善”（例如上述故事中的孩子“扔衣服”），不能以“不成熟”为理由来原谅他，而应该看到他有“完整”的基础，既然有一定的自我要求能力，就要引导孩子认识自己的不足，提出自我要求，从而不断从不完善走向完善。

3. 发展迅速，应根据不同成熟程度采取不同的有效方法

看到不成熟性，并不是为了贬低教育对象，相反是为了更有针对性地培养他们的主体性。“不同年龄有不同特点的主体性；同一年龄不同个体的主体性，发展成熟程度也有比较大的差异；即使主体性发展成熟程度相近，由于个性不同，主体性的表现也会不同”，研究这些微妙的区别，采取相应的有针对性的方法，是对未成熟主体教育的重要原则。

每个孩子有着不同的成熟程度，尤其要强调的是这种“程度”不是缓慢变化，更不是凝固不变，而是在迅速地变化着。未成熟主体的第三个特点是主体性“发展迅速”，这就提醒教育者必须关注教育方法也应该相应有迅速的变化。

“听　树”

孙敬修是位水平高超的教育大师，他能根据孩子的不同发展阶段，巧用不同的艺术教育方法。有一次，孙敬修看见几个小孩在顽皮地折磨一棵小树，但是他没有简单地用语言来教训他们，而是默默地走到小树前，俯下身子，把耳朵贴近树干。这时几个孩子都好奇地围拢过来，只听见孙敬修小声地说：“小树，你痛不痛啊！你的身子被他们划出口子，你的小胳膊被他们撅折了……”几个孩子面色变了，慢慢地他们也喃喃地说：“小树，我们对不起啦！”于是他们很快找来布条为小树包扎，端水浇灌树根……

（三）对家庭中发展与培养未成熟主体的建议

由于未成熟主体有自己的特点，因此培养的方法也应与成熟主体有所区别。培养主体性的方法，毫无疑问主要靠自我教育，但是自我教育并不是一提倡就能自然而然出现。自我教育的产生，离不开遗传、环境，尤其是他人教育的因素，当然它一旦产生，就会发挥越来越大的作用，最后成为决定性的因素。

根据近年来的实践经验，发展未成熟主体主体性总的方法主要是：在优化环境、提供良好的条件和尊重孩子的基础上，针对不同个性和智能结构，给予积极的引导和具体的帮助，去寻求主体性的发展。由于主体性发展上个体的差异很大，所以在培养方法上不应该去追求“万灵药方”。在此我们只是在大家丰富的实践经验基础上，结合理论上的探讨，总结了一些具体的思路，作为建议提供给教育者，在实践中面对不同个体时进行再创造。主要的思路是三个：发现和尊重主体性；鉴别和引导主体性；提供条件和提升主体性。

1. 发现和尊重主体性

未成熟主体主体性的特点是“不完善”。他的主体性往往和他的各种发展不成熟混合在一起，如他们有时要急于发表自己的见解，结果却忘了礼貌，和家长“顶嘴”。这就好像岩中矿、璞中玉，宝贵的主体性却包裹在幼稚、笨拙的行为当中。因此他们的主体性特别需要成人善于去发现，成人千万不要让表面现象蒙蔽了对本质的认识。

未成熟主体最初只能是潜在的低层次的主体性，需要我们认真地从萌芽状态的表现中去发现。一年级学生有时会突然向家长提出“明天您不要送我了，我要自己上学”“今天我要给妈妈炒一盘菜”。这些点滴的、具体的想法都反映了他们的主体性，但是成人如果没有认真地去观察和思考，则不可能发现，即使发现了也不理解。

发现了主体性萌芽之后，更重要的是给以尊重。未成熟主体主体性的特点是“不完善，但是完整”。不要由于它们的不完善，就以为他们没有自尊。主体性最核心的表现是自尊，因为它是对自我价值的追求。

“我也有自尊心”

有个一年级学生，平时表现很好，但有时候也会犯错误，受到成人批评。受到批评时也能够接受。但是在家长批评态度过火时，他能够一本正经地说：“您说的道理我懂。下次您要尊重我，我们小孩子也有自尊心。”

尊重他们之所以重要，是因为自尊是他们主动发展的动力。而只有尊重他们才能使他们产生自尊。我们应该力求使每一个孩子都有一个自尊、自信的情绪背景，让他们通过良好的关系，经常能得到正面的情绪体验。

2. 鉴别和引导主体性

在发现和尊重主体性的同时，当前还要注意不任意夸大未成熟主体主体性的作用，不忽视他们的负面因素。应该说对主体性的制约和对主体性的激发同等重要。目前在主体教育的实践中出现过两个误区：有的家长认为“培养主体性就是孩子想干什么，就支持他们干什么”；有的教师认为“对学生严格管理就是阻碍了主体性的发挥”。误区的出现就是因为他们认为对学生的主体性表现不需要鉴别，一概都给予支持。

主体性不但包含有主动性，同时还包含有受动性。未成熟主体同样也有主动性和受动性两方面，既有正面表现，也有负面表现。所以不能对他们的主体性表现不加鉴别地盲目支持。

当然，看到未成熟主体不但有主观能动性，也有客观受动性因素，绝不是主张回到过去的“管、卡、压”，而正是为了主体性的健康发展。

“我想参加板报组”

在一堂语文课上，老师安排同学开始默读课文之后，就慢慢地在一行行桌椅之间踱步，督促学生认真读书。当他走到林非同学面前时，看到他没有读书，而是卖力气地在作业本上画画。老师就耐心地引导他：“现在要抓紧时间把课文读好，不要做不该做的事情。”

可是没有想到，当老师第二次来到林非同学面前时，林非不但仍然没有读课文，而且把画满了画的作业本得意地向老师这边推了推。这时老师的火真是不打一处来，怒冲冲地责问道："你这是在干什么！"林非的回答居然是："我想参加板报组。"这个回答着实让老师大吃了一惊。

其实是事出有因。刚上语文课的时候，老师向全班讲了一件事情："咱们班要成立板报组，要选拔几个能写作、能画画的同学参加。"林非这个爱画画的学生当然是迫不及待地希望自己能被选中，于是想尽办法让老师看到自己的才能，画画自然是现在该做的"天下第一大事"了。至于课堂上读书的任务，在林非的脑子里恐怕是早就无影无踪了。

这就是儿童，他的不成熟性使得他在热衷做一件事情的时候，可以忘掉世界上一切其他事情。顾此失彼、丢三落四应该说就是他们无法避免的弱点，只有在长期的实践活动中才会慢慢得到改变。但是在这不遵守纪律的后面，我们能够清楚地看到可贵的主体性，所以教师的任务应该是对学生主体性的正面和负面表现加以鉴别，将主体性引导到积极的方向，而不是把洗澡水和婴儿一同泼掉。

自尊心向哪个方向发展是非常重要的，老师就应该在关键时刻，对学生的自尊心做出鉴别，及时加以引导。

3. 提供条件和提升主体性（优化环境）

发展主体性的过程中，外部条件非常重要，对于未成熟主体更是如此。毛泽东指出："唯物辩证法是否排除外部的原因呢？并不排除。唯物辩证法认为外因是变化的条件，内因是变化的根据，外因通过内因而起作用。"学生是未成熟的弱势群体，在一定意义上说，学生的主体性是老师和家长给予的。尤其是在不同的条件下，学生的主体性会向不同的方向发展。因此科学地、积极主动地提供条件是未成熟主体教育中的重要内容。

（1）提供足够的时间、空间，引导他们自己计划安排

这是最基本的条件，没有这一条件其他条件都会落空。这点在下面十个策略中将详细论述，这里不再赘述。

（2）提供丰富的信息资料，引导他们自己消化吸收

当代的孩子之所以聪明，其中一个重要的原因就是他们普遍能获得比较丰富的信息。一个人对客体世界的理解和他对主体世界的理解相对应。所以，扩大视野和博采资讯是发展主体性的一个重要条件。

当然，未成熟主体的“视域”和鉴别能力都有限，因此成人在提供信息资料的时候，不能一厢情愿地过于着急地“填鸭”，也不能不加选择、不加过滤地随意“抛出”。

（3）提供多样的行动舞台，引导他们自己展示潜能

“轮流当班长”是在学校百试百灵的教育方法，当上班长的孩子就像变了个人似的，这是为什么呢？老师和同学们都深有体会地说：一旦当了“主人”，就会不一样。

在家庭中如何为孩子提供多种舞台？有的家长发现孩子不好好吃饭，就安排孩子当“桌长”，由他领导吃饭活动，从摆筷子开始，到比赛谁吃饭又安静、又快。有的家长发现孩子不懂得节约，就安排他担任家庭财政部长。

（4）提供多样的行动方案，引导他们自己鉴别选择

睡觉前的选择

许多母亲常常在孩子睡觉前遇到一个难题：孩子任性地非要吃糖，不答应就满地乱滚。有经验的母亲却能够在这时绕过“暗礁”，去培养孩子的选择能力。她非常严肃地表明睡觉前是绝对不可以吃糖的，因为那要损坏牙齿，接着没等孩子反抗，马上话锋一转，神秘地说：“不过，妈妈有一个好主意：睡觉前，你可以选择，是妈妈为你唱一首歌，还是给你讲一个故事？”孩子一听，自己拥有了选择的权利，感到很自豪。这时孩子的注意力转向正确使用自己的权利上，就能健康地发展自己的主体性。

同样，现在许多教师在课堂上改变了过去灌输的教学方法，而是处处培养学生的选择能力。例如“选择自己喜欢的一段课文朗读”“自己选择作业中的三道题”。这都是培养主体性的好方法。

所以不应该走两种极端——既不能完全由成人包办，不给予学生选择权利；也不能不负责任地完全放手，让学生漫无目标地乱撞。正确的做法是成人有目的地提供多样的行动方案，引导学生自己去鉴别、去选择。

（5）提供多种交往机会，引导他们主动沟通、互动

主体性的发展只能在实践中实现，人除了和大自然的接触，更多的实践是与他人的交往。学生的日常交往主要是在同学及家庭成员之间进行的。这种交往看似平常，但是它是学会交往的基础，同时这种交往仍然有很多潜力可开掘。

“非日常交往”

日常交往虽然是基础，但是仍然有局限性。随着学生慢慢长大，应该适当地为他们提供一些日常生活中很难遇到的交往机会，“非日常交往”会使学生发生一些质的变化。例如“拜访科学家”“和运动员见面”“参加‘城乡孩子互动’活动”。这些别开生面的交往，往往使学生原有的认识得到提升，或者是开辟了一个全新的视角。

许多成功人士都能回忆起“非日常交往”给他们带来的特殊“营养”，例如，高尔基在轮船上遇到了酷爱书籍中知识的厨师；十三岁的宋庆龄遇到了奔走革命的孙中山先生。还有些家长曾经带孩子到特殊地区去“体验生活”，都发现这种“非日常交往”对他们一生的发展产生了重要的作用。

（6）**提供多彩的生活现象，引导他们独立进行分析和综合**

生活本来是丰富多彩的，但是对于未成熟主体来说，有时候是没有条件去接触，有时候又是“不识庐山真面目，只缘身在此山中”。因此为他们提供多彩的生活场景，展示深层的生活现象，引导他们去独立地进行分析和综合，也是发展主体性的一个方面。

“分娩的录像”

有些学校进行感恩教育，曾经把分娩的录像放给学生看，收到了很好的效果。有一位工读学校的学生，曾经是一个打过自己母亲的逆子，无论什么样的教育都没有打动过他。可是学校放映了分娩的录像后，他受到了极大的震动，主动提出要拿出实际行动来痛改前非。在他给母亲洗脚的过程中，母子俩抱头痛哭……

这个学生的转变来源于分娩的录像对他的触动。虽然他过去可能知道分娩的艰难、痛苦，但是那只是笼统的、模糊的认识。现在展示在他面前的是深层的生活现象，突出了现象当中的某些重要的信息，效果当然不一样。不过，引导他们通过生活现象独立进行分析和综合，还需要有其他条件的配合。

（7）**提供独特的群体环境，引导他们进行特色互动**

评选“班级之星”这种做法有两个鲜明的优点：一方面，由于扩展了评价范围，改变了过去只从学习或纪律来考查的看法，而是从多种角度来看一个人，能使同学的各种优点都得到发现和肯定，能使每个同学都能看到自己的价值，从而坚定自信心；另一方面，通过评选，使大家学会如何善于发现别人的优点，如何鼓励别人，如何向别人学习，既当千里马，又当小伯乐。这是每一个同学在集体中必须具备的与人合作、与人共事的一种基本能力。

（8）提供人类的历史遗产，引导他们感触社会发展

一个人如果不了解历史，就不可能确切地理解社会，也就无法正确地发展自己的主体性。因此，向未成熟主体提供人类的历史遗产，引导他们去感触社会发展，也是发展主体性的一个侧面。

“让出三尺的故事”[①]

针对两个同学为座位的宽窄而打架的事情，李卓琳老师特意在班会上讲了清朝丞相张英写信让其母不为造房而争地，反而让出三尺的“六尺巷”故事。同时教给大家张英写的一首诗：千里家书只为墙，再让三尺又何妨？万里长城今犹在，不见当年秦始皇。学生们听后便一边背诗一边挪动桌椅，为别人让出更多空间。

（9）提供回顾自我成长的途径，引导他们体验生命过程

一个人认识自我是一个艰难、漫长的过程，但是如果有意识地提供一些条件，引导学生反思自我，就和“顺其自然”有很大的不同。通过我们的各种实验说明，引导学生发现自我，体验自己的生命过程，对于发展主体性十分重要。

写传记

组织大一点的孩子写传记的目的，是为了让他们认真地回顾自己的成长

① 高玉丽：《走向主体性德育》，社会科学文献出版社，2002年，第355页。

历史，再一次体验自己的生命过程，重新发现自己，分析自己，总结体会，思考自己的未来。

解决这个问题的新思路就是要关注学生的生命世界，引导学生提升生命意识。让每一个学生能清醒地意识到自己的生命，意识到自身的生存与发展的需要，从而主动地想方设法实现自己的需要。

通过写传记进行自我教育有两个显著的特点：

一是感动自己，理解别人。

《学习——内在的财富》一书说："人的发展从生到死是一个辩证的过程，从认识自己开始，然后打开与他人的关系。从这种意义上说，教育首先是一个内心的旅程。"写传记，则是引导孩子认真重温自己的人生故事，梳理自己内心的旅程，用那些难忘的人生体验，再一次来感动自己，理解别人。

二是回归生活，学会思考。

每一个人的发展都离不开自己的生活；每一个人的认识都离不开自己的体验。那种脱离生活、脱离实际的教育使得孩子在现实的社会里几乎丧失了基本的生存能力。而通过写传记，则是引导孩子回归生活，从现实出发，学会思考。

这样，学生通过写传记，就能更好地发现生命、发现自我、珍惜生命、完善自我，并努力使自己的生命放射出更大的光和热。同时，通过自己的"内心旅程"，能够更好地理解他人，养成尊重和宽容他人的好品质。在这个基础上，逐渐理解人类，理解世界，学习掌握自己的命运，并为社会的发展做出自己更大的贡献。

（10）提供生动的行为表现，引导他们学会进行反思

未成熟主体的思维指向特点是向外的，他善于发现他人的表现，不善于关注自己的表现；他善于发现行为，不善于发现内心世界。因此，为他们提供生动的行为表现，引导他们学会进行反思（事前反思，事中反思，事后反思），也是发展主体性的一个内容。

有一个家庭，父母总觉得孩子不懂得体贴别人。比如父母辛苦一天，下班挤公共汽车，气喘吁吁地回到家，孩子没有任何表示。开始，家长心里很不高兴，但是转念一想，其实孩子在内心是孝顺父母的，只是不知道具体怎么行动。于是，他们没有责备孩子，而是有意识地演出了一幕示范剧。

这一天，妈妈先下班，听到爸爸敲门，立刻跑去开门，亲切地问候一番，然后帮助拿公文包，递上拖鞋，沏上一杯热茶……

孩子看在眼里，记在心上。第二天，爸爸妈妈下班，孩子立刻行动起来了。

这对聪明的家长，不是靠说教，更不是唠唠叨叨，而是通过一个典型行为引导孩子思考，启发孩子学会反思自己。逐渐养成反思的习惯，这才是发展主体性的重要内容。

（11）提供多因素、多关系的复杂现实，引导他们归纳分析，提出自我发展目标

每一个人都生活在自然环境和社会环境中，自我的发展离不开处理好自我和环境的关系。因此，成人要善于提供多因素、多关系的复杂现实，引导孩子归纳分析，帮助未成熟主体学会分析客观条件和主观条件对维护自我价值的意义，进一步总结、归纳出恰当的自我发展目标，这是进一步发展主体性的好方法。

如何处理好同龄人关系

同龄人关系算是一个多因素、多关系的复杂现实，如果有意识地把这个问题教给孩子去讨论，一定会有助于他们主体性的发展。

首先他们会发现同龄人关系涉及多种因素。比如有的学生往往只看到他人的因素，看不到自己一方的因素。当他一再埋怨别人总是躲着自己的时候，别人却告诉他“你整天阴沉沉地板着面孔，谁敢理你呀”。

其次，他们还会发现同龄人之间有着多种关系。例如有“历史”关系，有的是“发小”，从小一起长大；有“地理”关系，俩人是邻居，上学、放学一起走；有“工作”关系，有的是班长和小组长要研究班集体的“大事”；有“学业”关系，一个文科好，一个理科好，取长补短，互相帮助；还有兴趣、性格、个子大小、性别，甚至家长在同一单位，都会形成不同的同龄人关系。

面对着这些复杂的因素和关系，究竟应该怎样区别对待，才能获得最好的自我价值？经过讨论，学生们进行了分析归纳，会得到一些有益的启示，从而提出自己努力的方向和目标。

（12）提供恰当的自尊目标建议，引导他们体验成功，逐步提升自我价值，发展主体性

“做聪明的孩子”①

三年级学生是“八岁九岁狗都嫌”的年龄，因为他们虽然有了独立思考的能力，但是又不成熟，到处惹祸讨人嫌。这时成人如果能够提出满足他们自尊需求的具体目标，艺术地进行引导，将会帮助他们获得成功的体验，逐步提升自我价值。

杨老师就是这样适时向全班提出了“做聪明的孩子”的总目标。然后，由于中年级孩子还需要具体引导，于是又提出了“做聪明的孩子”的具体目标：一、聪明的孩子会学习——上课要专心，不叽叽喳喳，发言要响亮，不说半截话；作业要认真，不要总拖拉。二、聪明的孩子会游戏——游戏要安全，不把栏杆滑。三、聪明的孩子会交往——同学要友好，不要总打架。四、

① 高玉丽：《走向主体性德育》，社会科学文献出版社，2002年，第278页。

聪明的孩子身体棒——锻炼要自觉，身体顶呱呱。五、聪明的孩子有特长——爱好要广泛，小组多参加。

成人在向孩子提出目标建议的时候，一要把握正确的价值取向，二要善于在孩子看似可笑的要求中挖掘他们追求自尊的合理成分；三要考虑实现目标的难度不大，使他们能够通过成功体验提升自我价值的追求。

四、“小红花”的奥秘
——自我教育的年龄特点

吾十有五而志于学，三十而立，四十而不惑，五十而知天命，六十而耳顺，七十而从心所欲，不逾矩。

——孔子

奖励“小红花”在幼儿园和小学低年级是十分有效的方法。但是到了三年级以后，它的魔力慢慢就消失了。这是为什么呢？这里就涉及了年龄特点的问题。

人的自我教育能力并不是生下来就有的，而是在实践中，伴随着自我意识的逐步成熟，有一个发展、培养和形成的过程。

两千多年前，孔子就曾从人的主体性角度提出过有关年龄特点的看法：“吾十有五而志于学，三十而立，四十而不惑，五十而知天命，六十而耳顺，七十而从心所欲，不逾矩。”

随着人类社会的发展，人类自身的自我意识逐渐度过初级阶段，表现出对教育和自我教育更加关注，借助各种科学技术手段，人们对自我教育的研究越来越深入和细致。根据培养人的需要，对不同年龄自我教育特点的研究已经提到日程上来。

培养孩子的自我教育能力应严格地根据不同的年龄特点来采取不同的、恰当的方法。过高或过低的看法、做法在实践中均会带来危害。下面提供的有关不同年龄自我教育特点的研究只是一些初步的成果，需要广大教育工作者进一步在实践中得到验证、丰富和发展。

家庭中，家长自身的自我教育也非常重要，所以下面将自我教育的年龄特点从乳儿阶段到老年阶段都一一介绍，目的是为家庭中的自我教育提供全面的参考资料。

（一）自我教育年龄特点划分的依据

自我教育能力的心理基础是自我意识，自我教育年龄特点的划分，首先要依据自我意识发展的阶段。

自我意识的觉醒过程，像是一个哥白尼式的革命，大致有三大层级（细分为九个小层）。

第一层级——身体、行动层面发现自我

婴儿期（0～2岁）。婴儿期的孩子处在身体动作水平上，逐渐脱离自我和非我不分的自我意识阶段（即第一次自我中心化—去自我中心化）。——皮亚杰后来也多次指出这个“自我中心”用得不够恰当，容易引起误解。他强调，“必须指出，未经发挥的无意识的自我中心是根本不同于日后出现在儿童情绪生活中的有意识的自我中心……”①

（1）**“我物相分”**

婴儿在9个月之前，对镜子中的他物和自己的反应没有区别，说明此时他没有萌生自我认知。

婴儿最初总是分不清自己的身体和外界物体，常常把自己的手指、脚趾当做

① 皮亚杰：《儿童心理学》，商务印书馆，1980年，第19页。

玩具来咬着玩，咬痛了才逐渐发现那是自己的身体。

而9～12个月的婴儿，表现出他们能以自己的动作引起镜像中的动作。说明这个阶段产生了初步主体我的觉知。

（2）**"我他相分"**

12～15个月的婴儿，逐渐把自己的活动和他人的活动区别开。最初，他甚至把自己的家庭成员也看做自我的一部分。要求两三岁的孩子画自己，有些孩子竟然把全家都画了进来。除了自己外，还有爸爸、妈妈、爷爷。过了一个月我再去问他："你画的是什么？"所有的孩子都回答："画的是我""画的是我自己"。[①] 再大的孩子画自己的时候，就没有一个人出现把家庭成员也画进去的现象。说明此时他已经把自己和他人分开了。主体我得到明确的发展。

（3）**"主体的我和客体的我相分"**

15～18个月。婴儿开始把每个人看做一个客体；同时把自己也看做是自己看到的许多人当中的一个客体。此时不但觉知到主体的我，同时看到客体的我，但是这时主体的我和客体的我是相分的。

这个阶段的婴儿有一个普遍现象，明明是他想吃糖，但是他不说"我想吃糖"，而是说"明明（他的名字）想吃糖"。说明此时的主客体主要是相分，主客体相联系还比较困难。但是这个困难在实践中，尤其在交往实践中总会逐渐解决的。下面就是一个过渡阶段的典型例子。

有个名叫珍妮的2岁小女孩，与正在她家做客的亲戚一起坐在桌旁。有人要她指出爱丽斯婶婶，她指对了。然后做游戏。这个游戏要求珍妮去指家里的所有人。有人说"指珍妮"，这时小女孩乱了套，最初是随便乱指；妈妈说："你知道谁是珍妮？就是大家都叫她珍妮的"之后，珍妮领悟了，毫

① 冉乃彦：《对3～5岁幼儿自我认识发展特点的研究》，《中国儿童发展》，1993年。

不犹豫地指了指自己。[①]

通过照镜子的研究也可以说明婴幼儿是怎样把主体我和客体我联系起来的。

例1："这是我!"

苏联心理学家穆希娜在《孪生兄弟》一书中，详细记述了自己的两个孪生兄弟的发育情况：叫安德留沙的那个男孩在一岁九个月时，曾有过一个新发现。他照镜子的时候高兴地叫着："这是我!"然后又指着自己说："这是我!"他把母亲拉到镜子跟前，指着她在镜子里的映象说："这是妈妈!"然后又指着母亲说："这是妈妈!"如此反复多次。后来另一个孪生兄弟也参加了这个镜子游戏，这种游戏持续了数月之久。[②]

例2："怎么知道镜子中的是自己?"

我在北京洁如幼儿园对三四岁的幼儿直接做过访谈，请他们说说："你照镜子的时候，怎么知道镜子中是自己?"他们的回答大致有三类：

一类是说："因为镜子中的那个人特别像我，（镜子中那个人和我）衣服的颜色、样子都一样。"

一类是说："因为我一动，镜子里面那个人也动。"

一类是说："因为爸爸、妈妈告诉我说：'镜子里面那个人就是你。'"

可见，婴儿是在反复实践中通过推论，把自己看到的客体我和主体我联系在一起，不过这个时候的联系还只限于物质、动作层面。

（4）**"主体的我和客体的我相合"**

18～24个月。婴儿在这个年龄，已经能意识到自己的独特特征，能从客体（如照片）中认识自己，用语言标定自己（如用代词"我"）。表明这时不仅已经具有明确的客体我，而且能够再把客体的我和主体的我联系起来、统一起来。许

---

① P.H墨森：《儿童发展和个性》，上海教育出版社，1990年，第180页。

② 科恩：《自我论》，生活·读书·新知三联书店，1986年，第275页。

多心理学家重复进行的“红鼻头”实验，都有力地证明了这一点。

有一天，心理学家请来了一些6～24个月的小孩。先让母亲偷偷地在孩子的鼻头上涂上红胭脂，然后再让孩子们到镜子前去看看自己。

心理学家发现：12个月以内的孩子，有的以为镜子里面的孩子是另一个小朋友。有的还跑到镜子后面去找那个并不存在的小朋友。有的甚至被镜子中的孩子吓得直往后躲。他们明明看见镜子里面的孩子鼻子上有红点，也不会去摸自己的鼻子。而24个月左右的孩子，几乎都能发现镜子里的孩子鼻子上有一个奇怪的红点，不由自主地会去擦自己的鼻子，说明他已经知道：在镜子里的映象是自己了。

原来在婴儿脑子里是混沌一片，分不清我与物，我与他人，更不用说分清楚主体我和客体我了。而随着实践活动的进行，不但分清楚我与物，我与他人，更重要的是在这个基础上初步发现了主体我和客体我之间的区别和联系。

上面的四次相分相合（“我物相分”“我他相分”“主体的我和客体的我相分”“主体的我和客体的我相合”），比较清晰地展现出自我意识是怎样具体生成的。

第二层级——自主意识[①]心理上发现自我

第一层级是第二层级的前提。当一个人意识到自己是主体的时候，他表达出来的不再是本能和欲望，而是作为主人，反映了主体的意向、要求，也就是一种自主意识。正像马克思、恩格斯深刻指出的：“意识代替了他们的本能，或者说他的本能是被意识到的本能。”[②]

这个层级也分为三个小层：任性的自主意识、崇拜的自主意识和真正的自主意识。

（1）任性的自主意识

① 第二、三层级主要参考了李为善等主编的《主体性和哲学基本问题》，中央文献出版社，2002年。

② 马克思，恩格斯：《德意志意识形态》，人民出版社，1961年，第25页。

这是比较低级的自主意识，它虽然来自人的主观能动性，但是这是一种完全从主观愿望出发去思考、去行动，不顾客观条件的幼稚自主意识，是“为所欲为”的主观、盲目的自主意识。

黑格尔对这种主观、任性的自主意识有一个深刻的分析：“任性和偏见就是自己主观的意见和意向——是一种自由，但是这种自由是停留在奴隶的处境之内。”①

幼儿表现出来的就是这种自主意识。

一岁左右的孩子爱扔东西，其实是因为他发现了自己的意志和自己的力量。到了这个年龄的孩子，才能把自己的身体和动作区别开。知道皮球跑掉了是由于自己在扔它。他观察着跑掉的皮球，心里说：“哦，我一扔，球就跑到那边去了。”

一两岁的孩子爱“招猫逗狗”，也是因为他很想显示自己的意志和力量。因为他会发现按照自己的意愿去摇凳子，果然小猫就被摇晃下去了，自主意识又一次得到证实。

三岁出现“对抗性的危机”高峰。这时儿童具有自作主张和独立自主的需要（既要求不受别人的约束，同时又要求得到别人的尊重）。

即使到了少年期，虽然他们的自我意识和幼儿期相比，有了不小的发展，但是他们在对待社会范畴的问题上，仍然表现出一种任性的自主意识。几乎每一个少年都有改造社会的理论与蓝图，想要世界服从自己。所以有的学者说：“少年是天生的一厢情愿的社会改革家。”

（2）崇拜的自主意识（崇拜名字、崇拜老师、崇拜名人、崇拜自己）

最初的自主意识是任性的自主意识，是以对自己和客体的无知为基础，这种任性的自主意识在实践中必然受挫，钉子碰多了，逐渐发现自己并不是万能的，然后转向崇拜客体（包括崇拜他人、明星、神、佛）。既然转向崇拜客体，为什么说它

---

① 黑格尔：《精神现象学》上卷，商务印书馆，1983年，第132页。

是自主意识的第二层？因为“崇拜”总是让人感到是一种盲目的尊敬，好像与自主相反。其实，这种崇拜仍然是出自主体的信念，反映了主体对真理的探求的一个曲折的阶段，它比任性的自主意识又前进了一步，是一个否定之否定的过程。和任性自主意识类似，崇拜的自主意识在生活中也要遭受挫折，这有助于青少年逐渐走向成熟。

（3）真正的自主意识

儿童通过自己的实践，通过接触不同人的不同观点，又会逐渐否定自己崇拜的自主意识。因为他慢慢会发现，有些事情，自己亲身做过得到的体验和成人说的并不一样。例如，成人常常对孩子说“一个巴掌拍不响”，可是孩子在课堂上的感受是调皮的学生总会招惹你，即使你不理他。儿童还会发现，有时两个成人说的也不一样。例如老师说的和家长说的有时并不一样。老师说：“做一个好孩子，要学习雷锋，应该不自私。”而回到家里，家长却说：“都什么时代了，现在只有大傻帽才学雷锋……”

这些生活中发生的矛盾促使孩子进行思考。对原来深信不疑的观点开始怀疑；开始用自己的认识对有些观点进行批判。这是一种自信意识。这样，真正的自主意识就会逐渐出现。

仅仅怀疑和批判并不能解决问题，进一步走向现实的实践，自由意识就会出现。包括自我设计意识、认识外在必然性意识、决策意识和实践意识。

第三层级——人的社会关系意识、社会自我

主体意识的真正觉醒必须达到第三层级，具备社会关系意识。它包括权利意识和责任意识。

权利意识——从伦理的权利意识发展到法律的权利意识，从个体的权利意识发展到集体、国家的权利意识。

伦理的权利意识首先在家庭生活中产生。一个孩子逐渐会明白自己在家庭中有哪些权利，自己可以在多大限度里自主活动。孩子应该得到爱抚，应该得到健康成长的各种条件。

重男轻女

在我6岁那年，妈妈开始重男轻女了。

有一次，我和哥哥在抢遥控器。因为哥哥要看香港台，我要看广东台，我们谁也不让谁。这时，妈妈见我们在抢遥控器，就从我们俩手里拿起遥控器给了哥哥，而不给我。我对妈妈说："妈妈，你偏心，重男轻女。"妈妈好像没听见我说的话，一声不响就走了。我转头一看，见到哥哥给我做了一个鬼脸。我生气地回自己房间了。

（慧忠里小学四年级（1）班郑丽娜）

但是，现在由于家长给予孩子的是过度的满足和过多的照顾，因此造成不少孩子有一种极度膨胀的伦理权利意识。

责任意识——责任意识首先包括道德责任意识，其次是法律责任意识，再次是集体使命和人类使命意识。

（1）道德责任意识

作为未成熟主体，孩子的道德责任，往往表现在对待各种生物上，尤其是在面对死亡这种突然事件上。许多孩子们在日记里动情地记载了自己养的小鱼、小鸡、小鸟突然死亡时的悲伤心情。

其次，道德责任还表现在与自己关系密切的人的关系上。

我和奶奶的故事

我的奶奶今年整整是66岁，脸上的皱纹很深很深，这是为我们一家人操劳留下的痕迹。我的奶奶不管是刮风，还是下雨，她都按时接我送我。不管老师把我留得多么晚，奶奶还是会耐心地等我。在回家的路上奶奶还会对我说：“小霄，你一定要专心听讲，认真完成作业，不要老被老师留下！”我听了奶奶的话，心里很难过，我在心里暗暗想：我要好好学习，专心听讲，不再让奶奶在外面挨冻了。

（慧忠里小学四年级（1）班小霄）

（2）法律责任意识

法律意识是自律和他律结合的一种意识，道德责任意识还只是内在的“自律”意识，而法律意识则又加上一个外在的“他律”意识。这时候他知道这件事不仅应该做，而且必须做，因为社会根据需要，决定如果不做就是“犯法”，就要剥夺你一定的权利。

（3）集体使命和人类使命意识

道德责任和法律意识经过升华，成为集体使命和人类使命意识。下面这个学生是通过拟人的描写，表达了自己正在思考一种崇高的人类使命意识。

鞋

我正对着日记本发愁。一眼瞟见了床底下那双不起眼的鞋子。是啊，鞋白天负着人身重量，走路、跑步、跳动，全都靠鞋。鞋一刻也不停歇，载着人走东走西，却没有怨言；它任凭人们踢、踏、跳、跑，都不会背叛你。鞋总是默默无闻地为人类做事，从来不夸大自己，总是实实在在的。我想：假如我是一只鞋，会不会有鞋那种高尚的品质呢？这值得我深思。假如……

（慧忠里小学四年级（1）班王玮）

这里需要强调的是，自我意识一旦产生，价值意识必然相伴而生，因为只有具备了主体意识的人，才能有价值意识。因此，自我教育意识和能力的发展过程中，自我意识和价值意识是在综合发挥作用。只不过价值意识的年龄特点更加复杂，尚未有明确的研究成果。

价值意识大致可以分为两个水平：

①心理水平的价值意识。包括：欲望与动机、兴趣与趣味、情绪与情感、意志等层次。

②观念水平的价值意识 。包括：信念、信仰、理想等层次。

（二）不同年龄孩子自我教育的特点

1. 乳儿自在的自我教育阶段

这个阶段是潜在的，尚未发展、尚未展开的主体性。它是由现实的物的主体性向现实的人的主体性转变的起点，是由人的自然属性向人的社会属性转化的开端。

人刚刚诞生，虽然没有任何现实的主体性和自我教育能力可言，但是进化而来的人，他的主体性作为“最初的有，是自在地被规定的”[①]。所谓“自在”，按列宁的解释是“‘自在’= 潜在，尚未发展，尚未展开”。[②]

应该说此时他们和动物表面上没有什么区别，但是他们潜在的主体性和自我教育能力，将被后来的发展所证实。

2. 婴儿萌芽状态的自然的自我教育阶段

这个阶段是由潜在的主体性进入现实化的主体性。孩子最先遇到的并不是真正的社会联系，更多的仍是血缘的、自然的联系。婴儿是在一定的自然联系中成为某种主体。

一方面，从主要特征看，这时的人主要是自然人，而不是社会人。皮亚杰的分

---

① 黑格尔：《逻辑学》上卷，商务印书馆，1966年，第68页 。

② 列宁：《哲学笔记》，人民出版社，1974年，第244页。

析是：婴儿处在感知—运动阶段。从开始能区分自己和物体，逐渐知道动作与效果间的关系。第二年建立客体的永久性。（这是自我意识产生的先决条件）动作尚未内化为表象的形式。而另一方面，在这种自然人身上，社会因素日渐增强。婴儿在和别人的交往中通过感知动作建立一定的因果联系。这时处在感知动作思维阶段，他的意识是以思维为中心在发展。

婴儿期经过“我物相分”“我他相分”“主体的我和客体的我相分”“主体的我和客体的我相合”四次相分相合的阶段，从自发向自觉迈了一步，自我意识达到物质层面（发现自己的身体和外界的区别）和情绪层面，因而他的选择性也只能在这个层面，但是选择性模仿就含有创造的性质。例如成人说“这是黄的，不是红的”这样的句型，两岁的孩子会说“这是阿姨，不是妈妈”。[①]他的创造性也表现在物质和情绪层面。他的自我认识和自我对待，也只能在这个层面。

婴儿控制外部的意志，表现为愿意和不愿意——从冲动的、反射的、本能的，到意念、模仿性质不同层次的意志[②]；婴儿也有控制内部的意志。研究表明：在遇到不顺利的时候，婴儿已经开始表现出一定的耐心。

婴儿逐渐有一些处在心理水平上的价值意识，例如欲望、兴趣和情绪。他们追求的不仅有物质需要，也有心理需要，比如好奇心、和别人交往、得到关爱。由于需要得到重要他人的关爱，而这种关爱往往只有顺从重要他人时才能得到，因此产生他律。这也是婴儿阶段自我教育的特点。

3. 幼儿的自我教育

人们很长时间认为幼儿不可能有什么自我教育，其实并不是这样，幼儿已经懂得自己是好孩子，还是坏孩子；是勇敢的孩子，还是胆小的孩子，这就是萌芽状态的自我认识。幼儿盼望自己成为好孩子，极其希望自己能得到老师奖给的小

---

① 孟昭兰：《婴儿心理学》，北京大学出版社，1997年。

② W. 蒲来尔：《幼儿的感觉与意志》，科学出版社，1960年，第114页。

红花，这就是自我要求；幼儿也会想方设法去夺得小红花，也就是自我践行；幼儿也有自己的评价标准，这就是能不能得到成人的夸奖，其实这就是他的自我价值标准，因为成人的夸奖，能使自己愉快，使自己的情感需要得到满足，因此夸奖就是一种价值。这时他的自我教育的目的，典型的表述是要做好孩子，因为只有做好孩子，才能得到成人的夸奖。根据我们的研究，发现幼儿自我教育主要有两个特点：

（1）**幼儿的自我教育主要是情感性质的、模仿性质的。**

幼儿的自我教育主要是处在情感层次。自我认识主要是通过情感体验得到的，体验虽然比较肤浅，但还是丰富的。例如，画了一张画，自己非常喜欢，就认为自己很不错；得到母亲的一个微笑，就认为自己做对了；母亲板起面孔，就以为自己犯了错误。

幼儿往往是看到别的孩子怎么做，自己也模仿着做。尤其是被成人夸奖的孩子，更是许多幼儿争相模仿的对象。例如一个幼儿园里，有一个叫毛毛的孩子经常被老师表扬，于是竟然有好几个孩子要求自己也改名字叫毛毛。

（2）**幼儿主要是根据“重要他人”的评价标准来进行自我教育。**

幼儿时期形成的自我认识是非常重要的，他将带着这个时期形成的自我概念来要求自己、对待外界。如果形成的是一个错误的自我概念，后来又没有加以纠正，就不利于儿童时期的健康成长，甚至有可能影响他的一生。中国古代“三岁看大，七岁看老”的说法是有一定道理的。但是幼儿的正确的自我认识如何形成呢？这要靠两个条件：一是通过自己的实践得到对自己的认识；二是“重要他人”（指幼儿心目中的权威人物，一般是家长和老师）对自己的正确的评价。

比如，在某小学实验班有一个出色的女学生，她性格开朗，落落大方，热心助人，讲文明、懂礼貌。谁也想不到，她过去在幼儿阶段竟会是一个非常胆小、自卑的小女孩，究竟是什么原因使她发生这样大的变化呢？于是我们做了回顾调查。

经过家长介绍，发现原来是幼儿园的教育起了关键作用。在到幼儿园之前，她脾气非常坏，认生，见生人就哭，不爱笑。每次送幼儿园都大哭大闹……后来到了一个条件较好的幼儿园，又遇到了许多开朗的老师，带领她参加了许多活动，尤其是参加了幼儿珠算学习，她的成绩一直是班上的第一或第二，接着又参加了不少比赛。从那时起，家长发现她变了，变得爱说爱笑，开朗大方。

为什么会出现这么明显的变化呢？原来在这个过程中，她通过实践活动展现了她的优点，这个优点又不断被大家承认，“重要他人”的评价使得她由原来的自卑变成了自信；从原来的一个胆小、爱哭的小姑娘变成了一个勇敢、泼辣的小骨干。从此她就一直以一种优秀生的自我概念度过了幼儿和小学阶段，顺利地进入了初中。

4. 小学生的自我教育

由于小学生开始能意识到自己的行为，但是还不能清晰地意识到自己的心理。因此，他对自我的教育，更多的是停留在行为的层面上，自我教育表现在要求自己有好行为。根据我们的研究，发现小学生的自我教育主要有两个特点：

（1）儿童的自我教育，开始主要在行为层面上。

对小学生的教育，如果不和他的行为联系起来，不落实在行为习惯上，恐怕都会费力不讨好。因为小学生的自我意识水平主要处在对外感知的层次上，对内部心理活动的体验尚不经常、不稳定、不深刻。当问小学生：“你爱不爱劳动”时，他的回答往往是一些具体的行为表现，如：“我每天都做值日”“我扫地扫得特别干净”；问：“你学习努力不努力”时，他就回答：“我上课认真听讲”“我每天都完成家庭作业”。

小学生对自己的要求也主要是行为上的。有一个一年级学生，看到别人都得到了小红花，可是自己字也写不好，课堂上又管不住自己，靠在这些方面进行努力，要想得到小红花实在是希望渺茫。于是有一天，他就见到哪个老师都鞠躬，每见一次就鞠躬一次，有时甚至向“值周”的大同学也恭恭敬敬地鞠一个大躬，他想用这种行为得到一个礼貌方面的小红花。

可以看出，这个小学生仅仅是对自己的行为有了要求，还没有达到较深层的道德品质的自我要求。但是小学生在行为层面上的自我教育对他的成长仍然是非常重要的。因为小学生在各种实践活动中会积累起十分丰富的亲身体验，这是他了解世界和了解自我的重要基础，是深化自我教育的必要条件。随着年龄逐渐增大，小学生的心理体验逐渐增多，自我教育就会出现新的特点。

我们在实验班的调查研究发现，小学2～3年级学生日记中反映出自我认识的内容有明显的变化：随着年龄逐渐增大，小学生自我认识中对外部的认识比例明显减少；对内心世界和人际关系的认识明显增加。

2～3年级学生日记中反映出自我认识内容的变化表

	外部	行为	内部	关系
二年级上	60.7%	32.1%	7.1%	0
二年级下	52.1%	33.3%	14.6%	0
三年级上	39.3%	36.1%	18%	6.6%

注解：外部：指身体的特征、名字、所有物、年龄；行为：指经常的行为或行为特征；内部：指情感、思想、经验；关系：指人际、社会关系。

根据小学生自我教育主要是在行为层面上的这个特点，在小学阶段就应该把行为习惯的养成作为自我教育的主要内容，并注意不断将自我教育引向深入。

（2）**小学生的自我评价标准，开始从他律转向自律。**

儿童时代的自我评价标准，之所以开始从他律转向自律，一方面是由于心理发展逐渐成熟，其中主要是自我意识的发展，逐渐达到了自律应具备的条件。另一方面，是他的生活环境逐渐扩大，“重要他人”逐渐增多，特别是“重要他人”之间的评价不一致，甚至出现了矛盾之后，迫使他必须在若干个他人评价之间进行选择，“大主意还得自己拿”。另外，他人的评价如果和事实明显不符，和学生自己的亲自体验不相符时，也会促使他独立思考，自己进行评价，逐渐建立起自己认可的评价标准。

从他律转向自律时间的早晚，和学生生活的环境有很大的关系。尊重学生、气氛民主的环境，学生的自律就形成得早；而溺爱学生或高压的环境，都会由于失去了自我或压抑了自我，学生的自律就形成得晚。

小学生是处在自我教育的准备阶段、自我教育的学习阶段，特别是处在他律转向自律的阶段中。这个阶段就更需要家长和教师的教育艺术，一方面要把握小学六个年龄段的不同特点，自律和他律的关系应该是呈现六个层次，对不同的年龄都不要要求过高或过低；另一方面，由于同一年龄个体的自我意识发展存在着差异，还要根据每个学生个体的发展情况，有针对性地采取不同的培养方法。

低龄学生的自我意识还没有出现质变，因此更需要注意：把抽象、原则性的要求细化为具体行为；把长远目标细化为阶段目标；把大计划细化为小计划（如把小学生守则中的“尊敬老师”先细化为“主动向老师问好”）①；自我认识方面更需要有情感因素，自我评价有时候以形象的“笑脸图案”“感谢卡、提示卡”②过渡，效果会更好。

5. 初中生的自我教育

和小学生相比，初中生的自我教育出现了显著的变化。由于初中学生自我意识有了飞速的发展，开始进入了和成人相类似的自我教育阶段。当然还是极不成熟的，所以经常出现片面性、表面性和过分理想化的弱点。根据我们的研究，发现少年的自我教育已经能够提出好品质的要求，他们自我教育的特点有两个：

（1）少年的自我教育开始进入内心世界，已经处在比较抽象的道德观念层面上。

---

① 漆太利：《学会自我管理，培养良好习惯》，载贺乐凡主编《自我教育方法》（教育前沿），第423页。

② 吴雪峰：《小小一张卡，温暖你我他》，载贺乐凡主编《自我教育方法》（教育前沿），第66页。

人们常说少年期是人的第二次诞生，主要是指少年已经开始发现了自己的内心世界。同时由于他们的思维发展已经从具体形象思维过渡到经验型的抽象思维阶段，开始用比较抽象的概念来进行思考了。这时他们喜欢用一些道德观念对照自己，或是分析他人。他们已经能够对自己学习的方法、学习上解题的思考过程进行反思。从自我意识的发展和自我教育的发展全程来看，少年期都是一个关键时期、转折时期。

少年喜欢照镜子，喜欢观察别人，重视别人如何评价自己，认真、秘密地记自己的日记，喜欢和别人争论，发表自己的独立见解，这都说明少年已具有本质意义上的自我意识，进入了真正进行自我教育的阶段，这是非常重要的一个时期。

（2）**少年的自我评价标准，开始以自律为基础重新建立起来，但是尚不成熟。**

到了少年期，学生开始用自己的眼光、自己的大脑重新观察和分析自己及他人。学生开始运用自己的评价标准来重新看世界，这对少年来说是一件大事。这时他对某一件事情的看法，既可能和儿童时代基本相同，也可能有了区别，甚至得出相反的结论。不论是哪一种情况，都有一个最为重要的特点，那就是，这是他自己的看法了。而在这之前，他的嘴里说出来的往往是重复成人的看法。

这点是非常重要的，因为从此他将用自己的这些看法自觉地指导他的一切行动了。正确的看法当然表现为正确的行动，而错误的看法必将导致错误的行为。所以成人在这时要极其关注少年这时形成的、他认可的是什么观点，要想方设法力争引导他的观点朝正确的方向发展。

少年这时的标准并不稳固，也不成熟。不成熟表现在两个方面：

一是片面性。少年常常是顽固地过分强调某一方面，夸大某一方面，不善于全面地、辩证地分析事物。这是因为他们的认识还没有系统化，知识积累也不够充实。

在一所中学，曾经出现过这样一件看似十分矛盾的事情：学校领导们正在开会研究如何表扬上午英勇救火、抢救公共财产的几个同学的时候，有人反映，有个学生在操场上用桌椅打闹，破坏公共财物。等到把这个同学叫到办公室后，大家吃惊地发现，这个同学竟是上午参加救火的一个同学。这件事典型地说明少年的片面性，他在一个情景下会积极地去救火，而在另一个情景下却又去破坏公物。但是少年的这种片面性，不是固定不变的，会随着他们的学习和成长逐渐得到改善。

二是表面性。少年常常被一些事物的表面现象蒙蔽，被一些非本质的、次要的理由牵着鼻子走。这是因为他们的认识还没有达到理论化的深度，生活经验也不足。但是随着他们的学习和成长，表面性同样会逐渐得到改善。

需要强调的是，正是由于少年期处在一些重要观念的构建阶段，因此有很强的可塑性。因而这是一个极其可贵的教育时机。成人在这时要善于观察、了解少年，又要善于巧妙地指导少年（因为他们自认为已经长大，以为自己什么都行，不愿接受成人的指导，而实际上又缺乏经验，面对这种矛盾的心理，成人的指导必须具有艺术性才能得到成功），使他们少走弯路，顺利地度过人生最佳塑造期。

6. 高中生的自我教育

高中生的自我教育应该是逐渐深化，慢慢走向成熟，自我教育已经进入追求“好人生”的层次。但是这个时期如果缺乏实践锻炼，则不可能真正走向成熟。根据我们的研究，认为当前他们自我教育的特点主要是两点：

（1）青年的自我教育已经达到比较系统、具有理论色彩的观念层次。

青年的自我意识的发展一般已经比较成熟，文化知识和生活经验都比少年丰富多了，因此是处在自我教育的深化阶段。这个阶段应该是努力地使自己的世界观和人生观都达到一定的深度，进入初步系统化和理论化的层次，以此来指导自我教育。

在片面追求升学率的驱使下，曾经出现过一些令人十分遗憾的现象：在高中和大学低年级这个阶段，本来是他们深化自我教育的重要阶段，应该在这段时间认真思考人生，思考世界，为正确的人生观和世界观奠定基础，但是这时他们都被绑在高考的战车上，集中全力去为分数而拼杀，对人生和世界的思考往往无暇顾及。直到上了大学，或是工作之后，在生活中无法回避的人生问题、社会问题找上门来的时候，才发现自己之所以显得那么束手无策，就是因为自己曾经缺少了自我教育深化的重要一课。

（2）**青年自我评价的标准在自律的基础上逐渐成熟，但对知识青年来说，由于他们对社会的理解缺少在实践中的亲自体验，从社会化的角度看，真正达到成熟仍有一段不短的距离。**

青年的自我评价标准，如果主要是来自书本，那就往往有浓厚的理想化色彩。在这些青年头脑当中，总是较长时间存在着理想社会和现实社会的矛盾，对个人也总是存在着理想自我和现实自我的矛盾。本来理想和现实的矛盾是属于正常的现象，人类就是不断地在一个一个更新的理想的引导下，去变革世界和变革自己，去推动事物的前进。但是脱离实践的青年的理想，往往由于过分脱离实际，因而经常碰壁，理想和现实的矛盾就显得尖锐，甚至无法调和，也就更让他们感到痛苦。

这种矛盾的解决，只有通过实践，除此没有别的更好的办法。通过实践，青年就能较深刻地理解现实的社会，较确切地认识存在于社会中的自我，逐渐地走向真正的成熟。

7. 自为、自由的自我教育阶段（一般在青年阶段之后出现，是主体性发展的更高境界）

自为、自由的自我教育阶段必须是建立在自觉、自强的基础上的。这种最高境界和孔子说的“从心所欲，不逾矩”状态十分接近。这个阶段之所以“不逾矩”正是因为对主体和客体的客观规律有了更多的了解与把握，才有更多的自由，更多的“从心所欲”。但绝不是那种主观幻想、异想天开的虚妄的自由。

一般来说，成熟的主体至少要在自己的价值、权利和责任三方面具有正确的主体意识和相应的能力。这种意识和能力，既指向外部世界，也同时指向内部世界——即自我教育。它的最高表现在三个方面。

（1）**表现在能动性方面：**

①观念和行动上都是自觉的主体、创造性的主体。

②以主体的态度把握自己；以自己主体的行为把握客体。

（2）表现在自主性方面：

①能够“自我实现的人”。

②不仅占有生产力和生产关系，而且占有自身的劳动力，也就是能够发挥自己的全部潜能。

（3）表现在目的性方面：

①在对主体和客体充分认识的基础上，自觉确定人生的目的。

②追求人生最大的意义和最高的幸福。

8. 后期退化的自我教育阶段

作为个体的主体性，他的载体是身体，随着自然发展，身体的生理机能逐渐退化后，尤其是思维如果出现负面变化，主体性必然受到影响。同时由于身体的变化也必然影响个体的实践活动和交往范围（原来认识的人变得不认识了），这将从另一方面影响个体的主体性，也表现在自我教育方面。

民间流传着“老小孩”的说法，甚至还有一种比对的方法。看来有一定道理，因为这是千百年的实践经验之谈。如七十岁的人相当于儿童；八十岁的人相当于幼儿；九十岁的人相当于婴儿，日常生活中人们确实看到有些老人的思维方式、行动特点和婴幼儿、儿童有相似之处。

因此，即使原来主体性达到再高级的程度，随着身体的退化，主体性也要退化，自我教育能力也会有所下降。如果没有意识到这种规律，原来主体性发展很好的人，反而会出现更严重的失误，造成更大的损失。因为原来的主体性使他获得了更大的权力和威望，这些权力和威望，往往又会使得退化后的主体性所做的决策通行无阻（历史上老迈昏庸人物执政，造成的损失不少）。而有的人能够比较明智地自己把握这一点，这样就可以减少损失，一位老科学家曾经表示过这样朴实的看法：“一到六十岁，我就不再和青年人争辩了。因为我有限的实践已经使我没有更多的发言权。”

掌握了主体性发展的进程和自我教育的年龄特点，可以避免“拘守某一个较低阶段的主体性，或误将自我的主体性当做至高无上的主体性而不能超越这种自我，便不可能实现在一定历史条件下所能实现的最高的自由的主体性”。[①]才有可能把自我教育发展得更好。

① 郭湛：《主体性哲学——人的存在及其意义》，云南人民出版社，2002年，第80页。

第三章
家长要善于激发孩子进行自我教育

只有能够激发学生进行自我教育的教育，才是真正的教育。

——苏霍姆林斯基

一、“在互动中走向独立”
——培养自我教育能力的五个途径

在共生关系中实现自我的独立。

——李晓文

孩子的自我教育能力并不是自然而然产生的，它是在和家长的积极互动中逐步形成的。由于在传统教育中，自我教育一直不被重视，因此，这种和传统看法很不一样的培养自我教育能力的途径不为许多家长熟悉，这点首先要引起大家注意。

培养自我教育能力有下面五个途径：

（一）通过关怀自尊感、满足自尊需要

什么是自尊心？什么是自尊需要？

“自尊心就是个人的价值判断”[①]也就是，一个人内心认为自己有什么价值，有多大的价值。这时候表现出来的一种态度、情感，就是自尊。自尊、自尊心、自尊感，是人类的一种重要的心理需要。

① 科恩：《自我论》，生活·读书·新知三联书店，1986年，第434页。

1. 自尊是人的核心需要

一个人有许多需要，但是核心的需要是自尊。因为人和动物不一样，人是有自我意识的，即人能够认识自己和要求自己，要追求自己的价值和生活的意义。而自尊就是人对自我价值的追求。人的自尊的需要（表现为维护和发展自我价值）是自我意识发展的动力，因此它是主体性发展的动力，它也是人区别于动物的核心需要。

自尊的需要是非常普遍的，可以说，只要有自我意识就有自尊需要。下面就是一个真实的故事：

老师没有看我一眼

开学头一天，一年级的小学生们高高兴兴地去上学，开始了他们早就盼望的新生活。可是没有想到，有一个小女孩回到家里，一见到妈妈就委屈地大哭起来。大人们都关切地围拢过来耐心询问，“调查”了半天才弄清了让小孩如此悲伤的原因——小女孩哭诉道：“一连上了三节课，老师都没有看我一眼。”

为什么培养自我教育能力首先要通过关怀自尊感、满足自尊需要这个途径？苏霍姆林斯基指出：“自我教育需要有非常重要而强有力的促进因素——自尊心、自我尊重感、上进心…… 人类有许多高尚的品格，但有一种高尚的品格是人性的最高峰。这就是个人的自尊心。”

2. 教育的核心就是让孩子具有自尊感

家长常常反映，自己的孩子没有上进心，孩子打不起精神，不明白好好的一个孩子为什么竟然成了“厚脸皮”“滚刀肉”。其实这后面的主要原因就是孩子自尊心被忽视、被压抑了，家庭教育必须及时满足孩子的这个自尊需要。

孩子们的自尊（即自我价值）受到思维和自我意识发展水平的限制，他们所追求的自我价值比较肤浅、简单、直接，甚至在成人看来十分可笑。但他们是为了维护、发展自我价值则是毫无疑问的，“个体总是在不同的自我意识水平条件下维护着或发展着自我价值，选择适合于自身的价值取向”。①

苏霍姆林斯基指出：“只有在教师关怀学生人格尊严时，教导才能成为教育。就本质而言，教育的核心就是关怀学生，让他经常具有作为智力劳动者的自尊感，作为公民的自尊感，作为自己父母儿女的自尊感，作为因自己崇高的意向、激情和成绩而变得美好起来的个人的自尊感。”②

发现了主体性萌芽之后，更重要的是给以尊重。孩子主体性的特点是“不完善，但是完整”。不要由于他们的不完善，就以为他们没有自尊。主体性最核心的表现是自尊，因为它是对自我价值的追求。

“我跑了第一名”

有个小学一年级的孩子，一天放学后兴冲冲地跑回家，气喘吁吁地对父亲说：“爸爸，今天体育课上我跑了第一名！”父亲虽然心里很高兴，但是又有点纳闷。因为这个孩子平时动作总是慢腾腾的，因为慢，在家里、在学校，真是没少挨批评、受奚落。今天莫非是“太阳从西边出来了”？

父亲笑眯眯地对孩子说：“小冠军，快把比赛的实况给爸爸描述一下吧！”听完孩子的描述，父亲陷入了沉思。原来是这样：上体育课的时候，全班同学分成了四组比赛，这个孩子在小组跑了最后一名。然后老师请每组最后一名同学再比赛一次，这个孩子就是这次“安慰赛”的冠军。

---

① 李晓文：《儿童自我意识发展机制初探》，《心理科学》，1993年，第4期。

② 苏霍姆林斯基：《寄语后来人》，《苏霍姆林斯基全集》（五卷本），教育科学出版社，2001年，第5卷，第593页。

父亲默默地在想：孩子明明是小组比赛的最后一名，只是可怜的败将中的冠军。为什么他只汇报“过五关斩六将”，闭口不谈“败走麦城”？看孩子喜笑颜开的样子，父亲有把握地认为那绝不是有意说谎，而是沉浸在成功的喜悦中，迫不及待地用这种难得的“胜利小雨”来滋润一下自己早已干枯了的自尊心。

可见，不论孩子多么小，缺点何其多，但有自尊心是毫无例外的。他们总是在极力地去取得和维护自己的自尊心。可遗憾的是成人往往看不到这点，甚至误解他们，把他们极力地去取得和维护自己自尊心的表现挖苦为“想出风头”“吹牛”“死要面子”“又倔又拧”，用冷水把孩子可贵的自我发展的小火苗泼灭。

为了保护孩子的小火苗，这位父亲和孩子一起庆祝了这来之不易的“第一名”。因为他深知孩子如果没有自尊心，就没有自我发展的动力，而一个孩子如果没有自我发展的动力，就无法持续发展，最终成为有用的人才。

3. 在学习生活中获得自我肯定，这是自我教育的基础

一些孩子为什么热爱学习？一方面是由于他发现了知识的奥秘，是奇妙的大千世界吸引他去探索；而更重要的一方面是他发现了自己——通过旧知识与新知识的联系，通过他的积极思考，出现了顿开茅塞和豁然开朗的感悟现象，让他惊喜，让他感叹。这时候，他发现的是通过自己的力量了解了世界。于是肯定了自己，产生了宝贵的自尊感。

“当人不仅在认识世界，也在认识自己的时候，就会形成这种兴趣。没有自我肯定，就不可能有对知识的真正的兴趣。”[①] 也就是说，在获取知识的过程中，学生只有成为主人，通过主动地探索与发现，满足了自尊需要，才会产生兴趣。

尊重他们之所以重要，是因为自尊是他们主动发展的动力。而只有尊重他们才能使他们产生自尊。成人世界应该力求使每一个学生都有一个自尊、自信的情

① 苏霍姆林斯基：《育人三部曲》，人民教育出版社，1998年，第452页。

绪背景，让他们通过良好的关系，经常能得到正面的情绪体验。

自尊需要，是孩子许多需要中的核心需要。满足孩子自尊需要的这个途径，是下面所有培养孩子自我教育能力途径的基础。

（二）通过审美活动和情感修养

孩子自我教育能力的核心因素是自尊需要，那么，自尊需要是怎么产生的呢？通过审美活动和情感修养就是一个重要的途径。

虽然每个孩子都有对美的追求，也有不断发展着的情感。但是，追求是否强烈，情感是否丰富，却有着很大的差别。这种差别直接影响他的自我教育能力的发展。这是为什么呢？我们需要从美和情感的性质说起。

1. 什么是美?

日常生活中，我们把“好看”“好听”叫做美，这只是从形象上给人的感官一种愉悦感方面说的。人类的美，应该说有更深刻的意义。

美学家李泽厚说：“我主张用马克思‘自然的人化’来解释美的问题，认为人类的实践才是美的根源，内在的人化是美感的根源。”① 也就是说，所谓美，就是人类在实践创造的基础上，体现了人的本质力量并且有积极意义的生活形象。建筑工人欣赏自己建造的高楼大厦；农民欣赏自己辛勤培育的庄稼；艺术家欣赏自己呕心沥血孕育的作品；教师欣赏自己培养的学生；家长则更是欣赏自己千辛万苦拉扯大的孩子。

所以说，人的本质力量（主体性，自由自觉等性质）在实践中的对象化，才是美的本质。

因此，在家庭教育中，我们不能把审美活动局限在艺术教育，应该从孩子的主体性发展，从实践活动中发现自己的价值，引导孩子成长。这样，审美活动和情感修养就会和自我教育联系在一起了。

---

① 李泽厚：《该中国哲学登场了》，上海译文出版社，2011年，第136页。

2. 为什么美与自我教育有关系？

人要按照美的规律塑造自己的人生——这就是自我教育。人，永远不会满足现有的生活，总要创造更新、更好的生活。而人的自由自觉的活动是按照美的规律来进行的，人在变革世界的同时，也在变革自己。也就是，每一个人不但按照美的规律塑造外部世界，同时按照美的规律塑造自己的人生。

“由于美是使人成为主体，彻底摆脱动物界的最后环节，是人的主体性得到全面实现的标志，因此，美是人生价值的最高追求或最高境界。实践不仅创造了对象世界的美、物的美，而且创造了人的美。”①

“……另一种影响少年心灵的微妙而又细腻的手段是美。理解和感受美，由掌握和创造美好的东西而带来的快乐，按马克思的理解，这是使人能够在他所创造的世界中认识自己的最重要的前提之一。”②

苏霍姆林斯基说：“我认为，整个教育体系的重要目的就在于：学校要教人学会在美的世界里生活，使人没有美就不能生活，让世界之美创造出人本身之美。”

情感修养和审美是分不开的。苏霍姆林斯基说：“形象地观察世界，力图用语言表达对美的感受——这就是儿童思维的核心。儿童的思维是艺术的、形象的、饱含情感的思维。”③

“学校的任务就是要使人们在少年期就生活在美的世界之中。这是进行自我教育和自我完善的一个决定性前提。”④

“小孩在发现自己周围的美，并对这些美而感到非常兴奋、赞叹的时候，这宛如在照镜子，会观察到人的美。孩子对美的这种感受越早，对美的惊奇越精细，他的自尊感就越高。”

---

① 索雪瑞：《美：人生价值的最高形态》，《理论与现代化》，2004年，第2期。

② 苏霍姆林斯基：《育人三部曲》，人民教育出版社，1998年，第355页。

③ 苏霍姆林斯基：《育人三部曲》，人民教育出版社，1998年，第88页。

④ 苏霍姆林斯基：《育人三部曲》，人民教育出版社，1998年，第355页。

一方面让孩子接触生动、丰富的形象；一方面提高孩子情感的感受性。这条途径，十分符合儿童理解世界和自我的心理特点。

3. 怎样通过审美，培养孩子的自我教育能力？

科学家袁隆平之所以一辈子投身农业，就与审美关系密切。他回忆道："六岁时，母亲带他去果园。他惊叹：'那一切，实在是太美了！'他后来最终下决心'一定攻读农业专业'。"

一个孩子往往要通过三步审美活动过渡到自我教育。

第一步，欣赏美。

让孩子们生活在美的世界中。要创造情境，不能让他们的精神生活贫乏。欣赏美——这只是良好情感的最初萌芽，必须进一步发展它，使它变为要求行动的积极愿望。苏氏一直在探索如何使孩子们离开"冷漠、迟钝"，看来，欣赏美就是一个重要的突破口。

第二步，将审美的情感变为要求行动的积极愿望。

"小孩在发现自己周围的美……这宛如在照镜子，会观察到人的美。"之后，会强烈地希望自己也美起来。

"只有当学生自己善于与自然的美单独相处时，与大自然的交往才能展开其全部的审美教育的可能性。"[①]苏氏是通过孩子建立"美丽角"（包括家中的"美丽角"，大自然中自己喜爱的某种东西——空地、葡萄园……），并且单独地与"美丽角"相处（建设、美化、修整美丽角；和"美丽角"呢喃谈心），调动孩子的积极愿望。

"我尽量使每个男孩、每个女孩在大自然中都有自己个人的精神生活的领域。为了使少年热爱与大自然的交往，必须付出巨大的努力。每个少年都在家里布置了一个自己的"美丽角"。我教男孩和女孩们在这个角落里读书、思考。逐

---

① 苏霍姆林斯基：《育人三部曲》，人民教育出版社，1998年，第606页。

渐地我成功地使每个少年在大自然中找到了自己喜爱的某种东西：加利娅喜欢水井旁的枝叶茂密的柳树……”[①]

第三步，让世界之美创造出人本身之美。

从发现自己周围的美，到产生让自己美起来的愿望，再付诸具体行动。开始，可能是单独的，某一方面的行动，随着思维、情感的发展，随着参加创造性劳动的增多，逐渐变成“创造出人本身之美”。

对周围世界的美的观察和感受是理解和体验现实生活的快乐、生活的美的最主要源泉之一，它使我们产生了一种思想，即世界、大自然和美的生命是永恒的，而我自己只能生活在大自然指定给我的一段时间内……重要的是要使每个人在少年期就考虑应该怎样度过自己的一生。我们应该教会人去珍惜生命，教会他去珍惜人、爱护人、保护生命。

4. 通过审美活动让孩子情感更加敏锐和细腻

要想使孩子有自我教育能力，需要通过审美活动提高他们的感受力，也就是“使人更细腻、更敏锐地去感觉其他人的精神世界”。现在，为什么有一些青少年表现得异常冷漠，就是和早期的审美教育和情感修养不足有关。这方面的教育，一般是从三个侧面去做：

（1）**回到认识的源头——从大自然出发，从现实生活出发，理解和感受美。**

“美能够自然而然地影响心灵，而且不需要任何解说。”许多孩子一接触大自然，都会情不自禁地“哇”的一声，发出来自心底的赞叹。大自然——这个孕育了万物，培育了人类的母亲，以她丰富多彩、千变万化的信息，与每个人发生着联系。

大自然既是广袤无垠的，又是精巧入微的。它天然含有这样的条件，因此“大自然的美能培养细腻的情感，帮助感觉到人的美”。对大自然审美的过程，就是孩子们情感变得更加敏锐和细腻的过程。正像苏霍姆林斯基说的，“体验这些极其重

---

① 苏霍姆林斯基：《育人三部曲》，人民教育出版社，1998年，第606页。

要的具有世界观意义的真理的环境、背景，是大自然的美。……少年在认识过程中产生的激动人心的思想的影响下，从情感—审美方面对世界的观察变得更敏锐了”。[①]

（2）借助艺术手段——通过语言、抒情诗、音乐、民歌、美术作品。

“借助艺术手段去认识世界，在智育中占有特殊地位。文学就是人学，同时又是自我认识、自我教育、自我肯定的最细腻的手段之一”。[②]

语言——“艺术进入少年的精神世界中，是从认识语言的美开始的。最普通的，同时又是最有力量的艺术，就是文艺作品”。[③]

诗歌——少年儿童都喜欢诗歌，他们常常被诗歌打动。“如果我们相信教育的强大力量，那么产生这种信念的最重要的源泉之一，就是诗歌的美，诗歌的语言反映着经过数百年的锤炼，才达到的人类语言智慧的深度”。[④]

童话——“童话与美是分不开的，并有助于美感的培育，没有美感，就不能想象有高尚的心灵和对他人的不幸、悲伤和痛苦的真诚的同情心。借助童话，孩子不仅用智力，而且也用心灵认识世界。同时，不仅认识，而且对周围世界的事件和现象做出反响并表达自己对善与恶的态度。关于正义和非正义的最初观念是从童话中汲取的。最初的思想教育也是借助童话进行的。只有当思想体现在鲜明的形象中时，儿童才能理解它”。[⑤]

没有童话这样鲜明的形象，儿童不可能通过抽象的“革命大道理”去理解高尚的情感和思想。我们中国过去就有这样严重的教训。

音乐——“音乐与抒情诗有着紧密的联系，似乎是人的精神发展中的下一个阶段。音乐把人的道德的、情感的和审美的修养连接在一起”。[⑥]

---

① 苏霍姆林斯基：《育人三部曲》，人民教育出版社，1998年，第602页。
② 苏霍姆林斯基：《育人三部曲》，人民教育出版社，1998年，第421页。
③ 苏霍姆林斯基：《育人三部曲》，人民教育出版社，1998年，第608页。
④ 苏霍姆林斯基：《育人三部曲》，人民教育出版社，1998年，第608页。
⑤ 苏霍姆林斯基：《育人三部曲》，人民教育出版社，1998年，第188页。
⑥ 苏霍姆林斯基：《育人三部曲》，人民教育出版社，1998年，第618页。

"音乐，这是情感的语言。旋律能够表达语言所表达不了的人的感受的最细腻的色彩。音乐始于语言的终结处。如果教师仅仅局限于用语言去深入到年轻的心灵的最隐秘的角落，如果在使用语言之后不使用音乐（这是渗透到心灵中去的最细致入微的、最深刻的手段），那么教育就不可能是完美的"。[①]

绘画——苏氏强调有关英雄人物的绘画是重要的教材。他说"我把反映人——崇高理想的斗士的道德美、道德功勋的绘画作品放在第一位"。[②]

他认为"肖像画是对少年进行智力教育、情感教育和审美教育的一种特别有力的手段。……教育工作中的最细微的，也是最困难的问题之一，我认为就是培养学生在情感上对他人的思想和感情非常敏感并富有同情心。眼睛是思想和情感的镜子。不管我们观看什么样的绘画作品，我总是让少年注意艺术家在自己的作品中所表现的这个人物形象的眼睛"。[③]

（3）**教师和家长要有强烈的激情。**

在一定意义上，只有教师、家长真情的激发，才有学生动情的回应，也才有真实的自我教育。"情感如果没有参与到认识过程之中，那么教育者所解释的真理，是不会被少年接受的；这样，教育就不能成为一种自我教育，因而也就不能算是真正的教育。"[④]

苏霍姆林斯基曾经指出："教师如果没有强烈的激情，如果不对邪恶、虚伪、侮辱人格、不讲原则等现象怀着毫不妥协和不可容忍的感情，那么要想在青少年的心灵中建立起正确的人生观的体系是不可能的。" 因此，在家庭中，家长对社会中各种观点应该有明确的是非观念，对美丑要有鲜明的情感、态度，这样才能让孩子在成人的引导下，走上一条正确的人生道路。

---

① 苏霍姆林斯基：《育人三部曲》，人民教育出版社，1998年，第618页。

② 苏霍姆林斯基：《育人三部曲》，人民教育出版社，1998年，第625页。

③ 苏霍姆林斯基：《育人三部曲》，人民教育出版社，1998年，第628页。

④ 苏霍姆林斯基：《育人三部曲》，人民教育出版社，1998年，第361页。

（三）通过劳动、游戏、创造

审美不能局限在艺术活动中，更深刻的审美应该是体现在劳动中，尤其是体现在劳动的创造之中，而且归根结底，自我教育能力也是产生在创造之中。

1. 幼年时期的劳动活动同游戏紧密相连

苏霍姆林斯基指出：“广义的游戏始于有美的地方。但由于幼儿的劳动不可能没有审美因素，所以，幼年时期的劳动活动同游戏紧密相连。”①

幼儿常常把所有的劳动变成一种游戏；还会把所有的游戏，通过他们的创造，变成一种有趣的劳动。

刷碗，这种家务劳动，往往让人感到繁琐、单调。但是在一个家庭里，孩子提议刷碗是这样进行的：全家齐动员，爸爸刷碗，妈妈擦干净，我负责摞在一起。边做变唱歌，节拍要一致——这个劳动就变成了一种愉快的游戏。

在孩子们玩“过家家”的时候，他们通过想象和模仿，极其认真地干着爸爸妈妈的各种家务活。玩“打针”游戏的时候，扮演“医生”的能够一丝不苟地按技术规定完成整个过程，还能够询问、安抚“患者”。这不就是劳动吗？

游戏并不是有些人表面地理解为追跑打闹。儿童生活中，游戏贯穿和整合了德智体美所有的教育因素。“对于孩子来讲，游戏是最严肃的事情。世界在游戏中向儿童展现，儿童的创造性也是在游戏中显示的。没有游戏，就没有，也不可能有完满的智力发展。游戏犹如打开的一扇巨大而明亮的窗子，源源不断的有关周围世界的观念和概念的湍流，通过这个窗户注入孩子的心田。游戏犹如火花，它点燃探索和求知的火焰。”②

2. 深入到劳动中才开始进行自我教育

“自我教育的一个很重要的方面在于使人在少年和刚一进入青年时代就尽可

---

① 苏霍姆林斯基：《育人三部曲》，人民教育出版社，1998年，第103页。

② 苏霍姆林斯基：《育人三部曲》，人民教育出版社，1998年，第102页。

能地接触劳动，以便使他的良心成为他唯一的动机和主宰。恰恰是当谁也不来检查，你对谁也不报告的情况下，你能成为一个坚强的、勇敢的人——可以说这就是自我教育课。”①

“一项重要的教育任务是让孩子的周围不光有自然世界，而且也有劳动、创造、建设的世界，因为人的美在劳动中显示得最为鲜明。”②

加拿大有一个六岁的孩子，了解到非洲老百姓严重缺水，就主动提出要用自己的力量去挣70加元，为非洲老百姓打一口水井。他积极参加各种劳动，家人、亲友都给予协助，但是遗憾的是：70加元打一口井的信息有误，实际必须2000加元才够。这时家长起了一个非常重要的作用，为了防止孩子的努力半途而废，他们引导孩子认识到需要进一步发动社会力量。于是孩子开始了第二阶段的努力，巡回演讲，组织捐献，最终获得了极大的成功。目前不但已经在非洲打出几十口井，而且掀起了全世界人民关心非洲的热潮。尤其宝贵的是，这个孩子体验到了奋斗、成功、幸福的人生道路。

自我教育能力的培养，不能停留在空洞的号召上，应该在号召之后，要紧接着有劳动等实践活动跟随。正如苏霍姆林斯基指出的：“孩子的心，对于为人们创造美和快乐的号召是敏感的，重要的是发出号召之后，接着要有劳动跟随才行。如果孩子能意识到他身边有别人，意识到他的行动能给他们带来快乐，那么他从幼年起，就能学着使自己的愿望符合人们的利益。而这对培养善良和人道是非常重要的。”③

“一个少年热衷于劳动，深入到劳动中去，在劳动中克服困难、掌握知识、锻炼意志，这时他才开始进行自我教育。这是对少年的教育和少年的自我教育的重要原则。”④

---

① 苏霍姆林斯基：《家长教育学》，中国妇女出版社，1982年，第242页。

② 苏霍姆林斯基：《育人三部曲》，人民教育出版社，1998年，第64页。

③ 苏霍姆林斯基：《育人三部曲》，人民教育出版社，1998年，第92页。

④ 苏霍姆林斯基：《育人三部曲》，人民教育出版社，1998年，第497页。

"劳动的道德意义恰恰就在于人获得乐观地感知的最高欢乐，即创造的欢乐。就其实质而言，这就是自我教育。如果少年在童年时没有养成劳动的习惯，那么劳动的欢乐也就无从谈起。少年能在劳动中实现道德上的自我肯定，这仅仅是因为我们的学生在童年时代，在一、二年级学习的时候，就已开辟了小花园、葡萄园，为人们培育各种花秧和玫瑰花苗……"[①]

3. 通过创造，发现自我、肯定自我

"创造的灵感，这是人的一种需求，个人在这种需求中找到幸福。人在体验创造者带来的精神上的满足时，他真正地感觉到他是在生活。"[②]

为什么一个人通过创造，能够发现自我、肯定自我？苏霍姆林斯基是这样分析的："当一个人感到自己是创造者的时候，他就竭力想变得比现在更好。人在童年，在即将成为少年之前，就意识到自己的创造力和才能，这意义是非常重大的。这个自我意识，也就是个性形成的实质所在。"[③]更深层次的道理，还需要请教黑格尔、马克思。

黑格尔说："一个小男孩把石头抛在河水里，以惊奇的神色去看水中所见的圆圈，觉得这是一个作品，在这作品中他看出他自己活动的结果。"

马克思说："劳动的对象是人的类生活的对象化：人不仅像在意识中那样在精神上使自己二重化，而且能动地、现实地使自己二重化，从而在他所创造的世界中直观自身。"[④]这段话有些艰深，通俗地说是：劳动的结果是展现了人类生活的本质。人不仅能够产生个体的和社会的思想；更重要的是通过有目的的劳动，把自己和社会的意图变成现实。因此，建筑工人通过自己建造的高楼大厦，农民通过自己培育的庄稼，可以看到自己的力量和价值，也就是在他所创造的世

① 苏霍姆林斯基：《育人三部曲》，人民教育出版社，1998年，第497页。
② 苏霍姆林斯基：《育人三部曲》，人民教育出版社，1998年，第632页。
③ 苏霍姆林斯基：《育人三部曲》，人民教育出版社，1998年，第278页。
④ 马克思：《1844年经济学哲学手稿》，人民出版社，2000年，第58页。

界中直观自身。

苏霍姆林斯基也是这样理解的，他说："理解和感受美，由掌握和创造美好的东西而带来的快乐，按马克思的理解，这是使人能够在他所创造的世界中认识自己的最重要的前提之一。"①

孩子也不例外，孩子的自我教育一定是来自他的创造性劳动，来自劳动中发现自己、肯定自己。

第一次给妈妈过生日

4月1日是妈妈的生日，哥哥和爸爸又不在家，只有我和妈妈。我想，妈妈给我过了9个生日，我却没有给妈妈过过生日。这次，我一定要给妈妈过一个美好的生日。

那天，我早早就回家。写完作业就开始准备，我系上围裙，我从冰箱里拿出西红柿和黄瓜，我把西红柿和黄瓜切成一片一片的，然后把它们放到盘子里。最后，我设计了一个精美的生日卡，把卡做完了。这时，妈妈回来了，我说："妈妈，祝您生日快乐。"妈妈说："谢谢。" 然后，我把生日卡送给妈妈。妈妈说："谢谢。"吃完饭后，我给妈妈削了一个苹果，妈妈说："你真是个好孩子。"

（慧忠里小学四年级（1）班郑丽娜）

总之，自我教育能力的产生离不开劳动、创造、审美、情感这些综合因素。通过劳动，尤其是通过劳动中自己的创造得到了欢乐；这种欢乐是意识到自己的价值、能力，这时候才真正发现了自己、肯定了自己。

---

① 苏霍姆林斯基：《育人三部曲》，人民教育出版社，1998年，第355页。

4. 关注创造性的“激发”

作为个性的自我表现和自我肯定的创造，其最重要的源泉是语言。……作文、编小故事是创造的最初的领域，在进行这样的创造时，儿童肯定了自己的能力，认识了自己，体验到了由于自己正在创造着什么，而带来的最初的自豪感。[①]但是很遗憾，许多家长、老师并没有把作文、编小故事看做“创造的最初的领域”，而是当做应试的工具，把好事变成了坏事。

创造性活动逐渐成为人的需要，这种需要一旦满足，就会令人感到最大的愉快。

创造的灵感，这是人的一种需求，个人在这种需求中找到幸福。人在体验创造者带来的精神上的满足时，他真正地感觉到他是在生活。[②]

（四）通过读书与学习榜样

书籍是人类文化的载体，是人类智慧的结晶。一个人对人类文化掌握得越多，往往对自己会产生重要的影响，对自己的认识与要求也会越高。

自我教育和个人的精神生活是从书本开始的。“……为了培养一个人能在精神上独立生活，必须把他引进书的世界。书应该成为每一个学生的良师益友和明智的教导者。我认为，使每一个学生在小学毕业时能向往单独与书相处——向往默想与沉思，是一项重要的教育使命。单独与书相处并不意味着孤僻。这是思维、情感、信念和观点的自我教育的开始。”[③]

榜样的作用是巨大的，尤其是对正在成长中的孩子。和那些抽象的道理不一样，榜样是真实的、具体的、全面的、生动的，往往更能打动人，在心灵深处潜移默化地影响人。

因此，孩子的自我教育，离不开读书和学习榜样。

---

① 苏霍姆林斯基:《育人三部曲》，人民教育出版社，1998年，第633页。
② 苏霍姆林斯基:《育人三部曲》，人民教育出版社，1998年，第632页。
③ 苏霍姆林斯基:《育人三部曲》，人民教育出版社，1998年，第214页。

1. 通过读书去认识周围世界和认识自己

“会阅读——这意味着对语言的含义和优美之处，对其极其细腻的文采已很敏感。只有当学生的意识中字句跃然纸上，栩栩如生，并变幻着周围世界的色彩和旋律时，他才称得上是在‘阅读’。阅读是孩子借以观察和认识世界和自我的小窗子。要想使这一窗子为孩子敞开，必须随着阅读，与阅读同时，甚至在第一次开卷阅读之前，就要在包罗儿童积极活动和精神生活的各个方面的语言上做细致的工作，这些方面包括：劳动、游戏、接触大自然、音乐和创作。没有产生美的创造性劳动，没有童话和幻想、游戏和音乐，就不能想象阅读能成为孩子精神生活的一个方面。到思想的活水源头去‘旅行’，通过对语言美的感知，领会到的词句的感情和美学色彩，以及蕴藏在书籍中的艺术财富——凡此种种都是发展语言和思维的基础。”①

“怎样才能使好书成为自我教育的手段呢？……这就必须教给少年们读书。……在这个‘思考之室’（阅览室）里，我们有一个书橱里放的是名人传记。这一类书是青年进行自我教育的百科全书。”②

苏霍姆林斯基强调：“必须教会少年阅读，教会他通过阅读去认识自己，教会他用书来教育自己，生活在书的海洋中。”“如果一个人在学生时代就热爱读书，学会根据书去认识周围世界和认识自己，只有在这样的条件下，才有可能进行自我教育。”③他说：“我坚信，少年的自我教育是从读书开始的，这种自我教育就是他要用最高尚的标准——英勇的、忠于崇高理想的人的生活来衡量自己。如果在少年的精神生活中只有课堂教学，听课和读书的目的仅仅是为了识记，那么就不可能有自我衡量和自我认识。”④

---

① 苏霍姆林斯基：《育人三部曲》，人民教育出版社，1998年，第208页。

② 苏霍姆林斯基：《给教师的建议》，教育科学出版社，1984年，第354页。

③ 苏霍姆林斯基：《育人三部曲》，人民教育出版社，1998年，第472页。

④ 苏霍姆林斯基：《育人三部曲》，人民教育出版社，1998年，第465页。

应该说，自我教育从低向高发展，达到信念、观点层次的时候，书籍——这个人类文化精华的载体，是一个人独立思考时不能缺少的朋友。

2. 用英雄主义的尺度去衡量自己

“少年期是树立理想的时期，很重要的是要使一些人的形象进入每个少年的智慧和心灵中，那些人的生活应该成为他们的榜样。”[①]我们中国，目前不是缺乏榜样，而是缺乏发现和分析、引导。

“在一个人的面前，生活的道路刚刚展开，这时候就让他用英雄的眼睛，用勇敢者的眼睛去看自己，用英雄主义的尺度去衡量自己，要做到这一点是多么不容易啊！与自己交谈，对着自己的良心诉说，这就是真正的自我教育。谁希望从道德财富中为自己的心灵获取最宝贵的东西，这个人就登上了思想生活的这一高级阶段。”[②]

时代不同，孩子们崇拜的英雄也在变化。在多元文化的今天，孩子们心目中的英雄更变得各式各样，不再是一种模式。但是总的认识规律仍然没有变——那就是随着认识水平，尤其是价值观的提升，崇拜的英雄的什么品质也在发生着变化。一般来说，幼小的孩子往往从表面品质选择英雄，例如高大、魁梧；长大一些，开始关注内在的能力，例如聪明、能干；再后来，就会从更深层次，例如信念、道德品质、价值观等等来选择自己崇拜的英雄。

作为家长，不仅需要观察、发现孩子崇拜什么样的英雄，也需要引导、推动孩子去学习具有正能量的英雄。英雄也不是完人。要善于引导孩子发现自己崇拜的偶像身上的闪光点，而不是盲目地模仿他们，甚至把缺点也学过来。

3. 教师和家长通过现身说法——用自己自我教育的经验教训影响孩子

不少的教师在推进自我教育课题研究的过程中，最主要的认识是：首先是教师本身的自我教育。用自己的自我教育行动来教育学生才是最有效的；有的家长也深有体会地说：“只有我自己变了，孩子才能变。”

---

① 苏霍姆林斯基：《育人三部曲》，人民教育出版社，1998年，第462页。

② 苏霍姆林斯基：《育人三部曲》，人民教育出版社，1998年，第466页。

苏氏更是把家长自我教育的意义提高到相当的高度。他说："在一个家庭里，只有父亲自己能够教育自己，在那里才能产生孩子的自我教育。没有父亲的光辉榜样，一切有关儿童进行自我教育的谈话都将变成空谈。没有父母的榜样，没有父母在相互关心和尊敬中所表现出来的爱的光和热，儿童的自我教育简直是不可想象的。"①

"要记住，在你周围的世界里，最主要的是人。人是复杂的，多方面的，有快乐和悲哀。假若你不把自己内心的这种毛病克服于萌芽状态的话，那么，你就不会把自己的妻子看成是人，你就不会真正爱她，不会在她内心中创造美好和高尚的东西，因而也就不会正确教育自己的孩子。"②

"谁能以自己的生命倍增人类的宝贵的精神财富，谁能进行自我教育，那他就能够教育好自己的孩子。这正如列·尼·托尔斯泰所写的：教育孩子的实质在于教育自己，而自我教育则是父母影响孩子的最有力的方法。"③

为什么说教育孩子同时也是教育自己？

"……爱的教育力量，就是指完成最完美的人的义务。爱就意味着用心灵去体会别人最细致的精神需要。这种心灵的感受能力是来自父母，但不是什么言语和解释，而是榜样。"④

孩子们时时、处处都能看到，可以说，用自己的良心感觉到父亲是如何对待目前的繁重劳动的。孩子看到父亲尽量干他能做的活，以便减轻母亲的劳动，这不用说孩子更激动了……伟大的哲人列·尼·托尔斯泰在谈到好的、鲜明榜样作用的时候，曾经这样说过："这种能力的发展，不错，就是自我教育。"若孩子眼中的年轻父亲不断发展这种自我教育能力，那么妻子的繁忙操劳将逐渐为父亲所

① 苏霍姆林斯基：《家长教育学》，中国妇女出版社，1982年，第9页。
② 苏霍姆林斯基：《家长教育学》，中国妇女出版社，1982年，第14页。
③ 苏霍姆林斯基：《家长教育学》，中国妇女出版社，1982年，第23页。
④ 苏霍姆林斯基：《家长教育学》，中国妇女出版社，1982年，第26页。

分担，这样的家庭即成为对孩子进行情感、道德教育的学校。

在我国的家长当中，有一部分人相当迷信“说教”，以为所谓教育孩子就是“说”，把道理都说给孩子，就完成教育任务了。其实，正好相反，家庭教育尤其要强调的是行动的榜样。一个不断告诉孩子要诚实的家长，却在被窝里用手机回应领导：“我在车上呢，今天堵车……”这样做的结果，对孩子来说，千万遍的说教已经毫无用处，坏榜样已经让孩子懂得怎样去撒谎。

（五）通过集体的相互影响

人类是一种善于合作的动物，这一点，在基因研究中已经得到证明。人类的诞生和发展都离不开人与人的合作、交往。自我教育意识和能力的发展，绝不是通过个人孤立地奋斗，而是在集体的互动之中逐步实现的。

马克思曾经深刻地指出：“一个人的发展取决于和他直接或间接进行交往的其他一切人的发展。”①著名演员于是之在总结自己的人生经验时，曾对姜文说：“重要的不是你演谁，而是你与别人的关系。”曼德拉说：“自由不仅仅意味着摆脱自身的枷锁，还意味着以一种尊重并增加他人自由的生活方式。”这在当前需要解决种族仇视、宗教对立的时代，曼德拉高瞻远瞩的思想受到重视不是偶然的。

可是人们普遍的弱点是“人对他自已建筑起堤防来”。（印度诗人泰戈尔语）因此，培养孩子的自我教育能力，也需要关注他与各种集体之间产生什么样的联系。家长要关注孩子在学校集体中的表现，关注孩子在家庭集体中的表现。

1. 家庭是一个特殊的集体

家庭是建立在血缘关系上或者长期密切生活在一起的特殊集体。如果家庭有共同的目标，又有相应的组织机构，也可以起到集体的作用，它对孩子的成长至关重要；否则，家庭只能是一个不得不凑在一起、松散的群体，更多地对孩子起到负面作用。这说明，家庭建设是多么重要。

---

① 马克思，恩格斯：《马克思恩格斯全集》，第3卷，人民出版社，2008年，第515页。

优良的集体对于人的成长太重要了。在一个好的集体中，集体的活动总是受到高尚的、道德的、社会的目标的鼓舞，在这样的集体中，人就像照镜子一样地看到自己，觉察到自己的优点和缺点。一个人没有在集体中受到高尚思想、情感的鼓舞，他就不可能坚定地形成要做得更好、要进行自我教育的愿望。

然而，家庭一般是几代人生活在一起，对于尚未成熟的孩子，如何正确地对待他们，实际是一个复杂的问题。马克思说："在真实的集体条件下，各个个人在自己的联合中并通过这种联合获得自由。"①在家庭这个特殊集体中，如何让孩子既能得到家庭成员的帮助，又能够得到自主发展，正是许多家庭在探索的问题。

2. 集体的价值在于提高每个人的自尊感

苏霍姆林斯基说："只有当儿童集体能在精神上提高每个人，使每个人都确立自尊感并能自重的时候，它才能成为一种教育力量。"②"一个人可以在集体创造的成果中看到自己的美、自己同学的美、自己集体的美。"③

苏霍姆林斯基反复强调，在儿童的成长中，集体对个人的巨大影响："一个集体的情绪——喜悦和振奋状态，是一种强大的精神力量，这种力量能把儿童团结起来，还能激发冷漠的心灵对集体正在做的事情和活动的兴趣。"④

下面这件事情雄辩地说明集体对一个人的影响是多么巨大、深远。

全班都是光头

雅雅念到小学三年级，晨会时突然昏倒，送医后才发现是血癌。雅雅从开始治疗，泪水就没有停过。特别是她那一头乌黑及腰的长发，因为化学治疗而掉得精光，气得她连续一星期都不跟大家说话。

---

① 马克思，恩格斯：《马克思恩格斯选集》，第1卷，人民出版社，1972年，第294页。

② 苏霍姆林斯基：《育人三部曲》，人民教育出版社，1998年，第99页。

③ 苏霍姆林斯基：《育人三部曲》，人民教育出版社，1998年，第450页。

④ 苏霍姆林斯基：《育人三部曲》，人民教育出版社，1998年，第45页。

有天假日我当值，忽然瞥见二十几个小光头在护理站游走。

怎么回事？该不会是大量病患涌入吧！可是这些小光头健康活泼，跟一般顽皮的小孩没两样。问过护士之后才知道，原来他们都是雅雅的同学，特地来看雅雅。他们怕雅雅因掉光了头发会伤心，所以全班决定一起理光头，来给雅雅加油打气。

二十几个小光头把雅雅的病房挤得水泄不通。光头底下全是笑脸。从她入院开始，没见过她那么开心。小光头们一起吃午饭，雅雅吃得特别多，没见她食欲这么好过。

临走前，二十几个小光头一起合照，都是笑得合不拢嘴。这是我看过最美的照片，因为里面包含了一份真挚的情感，叫友情。

（作者黄冠诚　血液肿瘤科医生）

苏霍姆林斯基回忆道："实际上，我以后那些年的教育工作，就是在儿童、少年、青年心灵里精心确立人的尊严。过去和现在都是按此来建立集体关系的。我总是竭力使儿童集体这个小小社会的生活，服从于让人在精神上不断向上这个任务。孩子们的创作，以及对他们的素质、才能和天赋的发展，也都服从于这项任务。"①

在家庭中，如果家长能够有意识地把家庭建成为一个既温馨又管理有序的集体，正像印度诗人泰戈尔说的："刀鞘保护刀的锋利，它自己则满足于它的迟钝"，同样可以满足孩子成长中的自尊需要。

不论是学校还是家庭，集体帮助孩子做到天天向上，实质上就是在确立孩子的自尊。

① 苏霍姆林斯基：《育人三部曲》，人民教育出版社，1998年，第100页。

二、家长要当显微镜、号角、加油站、镜子和灯塔

——在孩子自我教育的过程中家长要发挥五个作用

不是槌的打击，乃是水的载歌载舞，使鹅卵石臻于完美。

——泰戈尔

有的家长误以为，既然孩子能够进行自我教育，我们家长就可以省点心了。绝对不是这样，因为孩子是不成熟的个体，他的自我教育能力的培养离不开与成人的积极互动。当然，这个积极互动绝不是喧宾夺主，而是处处以孩子为主人，家长只是起到外因作用，也就是顺应孩子的发展趋势，给他“架桥、搭台”。

这个作用就是要发挥——发现、唤醒、鼓励、反馈、引导五个作用。通俗地讲，就是家长要当孩子发展的显微镜、号角、加油站、镜子和灯塔。

（一）发现——当显微镜

如果我们认识到，孩子健康成长的关键是激发他们进行自我教育，那么，家长就要把注意力集中在孩子身上，善于发现孩子的潜在能力，发现孩子的误区，而不是主观地、孤立地思考自己的教育方法。

然而，人是最难了解的，尤其是未成熟的孩子，他们的潜能往往藏在幼稚行为的背后。他们又不善于表达自己的内心世界。这就需要家长在“发现”上下

功夫。

教育家苏霍姆林斯基认为："世界上没有才能的人是没有的。问题在于教育者要去发现每一位学生的禀赋、兴趣、爱好和特长，为他们的表现和发展提供充分的条件和正确引导。"

苏霍姆林斯基十分重视了解孩子，总是提前一年，把新生请到学校来活动，并不正式上课。他说："我之所以需要这在课桌旁学习之前的一年时间，是为了好好了解每个孩子，深入考察每个人的知觉、思维和脑力劳动的个人特点。"[①]

1. 观察

一是要重视观察。俗话说，了解一个人需要"听其言，观其行"，而要发现孩子的潜能，更重要的是"观其行"，因为孩子还不善于语言表达。不过他们的优点是没有虚情假意，真实的想法往往能够通过他们的行为表现出来。

家长要善于发现孩子微小的自我教育迹象。幼小的孩子在成人的呵护下慢慢长大，他的自我教育表现，开始的时候往往不易发觉。成人应该细心观察，善于随时发现孩子微小的自我教育萌芽。

例如，每天家长护送孩子上学，都是家长拿着书包，孩子心安理得地空手跟着走，从来没有别的想法。如果有一天，孩子忽然提出要"自己背书包"，这时家长千万要重视这种迹象，要认真询问"为什么"，这很可能就是孩子提出的第一个自我要求，不可小看啊！

二是要反复、多次观察。不要一次观察就急于表态，甚至武断地制止。比如，家长要想给孩子报一个兴趣小组，但是不知道孩子究竟喜欢什么，尤其是哪个组适合他发展，就不如先安排一次去少年宫参观，走马看花，把各种兴趣小组都初步接触一下，观察孩子面对每个兴趣小组的表现。如果他在科技制作小组停留时间很短，而在舞蹈小组那里久久不愿离开，就可能是对舞蹈更有兴趣。

① 苏霍姆林斯基：《育人三部曲》，人民教育出版社，1998年，第17页。

当然，一次观察不够，还应该安排他参加小组的短期活动，在活动中再观察、再分析。例如有的孩子误以为“舰船小组”就是整天拿着舰船模型在水里进行比赛，当然很有兴趣。参加以后才发现，大部分时间要去进行精雕细刻的制作，而他因为年龄小，手还不够灵巧，经常失败，兴趣慢慢就没有了。这时候可以考虑选择其他兴趣小组，等到再长大一些，小肌肉得到发展，再回来参加。另一种情况是参加舞蹈小组的孩子，由于害怕艰苦的练习而打算退组。这时候，家长反而需要鼓励孩子，让他们锻炼意志，坚持下去，因为舞蹈的基本功训练，就应该在早期进行。

三是观察中要发现孩子的特点、优势、误区。粗枝大叶的观察，达不到观察的目的。观察是为了发现孩子的特点、优势、误区。只有仔细观察孩子的种种表现，才能从蛛丝马迹中有所发现。

下面这个例子就能说明，成人如果不认真观察，就不会发现怪现象后面的真实原因。

对“零”数的误解

记得在小学低年级学习算数的时候，我出现了一个奇怪的现象——计算加法，凡是带“零”的数，一相加，肯定出现错误，而不带“零”的数字相加，却没有错误。

这个怪现象为什么出现，只有我自己知道。可能是老师开始讲“零”的时候，我没有注意听讲，于是对这个圆圈，我一直搞不清楚它是什么意思。因为在我幼稚的脑海里，有一个自以为是的认识——“零”就是没有的意思，既然没有，在纸上它应该是干干净净。现在出现了这个“零”，是什么意思呢？我自作聪明地给它界定为“半个”。

这样，上面说的怪现象就出现了：没有“零”的加法，不会出错误；而一旦带“零”的数字相加，肯定出笑话。比如10加10，我的得数，肯定是21。因为有两个半个，加在一起，当然是“1”了。如果是10加1，我的答案是101。因为那个“半个”没有地方搁了，只好都放在得数里了。

苏霍姆林斯基在观察孩子方面颇有心得，他曾经总结：“……我通过对低年级学生脑力劳动的多年观察证实，在情绪十分高涨的时候，孩子们的思维特别清晰，识记进行得也很紧张。”[①]苏霍姆林斯基通过观察得到的这个认识，非常重要。它说明情感对思维的作用不能低估，尤其是儿童时期。而遗憾的是，我们有些糊涂的家长，往往在凶巴巴对待孩子时，还要求孩子动脑筋学习。

2. 倾听

尊重孩子就要倾听孩子发出的声音。管理学家威尔德说过：“人际沟通始于聆听，终于回答。”而家长常常是不充分倾听，就热衷于回答。

有一次，鲁迅全家吃饭的时候，孩子抱怨丸子不好吃，这时候在座的成年人都不以为然，因为他们自己吃到的丸子很好吃，有的人甚至批评孩子太娇气。唯有鲁迅把孩子剩下的那个丸子尝了尝，发现果然很难吃。由于鲁迅尊重孩子，善于倾听孩子的不同声音，成功地平反了一个“冤案”。

在成人社会中，孩子的声音往往不被重视。再加上孩子的语言表达能力差，有些话让人一时听不明白，性急的家长，常常不让孩子把话说完……

山东有一位老师，发现家长根本不给孩子说话的机会，于是利用家长会的召开，安排学生给家长写信，说说心里话。有半数以上的孩子都哭了，有几个哭得特别厉害。他们说：“爸爸妈妈从来没有听我说过心里话。”

因此，必须对家长强调：要耐心倾听、理解孩子的话。

---

① 苏霍姆林斯基：《育人三部曲》，人民教育出版社，1998年，第47页。

“我喜欢头齐脚不齐”

有一天，妈妈和孩子躺在床上要睡觉了，孩子突然向妈妈发表了一通有趣的议论。

孩子说：“妈妈，我喜欢头齐脚不齐，不喜欢脚齐头不齐。”

妈妈不明白，但耐心地往下听……

“现在咱们俩躺在床上，两个头并齐，而您的脚，伸得远远的，这就叫‘头齐脚不齐’；早上您送我上学，咱们俩的脚能够并齐了向前走，可是我个子矮，和您的头没法看齐，这就叫‘脚齐头不齐’。”

“我喜欢躺在床上‘头齐脚不齐’，和您好聊天呀！上学的时候‘脚齐头不齐’，要想和您聊天，就得抬着头，伸长了脖子使劲喊，甭提多费劲啦！”

在日常生活中，成人往往习惯于从自己的角度看问题，自以为成人总比孩子见多识广，很少反思自己有什么不足，这样很容易误解孩子，如果长期不注意，甚至会导致亲子关系紧张。

上面这位家长，采取了恰当的亲子互动，能够悉心倾听孩子的看法，有时候要俯下身子和孩子交谈，能够及时发现孩子的需要，就会使孩子身心得到最优发展。

3. 追问

了解孩子，还需要重视和掌握追问的方法。不少家长在这方面常常犯两个错误。一是以自己的观念去解读孩子的行为表现、说话、作品；二是由于特别相信自己的判断，根本就没有想过，是否需要再进一步问问孩子。例如，有一位家长遇到这样一件事，如果不追问，肯定会冤枉了一个幼稚但十分可爱的孩子。

有一天，妈妈提议吃苹果，孩子从篮子里挑选了两个又红又大的苹果。妈妈正等着孩子恭恭敬敬地送上一个苹果时，只见孩子拿起一个苹果，吭哧咬了一口。妈妈心里很不快，心想“这孩子就知道自己吃……”接着，孩子拿起另一个苹果，又是吭哧一口。妈妈气坏了，正要发作，看见孩子拿了一个苹果，笑眯眯地递过来。妈妈这时候冷静下来，追问：“你为什么两个苹果都要咬一口？”孩子的回答是妈妈没想到的：“我想知道哪个苹果最甜，我要把最甜的给妈妈。”

家长在对待孩子的绘画上，如果不追问，最容易出现误解。孩子的绘画，猛一看，好像是胡涂乱抹，乱七八糟。其实，孩子的绘画，可以说每一笔都是有想法的。当然他们的想法和成人不是一个路子——孩子们画画，往往是画他们所“想”，而不是画他们所“见”。

有一个幼儿，他画的是一条曲线。这条曲线是由许多一会儿向上，一会儿向下的点组成的。问他：“画的是什么？”他回答：“兔子”。但是这条曲线怎么看也不像兔子，经过反复追问，原来孩子画的是小兔子一跳一跳的运动轨迹。

还有一位家长深有体会地讲述了一个耐心追问的例子。

他的孩子在日记中回忆道：“小时候，有一次爸爸在厨房做饭，我趁爸爸不注意，偷偷地打开冰箱门拿出了几个鸡蛋，一个个都磕碎了。爸爸发现了，问我：‘你为什么磕碎那么多鸡蛋？’我说：‘我想从鸡蛋里找出小鸡。’爸爸说：‘傻孩子，小鸡是母鸡孵出来的，不是磕出来的。’听了爸爸的话，我明白了鸡是孵出来的而不是磕出来的。”

追问要想达到好的效果，追问的态度和用语都很重要。成人如果带有质疑，甚至讽刺、批评的口吻，就会把孩子吓回去。成人应该持一种好奇、探索，甚至请教的态度，去进一步询问孩子，才能换来孩子的真心话。

4. 分析、理解

由于孩子年龄小，在表达上存在困难，他们不仅对于自己的愿望、目的说不清楚，甚至自己做的事情，本来是有道理的，但是由于表述不清楚，常常被人冤枉。

所以，成人的任务既然是发现孩子的潜能和内心想法，就不能仅仅局限于发现孩子能够表达清楚的事情，更重要的是善于分析、理解孩子没有表达清楚的想法。

在四川汶川大地震中，进行心理疏导时，我发现有的孩子多次说“以后再也不上学了”。其实这不是他们真正的想法，而只是内心安全需要的一种不准确的表达。地震中许多学校楼房倒塌，孩子看到自己朝夕相处的老师、同学埋在废墟下，感到在学校的楼房中上学很不安全，才说出“以后再也不上学了”这句话。我们应该肯定他们的安全需要是正确的，慢慢引导他们立志重建更加坚固的楼房。相信慢慢地，他们会自然地意识到需要回到学校去学习。

（二）唤醒——当号角

每个孩子都有潜能，但如果遭遇到恶劣的环境条件，它也容易永远沉睡，再不发芽。家长的任务，不但要善于发现孩子的潜能，还需要善于及时唤醒他的潜能。德国教育学家斯普朗格曾经说过：“教育之为教育，正因为它是人格心灵的‘唤醒’，这是教育的核心所在。”①“教育的终极目的不是传授已有的东西，而是要将人的创造力、生命感、价值感‘唤醒’，‘直到精神生活运动的根’。”②

唤醒的方法是：

1. 关注他、重视他

唤醒的方法，首先是要关注他、重视他。父母和教师如果总是叮咛、检查、监督、审查孩子，肯定是“费力不讨好”，因为孩子时时感到被管制、被压迫。而换一个思路，家长如果是因为对孩子抱有期望和尊重，而表现得十分关注他、重视他，情况就会大不一样。孩子们一旦感到被关注、重视，也就是得到了更多的信任和期待的时候，他们的内在动力就会被唤醒，走向自我肯定；就会变得更聪明、能干、有悟性。

---

① 粟景妆，斯普朗格：《德国现代教育体系的开创者》，《教育与职业》，2013年，第19期。

② 赵祥麟：《外国教育家评传（3）》，上海教育出版社，1992年，第61页。

炉长的三级“跳”

特级教师魏书生有一个关于“炉长”三级跳的故事，可以看到一个学生被人重视之后，产生的有趣现象。

班上有一个让人头痛的学生，他精力充沛，大错虽然不犯，但小错不断。学习不知上进，好像什么也感动不了他……

今年一入冬，班上照例要选举“炉长”。老师高兴地看到这位同学也参加了竞选，而且光荣地被选中。

“炉长”上任了，与此同时，魏书生老师向全班布置了一篇观察作文，题目就叫“炉长”。

于是奇妙的事情发生了。开始“炉长”自然是每天早来晚走，劈柴、烧火、添煤、清理煤渣，干得非常认真。这时他只是想，既然大家信任我，就应该把任务完成好。但是过了些日子，他越来越感到，大家为了写作文，天天都在观察他，自己成了全班注意的中心，一种强烈的进取心便油然而生。他决心使自己的“炉长”形象更加光辉，于是工作干得更出色了。勤看火，紧添煤，使得教室总是暖烘烘的。不过，其他方面仍没有多大的变化，这就是“炉长”的第一跳。

老师要求这篇作文是三个月才交，时间一长，“炉长”的心理又发生了重要的变化。他想，大家天天观察我、关注我，但“炉长”的光辉不能只是表现在管理炉火上吧，在其他方面也应该像个样子。于是自觉地注意了上课的纪律。这就是“炉长”的第二跳。

这个现象立刻就被同学们发现了，大家都以一种欣喜的心情看着他。在大家热切的目光的鼓励下，“炉长”决心开始第三跳。不只纪律好，还要把学习真正地搞上去。这一跳，对于他当然是比较难，但是，几十双关注的眼睛在鼓舞着他，再加上遵守纪律后，老师的讲课，自己也听进去了，慢慢地他的学习成绩果然有了提高。

三个月过去了，一篇篇文笔生动、内容充实的作文《炉长》交了上去，而被关注、被观察和被描写的“炉长”本人，也通过这“三级跳”变了样。[①]

“炉长”的三级跳，是三次唤醒，每一次唤醒，都增添了新的自我要求，是在螺旋式上升。

2. 打破心理定势

心理定势是指一个人先前存在的心理状态、习惯或态度在新情况下仍然“走老路”。这样做，虽然有时候能加强感知和提高问题解决的质量和速度，但有时候又可能抑制或破坏心理活动的质量。

消极的心理定势对孩子的影响非常大。如果一个孩子自己已经默认了“我是笨孩子”，这时候他就会一直按照“笨孩子”的标准去为人行事。

如果孩子整个的精神世界都是在被压抑着，这时候的唤醒，就必须先有一个精神的解放——打破心理定势，再往后，才能有具体的潜能唤醒。

例如，在一次一年级招生过程中，我们设计了一个面试题目——“你爱不爱提出问题？请你现在就提出一个最想问的问题”。招生过程中有一个孩子一直默不作声，后来他小声嘟囔着：“爸爸说，小孩子不能随便提问题……”

针对这个情况，我们就需要先帮助他摆脱掉不让提问题的“紧箍咒”，打破心理定势，然后才可能有下一步——再诱导他，把长久压抑在心头的问题统统提出来。

唤醒的方法也应该是不拘一格。例如苏霍姆林斯基写过这样一个例子：“……科里亚便给鸟送起饲料来了。当时他还没有怜悯生物的情感。他只是由于小朋友的赞扬（“咱们的科里亚真行，知道该给鸟喂什么东西。”）而感到高兴而

---

① 冉乃彦，丁榕：《对新世纪家长的建议》，中国环境科学出版社，2001年，第204~205页。

已。不过，即使良好的情感始于虚荣心也无妨。先让好行为形成习惯，过后它就会唤醒心灵。”[1]苏老的教育思想充满了辩证法——唤醒心灵，有各种途径，即使开始是虚荣心，也可以走向良好的感情。这里关键是相信儿童，相信他们的潜能，相信他们能够变化。

3. 放大优点

孩子的潜能，如果是处在长期被忽视的情况下，他们自己看不到潜能，更不会以此自豪。这时候，就需要家长不仅是发现孩子的优点，而且要刻意地放大他的优点，振聋发聩，以引起孩子自己的重视。

画在地砖上的兔子

小时候，我十分爱好画画，经常在院子里的地砖上画来画去，但总觉得和哥哥相比，自己画得很不好。有一天，母亲发现我画的一只跳跃的兔子比较传神，就主动地把家里人和邻居都请出来观看，大家都连连称赞。这件事对我震动很大，从此，我不但喜欢画画，而且有了自信。后来，我在师大附中初中一年级时，曾经代表全国少年儿童美术爱好者拜见过齐白石大师。虽然我后来没有从事美术工作，不过，母亲对我这个潜能的发现和激发对我一生的影响仍然很大，我的内心感到“我能行”。现在除了为自己的文章画插图外，用一种审美的角度看问题，常常使我的认识能够向深度、广度延伸。

一只兔子，即使画得有点传神，也没有什么了不起，但是母亲主动地把家里人和邻居都请出来观看，就起了一个放大优点的作用，这对于一个很不自信的孩子，起到了唤醒作用。

---

① 苏霍姆林斯基：《育人三部曲》，人民教育出版社，1998年，第60页。

有的家长建立了孩子的“优点记录表”，也属于放大优点的做法。因为孩子的优点有时候只是偶尔出现，但是如果写进“优点记录表”，就得到了强化，强化之后，孩子就会有意识地持续发扬这个优点。

放大优点还需要注意要从多种尺度进行。有些优秀教师有一个重要的理念：“多一个舞台，多一把尺子，就会多一批优秀孩子。”如果总是从学习成绩去认识孩子，一些学习成绩不突出的孩子，他的体育能力、表演能力等等就无从发现，更谈不到放大了。

对于后进生来说，放大优点，最好在大庭广众的场合，让他在大家面前“露脸”。因为后进生往往是被人看不起的，只有在强力冲击之后，大多数人改变了固定看法，后进生才有翻身的外部条件。

（三）鼓励——当加油站

“多年的经验证明，教师的话会在幼儿、少年和男女青年身上激发起人的感情，使他们都能深深感受到，自己身边的人也都有他们自己的喜怒哀乐、情趣爱好以及各种需求。”[①]中国古语“良言一句三冬暖，恶语伤人六月寒”，也强调了语言对人的重要影响。

1.“哪壶开了提哪壶”

孩子的发展，尤其是在起步的时候，往往是困难重重，这时候最需要成人的鼓励。而令人遗憾的是，很多成人在这个时候往往十分吝啬鼓励，他们或者以自己主观的标准衡量孩子，或者以十全十美的标准要求孩子，哪壶不开提哪壶，结果是越看越生气，越说越有气，把孩子可贵的进步萌芽一下子打了回去。而相反的做法——“哪壶开了提哪壶”，往往效果比较好。例如：

---

① 苏霍姆林斯基：《育人三部曲》，人民教育出版社，1998年，第351页。

这个“千”字写得真好!

有一位教书法的小学教师在指导学生写字的过程中采取的是“哪壶开了提哪壶”的方法，使得学生写字的积极性越来越高。比如，有一位能力比较差的学生，写了“一日千里”四个字，其中三个字，实在不像样子：有的歪七扭八，有的墨迹都洇出一大块，只有“千”字，写得还算是端正。这时候，老师立刻兴奋地对他说：这个“千”字写得真好！赶紧拿来向全班展示。

2. 同伴鼓励

哈佛大学有一个重要的教育理念：“一半的教育来自你的同学。”爱因斯坦有一句名言：“世间最美好的东西，莫过于有几个头脑和心地都很正直的严正的朋友。”这些都说明，人的成长过程中，同伴的作用十分重要。在一个一年级小同学的日记里，就写出了同伴之间建立友谊的初步感受。

我的腿

今天一早我起床后，我的腿就开始痛。然后姥姥就带我去医院，医院不治这病，我就瘸着腿去上学。

中午老师就让朱京旗帮我打饭，放学了老师又让贾贵彬扶我下楼。我很感谢老师和同学。我一定向同学们学习，团结友爱，互相帮助。

（一年级一班王聿虓写的日记，大多数话是用拼音写的）

优秀的教师和家长应该重视孩子同伴之间发挥的鼓励作用，尤其是孩子到了少年期，他们对同龄人的信任有时候甚于成年人。

3. 激将法

激将法是用刺激性的话或反话鼓动人去做某一事情的一种手段。

激将法的特点是：利用别人的自尊心和逆反心理积极的一面，以“刺激”的方式激起不服输情绪，将其潜能发挥出来，从而得到不同寻常的说服效果。

激将法在使用时要看清楚对象、环境及条件，不能滥用。同时，运用时要掌握分寸，不能过急，也不能过缓。过急，欲速则不达；过缓，对方无动于衷，无法激起对方的自尊心，也就达不到目的。

有的优秀教师很善于运用激将法。例如，有的优秀学生考试成绩是80多分，这在全班也是属于不错的成绩。这时候，老师却故意对他说：“想不到，你怎么考了个这样的差成绩?!”这时，优秀学生不但不会生气，反而会被激起更高的斗志，因为他知道老师对他有更高的期望。而对于后进生，恰当的激将法也会产生不错的效果，不过实施时应该更加谨慎。

“校长爬向学校”

报纸报道，美国有一所学校，许多学生不爱学习。校长苦苦思索，想出一条激将法的妙计：校长对全校同学说：“到了期末，如果全校同学消灭了不及格，我就在那天从家里爬到学校上班。我绝对信守诺言！”于是，全校沸腾起来，尤其是那些淘气包，个个成了义务宣传员，鼓动大家一定要实现“全校同学消灭不及格”，好让校长爬向学校。

奇迹出现了！那些淘气包为了那个不够高尚的目标，不仅督促别人，自己竟然“改邪归正”，勤奋读书了。这样到期末，这个不起眼的学校居然成了“消灭不及格”的明星学校。

校长兑现诺言的那一天，几乎成了全校，甚至全市的节日。校长毫不迟疑地开始从家门口爬向学校。让人感动的是全校学生在路两旁发疯似的为校长欢呼、呐喊，没有一点嘲笑、取乐的成分，有的还在校长身旁“陪爬”。他们完全是在为校长“英雄式”的行为喝彩！当校长爬到学校的时候，学生争先恐后地去和校长拥抱、亲吻。

通过校长激将法，学生们最后产生的情感其实是复杂的。既有对校长的守信、大度的敬佩，也有对自己创造学习奇迹的自豪；既有对校长高超教育艺术的赞赏，也有自身体验到克服困难、取得成功的幸福心情。

我相信，全校师生一辈子都不会忘记这一事件，因为他们亲历了全校师生日日夜夜齐心合力的过程，而我们则会深刻体会到什么是“激将法”——一种特殊的“鼓励艺术”。

（四）反馈——当镜子

在孩子的成长过程中，不论做得对与不对，成人都应该在适当时候给予反馈。所谓适当时候，是指根据孩子不同性质的行为，在不同的时候给予反馈。比如，孩子开始做家务活，向他讲了要领之后，就需要他在做当中自己去体验，不需要家长寸步不离地去反馈；而对于幼儿，有些危险性的行为，如触摸电器开关，家长则需要马上厉声制止。

有些孩子的行为，则需要认真鉴别之后才能给予反馈。这是因为，在当今社会越来越强调个性，越来越重视培养孩子自主性的时候，更需要引起大家重视的是，不能认为孩子的需要自然而然都是正确的，所有的潜能都是有价值的。人类的遗传基因实际上存在着动物性和人性两方面，也就是既有向善的可能，又有向恶的可能。成人的任务就是帮助孩子鉴别、区分出善与恶，好与坏。

反馈这件事做起来并不容易，因为孩子的需要，有时候好与坏是混在一起的，有时候表面看是坏的需要，但是里面又隐藏着好的需要。

例如，不少少年期孩子开始偷偷学抽烟，一个主要的心理需求是以为这样比较“有派头”，比较像成人了。抽烟肯定是错误的，把“会抽烟”当做成熟的标志也非常可笑。但是，少年渴望成熟，羡慕成人，这不能认为是坏的、不正当的需要。成人的任务是发现隐藏在后面的正确需要，指导他怎样才能真正成熟起来。

1. 谈心、对话

王娜家长在《我要天天上幼儿园！》[①]中，生动地记述了在孩子入园的初期，家长如何通过谈心、对话，在各个环节上巧妙地进行反馈，引导孩子进行自我教育。

三岁之前，孩子天天在家里，想吃就吃，想玩就玩，想睡就睡，无忧无虑，逍遥自在。在我看来，这样的生活有点“浑浑噩噩”。三岁一个月时，儿子进入了幼儿园，开始了集体生活和学习生活，也体验到了生活的酸甜苦辣。

上学第一天，小家伙很兴奋，背着新书包，高高兴兴地和我上学去，一路上很是自豪和骄傲，说：“我长大了，我上学了。”

第二天依然如此。

第三天，不愿意了，说：“我上过学了，怎么还去啊？”

我说：“你长大了，要天天去幼儿园，就像妈妈天天上班一样。”

他有点生气，想哭：“可是那里没有妈妈，我想妈妈。”

我说：“妈妈把你送进去，妈妈就一直在大门口等你，下午保安把门一打开，妈妈就冲进去接你。”

“那你是天天在门口等我吗？”

“是啊。”

“可是昨天老师带我们出来玩，门开着，没有你。”

我无语了，对他说：“反正每个小孩子三岁都要去上幼儿园的。”

“可是幼儿园的老师不让我说话，吃饭不让说话，洗手不让说话，玩玩

① 李雁宁等：《爱孩子没那么简单》，华东师范大学出版社，2013年，第128页。

具不让说话，排队不让说话……”

看出儿子的痛苦了，处处受管束，我理解他内心的痛苦。

我说：“老师是对的，如果每个小朋友都说话，那就好吵啊，每个人都不喜欢吵闹的环境。妈妈上课也不许哥哥姐姐说话的，妈妈会跟那些大哥哥大姐姐说：‘别说话，要听老师讲，要遵守纪律。’你的老师也是这么说的，对吗?”

儿子笑了，说：“是的”。

我告诉他：“幼儿园有很多小朋友一起玩，有很多玩具，还有大滑梯，还有老师教你们唱歌、画画、跳舞，还带你们吃饭，老师多好啊，你慢慢发现吧，老师们是很喜欢你的。”

最后儿子还是乖乖上学了。

过了两天，儿子又不去了，说老师不好，批评小朋友了。

我说：“那个小朋友是不是做错事了？做错事了老师就会批评他的。你要当个好孩子哦，别让老师生气，老师要给你们上课，照顾你们吃饭，老师多辛苦啊。”

儿子理解了，说：“我是好孩子，老师不批评我。”

第二天，儿子对我说：“妈妈，我觉得老师也挺好的。”

我问他哪里好啊？他说：“我把汤弄到衣服上了，老师帮我换衣服。”

我说：“是吗？老师对你真好!”

很欣慰儿子对老师有了好感。晚上睡觉时，儿子不肯脱掉老师给他换的衣服。

我们躺在床上，我问他：“老师喜欢你吗?”

“喜欢。”他说得很甜蜜。

“那你在幼儿园有好朋友了吗?”

“有!”

“你知道他叫什么名字吗?”

他想了想，笑了：“我不知道。”

“明天你把好朋友的名字记住，回家告诉妈妈好吗?”

“好!”

就这样，每天放学的路上和睡觉前，都是我们谈心的时间。他会主动告诉我关于幼儿园里的一切，吃了什么好吃的，发生了什么好玩的事，哪个小朋友和他说话了，还热心地当小老师，教我幼儿园里学到的舞蹈，也会说出幼儿园里遇到的小麻烦，我会告诉他怎么处理。用了两周的时间，孩子就适应了幼儿园生活，回家说起幼儿园就喋喋不休，有时兴奋得睡不着，躺在床上小声嘀咕：“一二三四、二二三四、三二三四……”

一天在上幼儿园的路上，他大声告诉我：“妈妈，我要天天上幼儿园!”

家长王娜细心观察孩子入园后的各种反应，不断激发孩子内在的积极性。从开始的“我长大了，我上学了”到“我是好孩子，老师不批评我”，再到孩子“妈妈，我觉得老师也挺好的”，最后，孩子大声说：“妈妈，我要天天上幼儿园!”整个过程，家长充满了机智。她善于通过谈心、对话的方法，对孩子的自我教育能力的培养起到反馈、鼓励、加油的作用。

2. 打分、过程性评语、叙述性评语

打分是教师影响学生的一个重要评价手段，其实，家长也经常采用类似打分的做法。打分很有学问。关键是如何让孩子发现自己的潜力，越来越有自信，而不是相反。能否把握好评分，苏霍姆林斯基强调关键是“首先得热爱孩子”。

苏霍姆林斯基说：“……评分，这是最锋利的一种工具，使用这种工具要求有高度的技巧和修养。要取得使用这一工具的权利，首先得热爱孩子。”①

“我只在孩子脑力劳动取得良好成绩的情况下打分。如果学生还没有取得他在

---

① 苏霍姆林斯基：《育人三部曲》，人民教育出版社，1998年，第178页。

脑力劳动过程中力求达到的成绩，我就什么分都不给他打。他应当专心致志地想一想，把自己的作业重新做一遍。……我让孩子把同一作业做上几遍，使他以亲身的体验深信，他可以做得比一开始的时候好得多。这有着很大的教育意义：学生好似发现了自己的创造力；他看到自己的进步感到高兴，就努力做得比这更好。”[①]

孩子的各种需要都应该从积极的角度进行评价。即使孩子提出的是正确的需要，也并不等于孩子已经十分理解，成人积极的评价能够使孩子们提高认识，坚定信心；有些需要只是当前不合时宜，长远看是正确的，例如所谓早恋问题，成人就应该肯定孩子纯洁的感情、美好的心态，同时明确指出，它出现的时候是不恰当的；当然还有些需要完全是错误的（例如拿家里的钱去大吃大喝），对此，也要积极引导他勇敢抛弃错误，继续向前。

对孩子的评价，应该随时在发展过程中进行，而不应该“算总账”；评语应该是具体、生动和具有引导性的，简单、笼统的“好”“不好”，对于不成熟的孩子来说，如坠云雾，起不到实际的引导作用。

3. 好朋友评议、环境影响

苏霍姆林斯基说：“只有当儿童集体能在精神上提高每个人，使每个人都确立自尊感并能自重的时候，它才能成为一种教育力量。”[②]

自我教育意识和能力的发展，绝不是个人孤立地奋斗，而是在集体之中的互动。“一个人的发展取决于和他直接或间接进行交往的其他一切人的发展。”[③]

“在一个好的集体中，集体的活动总是受到高尚的、道德的、社会的目标的鼓舞，在这样的集体中，人就像照镜子一样地看到自己，觉察到自己的优点和缺点。一个人没有在集体中受到高尚的劳动的鼓舞，他就不可能坚定地形成要做得更好、

① 苏霍姆林斯基：《育人三部曲》，人民教育出版社，1998年，第176页。

② 苏霍姆林斯基：《育人三部曲》，人民教育出版社，1998年，第99页。

③ 马克思，恩格斯：《马克思恩格斯全集》，第3卷，人民出版社，2008年，第515页。

要自我完善的愿望。”①

家长应该关注孩子的朋友圈，了解他们之间是怎么评价的，采取的是什么评价标准，这些对孩子的成长关系重大。当然，如果发现问题，也是要耐心引导，因为他们也是发展中的未成熟的小团体。

（五）引导——当灯塔

所谓尊重孩子，并不是让孩子任意自由发展，而是在尊重孩子的合理需要、尊重孩子成长的客观规律的基础上，成人要积极地加以引导。这种引导，既反映了家庭的责任，也反映了社会的愿望。引导可以分为一般的途径、方法、内容的引导，以及比较深刻、复杂的价值引导。

苏霍姆林斯基指出：“教育少年的真正艺术就在于给少年提供一种机会，让他自己去思考：怎样进行自我教育，怎样变得更好，怎样在克服困难和感受胜利喜悦的过程中进行自我奋斗。”②

1. 设置条件，提供机会

——培养孩子自我教育能力需要的十个策略

一、给孩子一个空间，让他自己往前走；

二、给孩子一个时间，让他自己去安排；

三、给孩子一个条件，让他自己去体验；

四、给孩子一个问题，让他自己找答案；

五、给孩子一个困难，让他自己去解决；

六、给孩子一个机遇，让他自己去抓住；

七、给孩子一个交往，让他自己学合作；

八、给孩子一个对手，让他自己去竞争；

① 苏霍姆林斯基：《育人三部曲》，人民教育出版社，1998年，第526页。

② 苏霍姆林斯基：《育人三部曲》，人民教育出版社，1998年，第36页。

九、给孩子一个权利，让他自己去选择；

十、给孩子一个题目，让他自己去创造。

上面这十个策略都是为了培养孩子自我教育能力，家长在设置条件、提供机会方面所使用的方法。在本章第四节将有详细的专题论述。

2. 当参谋、提出建议

所谓引导，并不是首先由成人主观地提出孩子应该如何如何，孩子被动地去做。而是采取下面的两种方法结合，一是鼓励孩子自己提出行动方案，由成人加以指导；另一个是由成人提出若干适合这个年龄孩子行动的各种参考方案，由孩子自己选择。

例如，暑假到了，怎样定计划呢？最不好的办法，就是由家长主观定一个家长自己很满意的计划，强迫孩子去执行。这样不仅孩子永远学不会自我教育，而且心情郁闷，生活毫无乐趣。如果鼓励孩子自己定计划，家长在孩子的计划基础上提出建设性的补充（例如孩子想读三本好书，家长就推荐十本供他挑选），孩子就不但越来越善于安排自己的生活，而且觉得自己是主人，积极性、主动性会越来越高。

有时候，还要针对孩子发展过程中出现的具体问题进行引导。例如，“勇敢无畏者”小队的建立，就是苏老一次成功的引导。

孩子进入少年期，他们常常想通过冒险来显示自己的勇敢，往往做一些毫无价值的从高处往下跳或者跳入水中的所谓勇敢行为。苏老分析道：“孩子精力的蓬勃发展，要求的不是一般的积极活动。孩子们总想在危险面前证明自己的无畏。对大胆行动的渴望，说明做出英勇的行为的理想正在敲击我的学生的生活之门。应当把孩子们的精力引向正确轨道。”[①]于是苏老在对少年心理的了解基础上，积极引导，组织了“勇敢无畏者”小队，他们通过为集体做好事，培养了重

① 苏霍姆林斯基：《育人三部曲》，人民教育出版社，1998年，第301页。

要的精神和意志品质。

对于困难学生，更需要针对他们的实际情况提出恰当的建议。例如，苏霍姆林斯基就建议他们写童话，以此激发他们的思维。虽然有的孩子甚至要经过半年、一年时间的引导才能自己写出童话。但苏霍姆林斯基认为“如果我使得一个在思维发展上遇到较大困难的孩子想出一个童话故事来，并在想象中把周围的几件事物联系起来，那我就能满怀信心地说，这个孩子已学会了思索……”①

3. 价值观引导

在所有引导中，最核心的是价值引导。所谓价值引导就是引导孩子逐渐自己悟出要做的事情的意义是什么，最终是帮助孩子悟出人生的意义是什么，悟出一个人怎样获得真正的幸福生活。家长要像灯塔一样，一直照亮孩子的人生道路。

这种价值引导并不是空洞的说教，而是通过实践，通过在日常生活中结合具体事件，采取对话、谈心，自然而然进行的。

抗震救灾中，既涌现出谭千秋这样的舍己救人的英雄老师，也出现了范美忠这样的自己先跑，缺乏道德感、责任感的人。怎样看范美忠的行为？一时间，在网上、报刊上争论得沸沸扬扬。这时，家长可以适当引导孩子也来积极思考这个问题，评论各种不同的见解，鼓励提出自己的疑问。家长和孩子共同探讨，不要把自己的看法强加于人。即使孩子有的看法不够正确，也不必着急，引导孩子继续思考。价值观的建立，对于每个人，毕竟都是一生要做的事情。

通过劳动进行价值观引导是一个重要的方面。苏霍姆林斯基指出：“自然界（学校实验原地、温室、畜牧场）中的劳动，是一个人的自我表现的重要源泉，没有它也就谈不上什么世界观的培养。这首先是思想上的和社会生活中的自我表现，一个人是在为其他人的劳动中认识自己的创造力量的。”②

① 苏霍姆林斯基：《育人三部曲》，人民教育出版社，1998年，第192页。

② 苏霍姆林斯基：《育人三部曲》，人民教育出版社，1998年，第438页。

引导孩子通过“做好事”去建立正确的价值观是一个好方法。苏霍姆林斯基说：“我力图使我所有的学生做好事（帮助同学或其他人）是出自内心的需要，并因此而感到极大的满足。教人做好事，就要这样去做，这想必是道德教育最困难的问题之一。那么，在实践中该怎么办呢？看来，最主要的是要发展孩子的内在力量，人有了这种力量，就不会不去做好事，也就是说，最主要的是要教孩子同情别人。”①

---

① 苏霍姆林斯基：《育人三部曲》，人民教育出版社，1998年，第254页。

三、“吹火星的启示”

——激发孩子自我教育的艺术与误区

唯一办事聪明的是裁缝。他每次总要把我的尺寸重新量一番，而其他的人，老抱着旧尺码不放。

——萧伯纳

灰烬中的小火星很容易熄灭，但是我们的祖先就发明了把火星吹燃，继而变成熊熊大火的方法。孩子自我教育的萌芽和小火星一样，十分宝贵，但又十分脆弱，教育者就应该学会这种激发孩子自我教育的艺术，同时避免走入误区。

（一）激发孩子自我教育的艺术

一些人习惯于家长式的教育，从思维方式到行为特点，往往是居高临下，自以为是，这种态度不可能产生教育艺术。因此我们要强调，把尊重孩子、相信孩子作为前提来探索激发孩子自我教育的艺术。

1. 带有战略性质的“激发”

现在开展自我教育，令人担忧的现象是，许多学校和家庭往往停留在一些具体的方法上。这一方面是因为，过去误把自我教育仅仅当做德育的方法，但更重要的原因是教育者缺乏战略性质的思考。

所谓战略性质的思考，就是要从长远去考虑，从全局去考虑，而不为表面现象迷惑，不被具体的得失引诱。两点之间最短的是直线，但是军事指挥员往往是通过迂回包抄去达到目的。英国军事理论家哈利就指出：“在战略上，那漫长的迂回的道路常常是达到目的的最短的途径。”为了跳得更远，往往需要先退回一步。这些都带有战略性质的思考。比如，有的家长为了孩子考个好分数，就软硬兼施，让孩子完成大量作业。结果造成孩子厌学，缺乏发自内心的学习积极性。捡了芝麻，却丢了西瓜。有些家长千方百计让孩子提前上一年级，以为占了个大便宜，其实也是缺乏战略思考。

在小学一年级，我们常常会发现，一些简单的问题足龄入学的孩子很快都懂了，而那些提前入学的孩子却怎么也弄不懂；左右转的问题，足龄入学的孩子很快都会了，而那些提前入学的孩子却往往稀里糊涂。其实，不是他的智力有问题，更不是他们不努力，只是由于年龄小，思维发展还没到火候，一开始就变成了“差生”，真是很冤枉。

因此，许多小学和幼儿园有经验的老师一致主张：不到年龄的孩子，宁可晚上，也不提前上，不然，孩子要吃很大亏，受很大罪。

在家庭中的战略性质的激发，一是表现在时间上，要考虑孩子的一生，即从长远角度考虑的一种“放长线，钓大鱼”的“激发”。着重启发孩子思考：做一个什么样的人，一辈子怎样有意义地度过，而不要终日盯着一个分数，一个自己的面子。二是表现在广度上，要考虑教育的各种因素。“在教育中，没有孤立的对人起作用的因素。”家庭要善于从环境上培植自我教育的肥沃土壤，有计划地设置有利条件。这些才是最基本的教育艺术。

2. 关注个性的“激发”

世界上没有完全相同的事物，更没有完全一样的孩子。每一个孩子都是独特的自我。因此，教育工作只有落实到每一个具体的个人，针对他的个性的教育才能产生实效。

在我们的社会里，个性的充分发展是个人幸福的基础。

（1）**关注现实的、具体的孩子**。

关注孩子的个性，千万不能用一些理论和分类方法来套用到活生生的孩子身上。教育工作者脑子里如果没有现实的、具体的孩子，只有理论上抽象的少年儿童，他的教育必然是空洞和无力的，甚至会出现失误。尤其是自我教育，它是涉及个人领域展开的教育过程，更是需要关注孩子的个性。苏霍姆林斯基就曾经指出："自我教育是一个具有深刻的个人特点的过程，是个人精神生活的一个方面，当一个人感觉到高尚的道德关系对自己的影响，在精神上做出努力去求得进步，这时才可能进行自我教育。"①

（2）**寻找适合孩子个性发展的教育方法**。

教育者要认真寻找适合孩子个性发展的教育方法。要想做到这一点，首先需要相信孩子，从思想深处确信：尽管每个孩子的智能结构不一样，但每一个孩子都有自己的长处和短处，我们的任务就是寻找到适合他的取长补短的方法。

（3）**个性中有共性，特殊性中有普遍性**。

独特性可以给孩子带来自豪和自尊——也就是自我肯定和价值追求，千万不要用"统一法则"把它扼杀了。例如"儿童的创作——这是他们精神生活中十分独特的一个范畴，是鲜明揭示每个孩子个人独特性的一种自我表现和自我肯定。这种独特性不可能用大家都必须遵循的某种统一法则去概括。"②但是，在关注个性的时候，还需要避免把个性与共性对立起来，走向另一个极端。

早在一个多世纪前，德国哲学家黑格尔就批评两种对教育的片面的理解：一是把教育看成是"某种外在的东西和腐蚀性的东西"，认为教育是对人的自然质朴本性腐蚀的观点；二是把教育看成是达到个人需要及其满足的目的手段的观点。

---

① 苏霍姆林斯基：《育人三部曲》，人民教育出版社，1998年，第526页。

② 苏霍姆林斯基：《育人三部曲》，人民教育出版社，1998年，第56页。

他提出一个深刻但却未引起足够关注的见解："教育的绝对规定就是解放以及达到更高解放的工作。"教育的使命是将人从两种状态下"解放"出来：一是从自然质朴性中解放出来，那就不是简单地回归本性，而是要升华、创造，在新时代的新条件中发挥积极作用；二是从个人的主观性与特殊性中解放出来，使主观想法符合客观实际，符合社会发展的需要。因此，教育的根本任务，不能简单地理解为培养个性，而是使人的主观性获得普遍的性质，在特殊中体现普遍。也就是让孩子的特点尽可能发挥出来，成为社会需要、符合客观规律、推动事物发展的积极力量；而不是追求表面的与众不同，违反客观规律，反而成为一种束缚自己和他人的消极力量。

将教育的本性理解为"解放"——对人和人的本性的解放，无论如何，要比将教育理解为"人的自然本性实现"的观点要深刻得多。教育的目的绝不只是提供生活的技能，更不只是实现人的主观欲望，而是将人从自然生物性和个别性中"解放"出来的神圣事业。这点，在当前家庭教育中也应该引起重视。

3."堡垒最容易从内部最薄弱的地方攻破"

俗话说："堡垒最容易从内部攻破"，而且是最容易从"内部最薄弱"的地方攻破，那就是人们常说的"软肋"或者是"内心最柔软的地方"。

（1）触动孩子的内心世界。

自我教育必须深入到孩子们的内心世界，触动他们最为敏感的地方才能产生实效。而现在妨碍我们这样做的最大敌人是形式主义。苏霍姆林斯基指出："形式主义对教育工作带来的危害是极大的：儿童和少年所做的许多事情并未触及他们的心灵，而只是在他们的意识的表层一掠而过。"[①]

许多学校采取了"激发"学生写日记、自传的方法，引起了学生思想深处的变化，真是"小小日记本，人生大文章"[②]。通过实践发现写日记有三个好处：

---

① 苏霍姆林斯基：《育人三部曲》，人民教育出版社，1998年，第584页。

② 孟立香：《小小日记本，人生大文章》，载贺乐凡主编《自我教育方法》（教育前沿），第69页。

一是给予自我思考的空间；二是能够与相关人交换、传递信息；三是起到自我疏导、宣泄的作用，它应该是自我教育的重要措施之一。

（2）**不同年龄有不同的敏感处。**

苏霍姆林斯基说："一个少年，只有当他学会了不仅仔细地研究周围世界，而且仔细地研究自己本身的时候；只有当他不仅努力认识周围的事物和现象，而且努力认识自己内心世界的时候；只有当他的精神力量用来使自己变得更好、更完善的时候，他才能成为一个真正的人。这里说的就是学生在精神生活的一切领域里的自我教育。"①

"……教育工作中的最细微的，也是最困难的问题之一，我认为就是培养学生在情感上对他人的思想和感情非常敏感并富有同情心。眼睛是思想和情感的镜子。不管我们观看什么样的绘画作品，我总是让少年注意艺术家在自己的作品中所表现的这个人物形象的眼睛。"②

（3）**推荐震动心灵的一个方法——"美丽角"。**

在这里，我极力推荐苏霍姆林斯基的"美丽角"。"春天，在第一学年结束之前，我们开始建设'美丽角'。对此孩子们已盼望很久了。它在我们的想象中应该是一个幽静的所在，是在大自然的自然美上又补充了人类双手创造的人工美的地方……""每个班都开始建设自己的'美丽角'，力求建得与众不同。1955年秋季，学校集体开始创建全校性的'美丽角'。在学校大楼旁边，我们开辟了一个玫瑰园，种上了几十株野蔷薇的枝苗，嫁接上品种不同的玫瑰。一年年过去，花园变得愈来愈美丽。春夏两季，这儿是花的海洋。大家都到这儿欣赏大自然和劳动——来创造美。"

"美丽角"是一个创举，它把自我教育、道德教育、美育和创造性劳动融为一

---

① 苏霍姆林斯基：《给教师的建议》，教育科学出版社，1984年，第347页。

② 苏霍姆林斯基：《育人三部曲》，人民教育出版社，1998年，第628页。

体。它是一种以小见大，又符合青少年儿童心理需要的活动。“美能够自然而然地影响心灵，而且不需要任何解说。”为创造美而进行劳动，能使年幼的心灵高尚起来，能预防冷漠情绪。孩子们在创造大地上的美的过程中，自己也就变得更美好、更纯洁和更可爱。[①]

建立“美丽角”，需要重视两个条件：

一是务必让孩子亲自动手，为“美丽角”的建立、发展、美化付出自己的劳动。建立“美丽角”，如果没有孩子自己的付出，就不会产生感情，更不会在劳动中发现自己。因此，成人尤其要注意的是，不要以表面的美观甚至投资的多少来评价孩子的“美丽角”。而是要发现和鼓励孩子在“美丽角”当中的创造性、情感投入、劳动付出。

二是还需要让孩子单独与它相处。孩子是不同的，“美丽角”也应该有自己的个性。孩子经过自己的思考，选择和建立了自己喜欢的“美丽角”，一定有他自己的理由，家长应该关心、理解，也可以提出建议。但是不要把成人的审美感强加给孩子。

孩子需要与“美丽角”有单独相处的时间，因为除了照顾它、欣赏它，必然还有说悄悄话，甚至遐想的需求。而这时，正是孩子独立思考、自我教育的开始。

4.“吹火星的启示”

过去，要把灶膛的灰烬吹燃，或者把香头的火星吹着，需要一定的技巧，那就是吹出的气既不能大，又不能小，而且必须是一团短而有劲的气。吹出的气如果过大，会把小小的火星吹灭；而太小，又不能给小火星送去足够的氧气，也不能达到燃起来的目的。

我们面对的学生，尤其是后进生，他们进步的愿望，进步的动力在萌芽状态时，往往像一个小火星，极其宝贵，但又十分脆弱。要想把这个心灵的“小火

---

① 苏霍姆林斯基：《育人三部曲》，人民教育出版社，1998年，第239页。

星”吹燃成为大火，教师和家长的“激励”需要极其小心，并且充满智慧。

首先需要研究孩子。“每个孩子都是一本值得好好研读的书”，世界上没有完全相同的孩子。“尽可能深入地了解每个孩子的精神世界，是教师和校长的首条金科玉律。”[①]

其次要有针对性地采取措施。“只是这每一本书的开启方式不同，但开启每一本书都有一个核心的思想，那就是让孩子感受到成功。”[②]这是最高超的教育艺术。

“一个……充满怨恨的孩子来到我校五年级，他事事都跟教师作对。我便建议教师：必须找到跟孩子共同的兴趣。”后来苏氏花了很长时间，终于找到了——和孩子关注同一棵嫁接的树。两个人不约而同地起了个大早，发现嫁接的杏树上钻出了嫩芽。两个人情不自禁地拥抱起来……两人成了好朋友。

第三，耐心。有位老师精辟地指出“冲动无教育”[③]。的确如此，冲动的时候，教育者自己肯定不冷静，“以其昏昏，使其昭昭”是不可能的；冲动的时候，对被教育者的压力更大，一个战战兢兢的孩子，能够听进多少“苦口良药”真是很难说。况且，聪明的孩子往往对冲动的教育者有一套防范的方法。他们会察言观色，如果发现家长或者老师脸色不对，就会互相转告“今天要小心点……”可想而知，这时候的教育能够有什么质量。

关于应该耐心的道理几乎人人知道，关键是到时候能不能做到。这时候就是责任心，甚至是境界在起作用。为了孩子的成长，为了那珍贵的心灵“小火星”不至熄灭，教育者要牢牢记住“冲动无教育”的忠告。

---

① 苏霍姆林斯基：《育人三部曲》，人民教育出版社，1998年，第10页。

② 刘蓉：《你希望学生变成什么样，你就怎么说》，载贺乐凡主编《自我教育方法》（教育前沿），第33页。

③ 黄英：《冲动无教育》，载贺乐凡主编《自我教育方法》（教育前沿），第398页。

（二）“激发”的误区

在自我教育活动蓬勃发展的过程中，人们的思想得到解放，发明了新方法，开创了新局面。在心“火热”的时候，头脑需要“冷静”。在这前进的道路上，尽管动机是好的，也难免出现偏差和错误，我们需要随时发现和纠正出现的错误，尽可能减少不必要的损失。

1. 忽视“目的”的激发

激发的目的是使学生进行自我教育，但有的教育者在没有真正理解自我教育本质的时候，他的所谓“激发”，只是让学生在教育者设定的框框内盲目、被动地执行指令，“老师挖坑，让学生跳”就是最形象的描述。表面上看，好像学生也可以发挥自己的主动性，积极地跳来跳去，但是只能是往老师挖的“坑”里跳，这里并没有真正激发出学生的自我认识、自我要求、自我践行和自我评价，偏离了自我教育的根本目的。

自我教育的“目的”还有一个方向性问题。并不是所有的自我教育都是必然走向正确的方向。希特勒应该说是一个自我教育能力很强的人，但他的错误方向只能给人类带来灾难；白公馆、渣滓洞里的特务也是大量地采用“自治”“自动”“自省”等自我教育的方法，企图诱导革命志士背叛信仰。

因此，如果把自我教育仅仅看做一种方法，忽视了自我教育的目的、方向，很容易出现大的问题。比如在家庭教育中，一些家长用光宗耀祖、出人头地作为方向培养孩子，虽然也可以使用自我教育的方法，激发孩子的积极性，但是最终培养出来的将会是目光短浅的人。

2. 忽视“原则”的激发

自我教育虽然是重要的理念，也是有效的方法，但是它是为贯彻教育方针服务的，因此，它不能脱离基本的教育原则。

我根据多年的课题研究实践，总结出自我教育的原则有：

（1）他我教育与自我教育并存，逐渐走向自我教育为主

（2）在互动中走向独立——通过带、扶、放、创

（3）在实践活动中进行

（4）不同年龄用不同方法

（5）个体与群体的自我教育结合

（6）与原有工作结合，与校、班特色结合

（7）建设学校文化生态

自我教育是在素质教育大背景下进行的，当学生的积极性调动起来之后，对他们的积极性要进行分析、引导。如有的学生提出“十分钟休息也要复习功课”的计划，为了提高学习成绩，连必要的休息都舍去，这很明显违背了素质教育的总原则，教师不能一概支持，而是应该在保护学生积极性的前提下，引导他重新提出有利于自己全面、健康发展的具体计划。

3. 忽视“实践”的激发

如果“激发”的结果只是局限和停留在“口头、笔头”的自我教育，从长远看这不可能是真正的自我教育。正像苏霍姆林斯基说的：“一个少年热衷于劳动，深入到劳动中去，在劳动中克服困难、掌握知识、锻炼意志，这时他才开始进行自我教育。这是对少年的教育和少年的自我教育的重要原则。”[①]

另外，所谓“实践”，不能只是以后才能面对的事情，只是社会上的大事情，而是要有身边发生的、日常生活中经常遇到的事情。比如，不能仅仅是提出一个“面对有人落水，你怎么办？”的情境（这种事情并不是每个孩子经常能够遇到的），让学生讨论、写感想、表决心，而应该不离开学生面临的现实问题，例如“激发”学生用行动去面对“同学呕吐了，你怎么办？”“同学有学习上的困难向你求助，你怎么办？”“同学对你不礼貌了，你怎么办？”这样一些真实的、

① 苏霍姆林斯基：《育人三部曲》，人民教育出版社，1998年，第497页。

身边的、不可回避的问题，而且讨论之后必须去实践。

（三）给孩子自由=放任自流？

家长如何激发孩子进行自我教育，在现实生活中，关于“自由度”的掌握是一个比较普遍的问题。下面以答记者问的形式说明我的看法。

问：现在有不少教育专家提出，应该尊重孩子的天性，让其自然发展，甚至冰心都说过要让孩子“像野花一样生长”，但也有很多的家长感到，现在的孩子好像越来越任性，似乎自由过分了……

答：很巧的是，我近期也是越发感到这个问题的重要。暑假我在一位朋友家住了三天，发现年轻的家长很重视家庭教育，但是由于没有经验，盲目地相信了“民主、宽松”的理念，给了这个孩子过多的“自由”，结果孩子表现得自我中心、我行我素，不理睬家长的劝告、管理。只要他不高兴，可以一天到晚躺在沙发上看电视……

自由不是放纵？

问：难道不应该在家庭中提倡“民主、宽松、自由”吗？

答：当然，“民主、宽松、自由”是个好东西，但是，我们不能忘掉一个基本事实——孩子是尚未成熟的主体，而掌握好“民主、宽松、自由”是需要主体比较成熟，也就是在认识上和能力上达到一定水平。

作为人类，从诞生到最终成为一个成熟的主体，需要一个相当漫长、曲折、复杂的成长过程。一个尚未成熟为主体的人，他还不能完全享受“民主、宽松”。

有人说得好：“所谓自由必须在成熟的基础上，在孩子已经养成良好的习惯、具备正确的操守、能够明辨是非的基础上，那时候的自由才有可能是真正的能够让孩子受益终生的自由，否则，‘自由’就有可能是放纵，是任性，是霸道，是教育的失败。”

和动物相比，人类的成长期特别长，这是因为，动物一辈子只需要有寻找食物、躲避危险和繁殖后代的能力，就可以生存、发展，而这个能力，往往很快就能掌握。例如，小羊生下来，几个小时就可以吃东西、跟着母羊奔跑；人却不可以，“人天生是个早产儿”，人生下来不但不能自由行动，而且大脑也没有成熟，尚待继续发展，需要在漫长的实践中学会人类的语言、文化和社会规则。更重要的是，“世界不会满足人，人决心以自己的行动来改变世界”（列宁）。每一代人，总是想超越上一代，所以创造精神是人类最本质的特点。其实，自由最根本的是指创造精神。

问：许多家长并不是这样理解“自由”的，好像“自由”就是尽量少管孩子，让孩子自由自在。对一个孩子来说，自由也许应该是在不伤害他自己和他人的前提下能自己做主，去做他想做的，并能做到他想做到的？

答：不少家长，甚至有的学者，在自由的问题上，有几个误区。

第一个误区：把孩子的自由和人类的自由割裂开来，看不到对待孩子的自由度和培养他们形成优秀品质之间的关系。有些家长可能以为“不伤害他自己和他人的前提下能自己做主，去做他想做的”并没有什么问题，可他们忽略了，要做到“不伤害他自己和他人”并不容易，它需要理智与责任感。更重要的是，自由的价值在于敢于冲破不合理的限制，敢于创造，敢于改变世界，敢于超越，这才是一生需要的“自由”。家庭教育不能忽略这个目标而降低标准。

第二个误区：把孩子的任性当做自由，把对孩子的放任当做尊重。其实，任性恰恰是不自由。一个为所欲为的孩子，实际上是被自己的欲望控制着。自由的本意是摆脱一切感性欲望的控制，用理智来主宰自己。而一个家长，如果不断地满足孩子的任性要求，就会使孩子慢慢变成自己欲望的奴隶，最终成为毫不自由的人。

孩子合理的自由和任性的区别在于，任性是只满足自己的欲望，不考虑这个要求是否合理、要实现是否具备了客观条件；合理的自由则是，提出的要求是正当、合理的，实现起来也有现实的条件。比如，孩子要求玩网络游戏，这是合理的。但是，如果孩子要玩涉及过分暴力、黄色的游戏，或者时间过长，甚至不完成作业，整天沉溺网络游戏，明知不对还坚持，这就是任性了。

第三个误区：把自由当做孤立的，和他人、社会无关的东西。其实，真正的自由，不仅是我自由，也是你自由，他自由，所有人都是自由人，自由才能够实现。现在有的家长，好东西自己可以不吃不喝，全“孝敬”孩子自由享用；孩子可以蛮不讲理，家长只有忍气吞声；孩子可以无法无天、闯祸犯错，家长去赔礼道歉、承担后果……孩子拥有一切“自由”，而家长丧失一切“自由”。

更严重的后果是，不成熟的孩子是需要家长培养、教育的，而一个不自由的家长怎么能够培养出一个真正拥有自由的人呢？一个不尊重别人、奴役家长的孩子，到头来只能使自己成为奴隶。看看那些没有独立生存意识和能力的“啃老族”，不就是那些走入误区的家长培养出来的吗？

“蛋壳理论”的启示

问：看来，自由精神并不是采取放任态度能够培养出来的。那么，到底怎样培养孩子？给孩子什么样的自由？多大的自由才对呢？

答：是的，我们不能够简单地理解，给了孩子自由，就能够培养孩子的自由精神；给孩子的自由度越高，“开放”得越彻底，孩子的自由精神发展得就越好。或者把“开放”和“封闭”绝对地对立起来，好像“开放”就是绝对好，“封闭”就是绝对坏。

东南大学的樊浩教授在《现代教育的文化矛盾》中提到：“一个简单的事实是：新的生命总是在封闭而不是开放的条件下孕生的。鸡蛋只有在蛋壳内才能生出小鸡，婴儿只有十月怀胎才能一朝分娩，如果过早地开放，不是扼杀小生命，就是生出怪胎。封闭是开放的前提，没有封闭，也就无所谓开放。封闭与开放的关系是：当不开放就难以使生命成长和成熟时，就必须适时开放。文化生命同样遵循这个原理。文化生命的培育，文化个体与文化特色的创造，在初始阶段只能在封闭的条件下才能完成，过度开放培养的不是世界公民，而只是文化上的漫游者，这种人没有文化故乡，没有民族认同感，更没有民族意识。在国家意识形态存在和“文明冲突”的背景下，这种教育对一个民族来说，无疑是悲剧性的。”

这篇文章可以给我们带来不少启示：一是培养孩子，开始也需要有一个封闭的环境，过早的开放，过度的开放，对孩子的成长并不好；二是培养孩子，也需要适时开放，不适时开放，也会影响孩子的健康成长和成熟。

从他律走向自律，在互动中走向独立

问：这个“蛋壳理论”很有启发性，但关键还是“适时开放”怎样掌握？

答：是的，这个问题应该是问，在什么年龄和情况下，要给孩子多大的自由度？因为，究竟给孩子多大的自由度，至少要考虑四方面条件：第一是年龄，年龄愈大，给的自由度越高；第二是个体特点，同样年龄个体成熟程度并不一样，越懂事，自我约束越高的，给的自由度越高；第三是家长能力；第四是生活地区的状况。但总的趋势，肯定应该是逐步提高孩子的自由度，因为创造精神、自由精神的基础是人格独立。如果孩子从小不能够逐步自主、自立、自律，创造精神就无法产生。

首先，家长要根据从他律走向自律的规律，逐步扩大孩子的自由度。孩子是随着年龄的增长，从他律走向自律的。人类的成长期很长，有一个很长的社会化过程。在这个过程中，由于未成熟的孩子是处在对成人的依附下，这就决定了他要按成人的价值标准行事，用“重要他人”的价值观规范自己，表现为他律下的依从性道德。不过他们只是在表面上以成人的价值标准来评价自己，实际上仍有一个不断发展的、潜在的、支配自己的价值标准，即满足自己需要的标准在起作用，这里又有自律的萌芽。所以孩子的特点是他律与自律不同比例并存，逐渐从他律走向自律。

在这个漫长的转化过程中，一方面孩子自身的智力、自我意识和能力逐步发展，成为自律的基础；另一方面，孩子会不断地发现大人的观点和客观现实发生矛盾，从而动摇了他律的基础。这大致有以下几个方面：

1. 通过实践进一步提高了自己的认识水平——为自律打好基础。比如，孩子通过若干尝试，有成功，有失败，最终学会了炒菜、洗衣服，感到“我能行”。

2. 发现事实与自己主观认识的矛盾——为自律做好准备。比如，有的小孩子怕鱼被水淹死，就把鱼从鱼缸中捞出来；有的孩子以为交警是管交通的，武警就应该是管跳舞的。然而事实终究会让孩子发现自己的主观认识是错误的，于是变得愿意通过学习，提高自身认识水平，提出“我要学”。

3. 发现成人的认识与事实之间的矛盾——动摇了他律的基础。孩子慢慢长大，总会发现自己崇拜的家长也有出错的时候，例如，妈妈记错了时间，爸爸算错了题。

4. 发现成人之间（如教师和家长）认识上的矛盾，引起对他律权威性的怀疑——进一步动摇了他律的基础。例如，有的家长告诉孩子“别人打你，你就打他，如果你不打他，回家我就打你，我不培养窝囊废”，而老师告诉学生“要向解放军学习：骂不还口，打不还手。如果你能够做到，老师就特别喜欢你”。两个完全相反的看法，都是出自权威人士之口，孩子必须自己判断、选择，这就促使他逐渐走向自律。

其次，在互动中走向独立。有些家长以为，要想培养孩子的独立自主能力，只需要给他一个宽松的环境，孩子就自然而然发展了独立自主能力。其实这种看法是错误的，孩子的独立是在与家长的互动中培养出来的。例如，在一个和谐的家庭中，孩子和父母的关系是友好、诚实和信任的，孩子内心有很强的安全感，他也就养成了与人为善的交往态度，这样，他的独立性就比较强，在处理外界事物时比较大胆，他相信家长能够理解和支持他。所以说，“和谐家庭”的孩子更加独立、勇敢。

孩子从共生、互动走向独立，大致有四个阶段：

出壳阶段：这时候孩子像是刚刚从蛋壳孵化出来，他一方面认真探索外界，观察母亲，试探着拉拉母亲的头发，揪揪母亲的耳朵，看看有什么反应；另一方面，又表现为认生，死黏着家长不放。这时候父母应该对孩子的探索给予鼓励，对他的胆怯给予理解。

练习阶段：孩子的能力提高了，开始自主操作，进一步脱离母亲。孩子一会儿勇敢走出去“招猫逗狗”，一会儿遇到麻烦，又回到母亲身边寻求支持和安慰，进行“充电”。这个阶段家长对孩子除了鼓励之外，还需要对孩子的言行给予恰当的反馈，对了就赞扬，错了要反对，同时引导他寻找正确的方法。

矛盾阶段：这个阶段是父母最困难的阶段。对孩子来说是既想依赖又想独立的矛盾时期。孩子常常设法引起父母对自己的注意，但是当父母对他们亲近，或者给予帮助的时候，孩子又会说“不”来表示自己的独立性。这个阶段在少年期达到高峰。作为父母，这个时候对孩子既要鼓励他的独立，又不能忽略对他们遇到的实际困难提供援助。

稳定阶段：这个阶段甚至会在人的一生中延续。也就是说，家长的形象和家长对孩子的影响会稳定地长期留存在孩子的心中。孩子相信家长不管在不在自己身边，一旦需要，家长就会出现，给予支持。只要相信家长的支持永远存在，孩子就能够独立起来。许多伟大的人物，例如爱因斯坦、爱迪生，当他们在成长阶段遇到挫折时，正是母亲的这种稳定形象发挥了极其重要的作用。

根据心理学家的研究，孩子的2岁、5岁和10岁，大致是行为比较平稳的阶段；而4岁、8岁、14岁则是行为不稳定的极端扩展期，有时表现得会太过分。但是家长应该理解，孩子出现的这种心理混乱，往往是独立化过程中的正常现象，是孩子进一步发展的前奏。孩子这时正在内心与父母、各种人际关系进行整合，当他们度过波动不安阶段，后来会更稳定、更成熟。

所以，家长如果想培养孩子的独立，务必要通过互动。给孩子的自由度，应该是根据互动的不同阶段的需要来确定。

至于著名的文学家冰心说，“要让孩子像野花一样生长”，我想这是一种文学语言，尤其是面对旧社会那种压抑一切独立思考的时代，确实是需要加以强调的。而且，即使当代，中国传统教育中成人对孩子满足过多、照顾过多、包办过多、禁止过多，这正是亲子互动中应该反对的。我们需要在这个意义上理解冰心的观点。

“要给孩子多大自由度”的具体建议

问：您能不能对“要给孩子多大自由度”这个问题提出具体建议？父母“管多少”的度应该怎么把握？

答：要想提出一个“绝对标准”，直接告诉家长在不同年龄、不同情况下“给孩子多大自由度”是不可能的，尤其是我们当前处在社会、教育都不成熟的条件下。但根据以上“从他律走向自律，在互动中走向独立”的原则，吸取成功的家庭教育经验，我以为，给孩子的自由度，大致可以这样掌握。

时间上可以分为三大阶段：

6岁之前是他律阶段：这个阶段的特点是“带”。这个“带”是指家长的引领，主要由家长确定方向，确定范围。然而在这个范围内，还要发挥孩子的自主性。比如家长和孩子去买玩具，不要由孩子随便选择，也不要家长具体地确定选择。而是在家长确定在适合孩子年龄使用的、又是家庭经济条件允许的若干玩具的范围内，由孩子自己选择。这个“带”要体现“家长的负责与孩子的选择相结合”。

6岁到14岁是从他律过渡到自律阶段（小学一、二年级是他律为主、自律为辅阶段；三、四年级是他律为主开始转入自律为主阶段；五年级到初中二年级为自律为主、他律为辅阶段）：这个阶段的特点是“扶”。“扶”的程度要根据过渡时表现的具体情况而定。一般是，孩子会做的，家长不再做，孩子进一步，家长退一步。

15岁以上进入自律阶段：这个阶段的特点是“放”。18岁之前，孩子还不是法律上“完全刑事责任能力人”，因此，有一些重要的行为需要管理（如出远门，夜不归宿）。

这是一位家长的经验，我认为很好。

幼儿、儿童时代——“抓小不抓大”（抓基本的行为习惯，不要抓空洞、抽象的理想、信念），在基本行为习惯中为将来的理想、信念做准备。

少年时代——“大小一起抓”（巩固良好的行为习惯，开始理想、信念教育）。

青年时代——“抓大不抓小”（抓紧人生理想、世界观的教育，生活习惯由孩子自己去安排）。

当然，这只能是“要给孩子多大自由度”的一个基本原则，具体到每家、每个孩子，如前所述，还要综合考虑孩子个人特点、家长能力和生活地区的状况。

怎样检验给予孩子的“自由度”是否合理、恰当？

问：最后想问一下：怎么知道孩子是管得太严还是太松了？

答：如何评价家庭给予孩子自由度是否恰当、合理，这也需要更多实践的证实，我提出一个参考标准，希望广大家长在家庭教育中进行检验、修正。

一、观察孩子的情绪背景是否愉快、向上。

孩子总的心境应该是愉快、向上，这不包括偶尔的失败、受到批评时的不高兴，因为它很快就过去，不是整体性、根本性的。如果孩子整体性地不能愉快、向上，整天紧张、麻木，甚至惊恐、痛苦，则应该考虑是否给予的自由度过小了。

有人认为良好的心态还应该包括："对世间万物的好奇心和爱心；遇到问题、困难、挫折时的积极的心态；分析问题、解决问题的灵活性。"

二、孩子是否尊重别人。一般来说，不懂得尊重别人（包括不尊重、孝顺长辈），只关心自己的利益，不懂得和别人分享的孩子，可能是给予的自由度太大了。（如果内心尊重别人，只是缺少礼仪规范的教育，家长要及时补上）。

三、孩子是否有自尊。孩子缺乏自尊，所谓的"厚脸皮""二皮脸"，表面上什么都不在乎，其实心里很痛苦；或者是相反，非常自卑，什么事情都没有主见，重要原因之一，往往是给予的自由度太小。

四、“给孩子一个空间，让他自己往前走”

——培养孩子自我教育能力的十个策略

一个坏老师奉送真理，一个好老师则教人发现真理。

——第斯多惠

“培养孩子自我教育能力的十个策略”是我们科研课题获奖的成果，最早发表在1996年的《少年儿童研究》，后来有许多网站、报刊转载。我出版的专著中有五本收进了这部分内容。教育部出版的《素质教育观念学习提要》一书收进了七条策略。在北京的一些学校（如光明小学、灯市口小学）还把这十个策略写在墙上。

21世纪是一个发展迅速的时代，是一个人才辈出的时代，在这重要的历史阶段，如果能把自己的孩子培养成为社会需要的栋梁，也是对人类发展做出了重要的贡献。但是，现在不少的家长付出的努力，往往和效果不成正比。常听到不少人说：现在的事真怪了！为了孩子的成长，老师急病了，家长急疯了，唯独孩子自己反而不着急。究竟是什么原因呢？

原因可能很多，但其中一个重要的原因就是许多家长对未来社会的需要不了解，不善于抓住培养孩子的关键内容，尤其是培养的方法不恰当。后来，我们注意到，也有的孩子虽然年龄不大，但是比较自觉。早上，自己按时起床、洗漱的同时，捎带手还能把全家的早点热了；放学回家，自己抓紧时间完成作业……于是，我们经常注意向这些家长请教，时间长了，发现这些家长共同的优点都是在孩子很小的时候就注意培养他们的心理品质，特别是自主意识和能力。现在，结合着自己的教育理论学习，将他们的宝贵经验做一些分析提高，初步概括为培养孩子优良的心理品质，特别是培养自我教育能力的10个策略，供更多的教师、家长在教育孩子时参考。

（一）给孩子一个空间，让他自己往前走

首先要给予空间。婴儿最初都是喜欢生活在母亲的怀抱里，但是他不能永远这样生活。随着孩子慢慢长大，家长应该理智地逐渐扩大孩子的活动空间，让他走出屋外，奔跑在田间，才能有利于他的健康成长。可是，在现实生活里，真正做到这一点，也不那么容易。

有一位模范家长带着自己的孩子去逛公园，到了该回家的时候了，家长没想到，这个四岁的孩子竟然提出要自己骑着小三轮车沿着人行便道回家。看着孩子热切的目光，家长犹豫了，孩子这么小，路又那么远，万一累坏了这棵独苗苗……但是又一想，自己可以走在孩子身边，安全没有问题；为了培养孩子，应该给他一个空间，让他自己闯一闯吧！在家长的支持下，这个四岁的孩子用了45分钟，骑了7公里的路程，完成了自己的“小长征”。我十分佩服孩子的顽强精神，但我更佩服这位家长的魄力，他为了培养适应21世纪的人才，敢于支持孩子合理的愿望，并协助他取得成功。

其次要扩大空间。还有两位家长，为了给孩子提供一个有特殊教育意义的空间，想出了一个叫做“小留学”的好主意。这个办法，既简单，又有效，孩子也非常欢迎。

所谓“小留学”，就是两家的孩子都到对方的家中去住一两周，上学仍在原来的学校。别看这么一个空间的变化，对孩子的教育效果十分明显。现在回忆起来，至少有这样四个方面的好处：

一是孩子得到了实际锻炼。孩子初次离家，虽然不是一个人生活，但毕竟周围都是外人，环境不熟悉，习惯不一样，面临很多新的问题。总之，也算是开始了独立生活的锻炼。

二是培养了自理能力。初到别人的家，孩子一般会比较重视对自我教育能力的培养。他们能自觉地比以前更严格地要求自己，家务活抢着干，生活作息时间也安排得很紧凑，不会的事情努力学着做，事事不落后。这一段时间虽然不长，但进步得非常快。

三是提高了人际交往能力。“留学”到一个新的环境，面对着的都是比较陌生的人，这正是提高人际交往能力的好机会。孩子们学习着如何对待家中的长辈，如何对待新的邻居，如何对待来访的客人，在新的家中听到长辈的教导，结合着原有的人际交往经验，会感到对人际关系有了更深的理解。

四是加深了对社会的认识。孩子前后在两个不同的家庭生活，如果能注意观察，进行思考，也算是一种比较研究。两个家庭，有不同的文化背景，不同的生活方式，每个成员有不同的性格、观点、习惯。常说“家庭是社会的细胞”，分析这两个家庭的种种不同，可以起到通过一个小窗口加深对社会认识的作用。

其实，扩大孩子的活动空间，有各式各样的方法，有些非常简单，关键是家长想没想到。比如家中有四面墙，能不能给孩子一面，由他自己使用。他愿意展示他的作品，或者是悬挂他所崇拜人物的图像，甚至是把墙壁装点得像美丽的夜空，幻想着自己在太空中遨游，都应该表示支持；如果不能给他一个桌子，也应该给他一个抽屉，供给他全权使用。这样他的责任感、独立性，才有条件得到发展。但是，现在并不是所有的家长都能注意扩大孩子的空间，这样放手地去锻炼自己的孩子，有的甚至是沿着相反的方向使劲……

我就亲眼见到过这么一位母亲，她把她的已经上二年级的孩子费力地抱到离学校还有几十米的地方，由于怕老师看见挨批评，才不情愿地放下来，亲了孩子之后，目送着孩子去上学。这位母亲肯定是极其疼爱自己的孩子，但是，我们可能都会清楚地预感到，这种爱的结果将会是多么可怕！这个孩子和前面那个“小长征”的孩子，将来谁会有幸福的一生呢？

（二）给孩子一个时间，让他自己去安排

孩子虽然和每一个人一样，也拥有自己的时间，但是他自己可以安排的时间有多少呢？如果时间的安排完全由成人包办，孩子只是去执行，那么孩子的自主性就永远也培养不出来了。

有一个聪明的家长，他在孩子很小的时候，就每天给孩子一段自己可以支配的时间，只要不出危险，可以自己安排最愿意做的事。孩子有时是去玩，有时是去读自己喜爱的一本书，有时是画画……当然，有时也忙来忙去，什么也没干成，但是孩子逐渐懂得了珍惜时间，学会了安排计划，后来孩子的假期和其他课外时间，多是过得既紧张又愉快。

青年教育改革家魏书生要求学生制订人生的五个计划的方法，也很值得家长借鉴。他要求和帮助学生首先要思考自己一生的理想和打算。思考自己一生的理想和进行安排，对于幼小的孩子来说，虽然肯定存在困难，但是开始思考还是有必要和可能的。

首先，年龄小时，可以先有形象的榜样和美好的愿望，甚至可以有些积极的幻想。虽然孩子的职业理想经常发生变化，但是，只要他在思考人生，就是有益的。随着年龄的增长，知识的丰富，再逐渐地深化。有一个一生的总体的想法，对于统率他的时间安排是非常必要的。

其次要制订十年的规划，十年要比一生好把握。十年要做的事，孩子们容易设想出来，比如十年后要回到母校，将给母校带来什么样的礼物，会激发孩子的动力，是带回工作岗位上的“先进工作者”的称号，还是成为高等院校的高材生，他会暗自下定决心的。但是，孩子们必须清楚地知道，十年的规划必须化为十个一年的努力，规划才能实现。

第三，要有一年的计划。一年更为具体，孩子们的努力程度将决定他们在这一年得到的是成功还是失败，这点他们一般是可以理解的。

第四，要制订一周内要完成的任务和计划。一年是由52个星期组成。一周要做的事情有它的特点。比如，一周要读一本课外书，一周参加一次志愿者的劳动，一周写一篇小文章、制作科技作品……每周有丰富多彩的安排，将使一年的生活过得既有意义，又很愉快。

最后，要学会科学地安排一天的24小时。人的一生，在一定意义上，是由每一小时在做什么决定的。要想把外语真正掌握好，和每天是不是早起半小时读单词的关系密切；每天要多读课外书，又和能不能克制自己少看电视关系密切。

在安排和实行计划的过程中，孩子能发现时间安排本身的计划性问题，也能看到自己实际行动的毅力问题，然后采取必要的调整措施。这种方法能引导孩子不断地思考自己，规划自己，要求自己，从而发展了他的自主性。

（三）给孩子一个条件，让他自己去体验

培养孩子，用拔苗助长这种违反客观规律的做法，肯定是要失败的，但是认为“树大自然直”，消极地完全采取“顺其自然”的态度，也不利于孩子的成长。遵照客观规律，积极创造条件，让孩子去锻炼、去体验，这才是我们应该采取的正确做法。

一年级的小学生要不要帮助家长去打水，许多家长是拿不定主意的，万一把胳膊抻了，再把桶摔了！还是长大些再锻炼也不晚，况且水桶也是实在太大，就更有不让孩子打水的理由了。但是有一位家长却是相反，为了让孩子从小锻炼劳动本领，他还为孩子特意买了一个小水桶，让他去获得多种体验——大人在前面提着大水桶走，孩子得意地在后面提着小水桶跟，孩子和大人都很自豪。

锻炼有多种形式，有的是体力锻炼，有的是脑力锻炼，有的则是综合的锻炼。要达到锻炼和体验的目的，一般不能完全靠现成的条件，需要自己去创

造。在日常生活中，只要动动脑筋，就可以很容易地创造一些条件，达到锻炼和体验的目的。比如，到公园去玩是孩子最高兴的事情了，可是很少有家长想到，通过逛公园，可以创造一些条件，让孩子高高兴兴地得到一次锻炼。

有一位家长，在带孩子去动物园之前，都要对孩子公布一个计划。当孩子年龄小的时候，家长的计划是要求孩子看地图旅行。孩子买来一张动物园的地图，开始学习看地图，家长提出去爬虫馆，孩子就试着按地图的标记，选择最近的旅行路线，带领全家前进。孩子长大一些，家长又提出：这次去动物园要来一个长征，一是所有的地方都要走到，不能怕累；二是要边走边观察，回家后要求孩子画一幅视察动物园的路线图。孩子听了后异常兴奋，早早地就把纸、笔、指南针和画夹子准备好。只等一声令下，下决心要出色地完成这个任务。逛动物园那天，孩子可认真了，用指南针对方向，用铅笔绘草图，不时地标上地名。不认得的字和不懂的事情，立即去问家长……真是忙得不亦乐乎。

短短的半天，孩子达到了动脑、动手、动眼、动耳、动腿一次全面的锻炼目的，提高了他的可贵的综合处理事情的能力，而更重要的是，他的心理上得到一次幸福的体验，对自己会更有自信。

有一位到美国探亲的中国学者遇到了这么一件令人深思的事情：

有一天，他正在家中看报，突然，有人敲门，开门一看，原来有两个小女孩，稍大的八九岁，稍小的五六岁。

大孩子非常沉着地对他说："你们家需要保姆吗？我是来求职的。"

学者好奇地问："你会什么呢？年纪这么小……"

大孩子解释说："我已经9岁了。而且我已经有了14个月的工作历史，请看，这是我的工作记录单。我可以照看你的孩子，帮助他完成作业，和他一起游戏……"

大孩子观察到学者没有聘用她的意思，又进一步说："你可以试用我一个月，不收工钱。只需要你在我的工作记录单上签个字。它有助于我将来找工作。"

学者指着那个五六岁的孩子问："她是谁？你工作中还要照顾她吗？"

听到的是更令人惊奇的回答："她是我的妹妹。她也是来找工作的，她可以用小推车推你的孩子去散步，可以陪你的孩子玩，最重要的是她的工作全部是免费的……"

多么可爱的孩子啊！她们的家长也应该说是了不起的，敢于放手让孩子们出来闯天下。

可就总有那么一些家长，不但自己从没想创造条件让孩子去锻炼，反而把学校为学生创设的锻炼条件破坏掉。如有一个学校组织学生去军训，要求学生把自己的行李背到200米外的汽车上，竟有的家长向学校提出"抗议"：把孩子累坏了谁负责？最后，这位家长还是自己气哼哼地把学生的行李背到车上，而他的孩子却心安理得地徒手走在后边；学校要求学生不带零食，家长就背着老师偷偷把香肠、饼干塞给孩子……难道这样的孩子能够有丰富的生活体验？这样的家庭将来能有幸福的未来吗？这位汗流浃背背行李、千方百计躲老师的家长的想法确实失之偏颇！

（四）给孩子一个问题，让他自己找答案

每一个孩子都会无休止地提出一个又一个问题，但是问题的答案让孩子如何去得到呢？经验告诉我们：孩子爱不爱提问题是关系到孩子成材的一个重要因素，而孩子如何去得到答案，则是关系孩子成材的更重要的因素。

让孩子知道 1 + 1 =?，我们通常的做法是告诉他等于 2 。若孩子再问 2 + 2 =?，我们又会告诉他等于 4 。成人这样做，看起来很省事，但这样的孩子长大之后，就不会想问题，在他的心灵深处顽固地认为：一切问题的解决都要靠别人提供的现成答案。这样的人永远不会主动探索真理，他总以为真理是需要由别人告诉他的。值得注意的是，孩子在智力劳动上是否有自主性，目前更为人们所忽视。

重视在智力上培养孩子自主性的教师和家长，他们是这样做的：例如，有位教师就是这样来教 1 + 1 =？的。

教师把学生分成几个小组，有意识地给每个组发的是不同的东西：有的组是一把豆子，有的组是一捆火柴棍，有的组是一堆小石子，有的组是一盒扣子，有的组是一小盘米，有的组是一些玻璃球……

开始上课了，教师要求每组学生用自己手里的东西先算算 1 + 1 =?，这时孩子们忙碌起来，有的摆米粒，有的摆扣子……都是在算一个加一个是多少。后来算 2 + 2 =？也没有大的争论，直到算到 3 + 4 =?，学生才有些争论，有的说等于 6，有的说等于 8。这时教师也不着急，鼓励他们讨论下去，讲出自己的理由去说服别人……最后，终于大家一致同意 3 + 4 = 7。老师赞扬他们，说道："你们真聪明!"

这堂课学生们不仅亲身参加了运算过程，尝到了脑力劳动的快乐，同时真正懂得了 3 + 4 是怎么计算出来的，又从本质上了解了数字是怎么回事，一粒米加一粒米，等于二；一根火柴棍加上一根火柴棍，也是等于二，计算时不在于是什么物品，而是计算他们抽象的量，更重要的是他们体会到智力上如何去自主，自己如何去探索真理。

又例如，过去的小学课本中，在描写蝌蚪变成青蛙的过程时明确地写着，是蝌蚪的尾巴到一定时候自动脱落，然后变成青蛙的。学完了这节课后，许多学生就养起了小蝌蚪，想看看它是怎样成长的，尤其是想看看它的尾巴是怎样脱落的。可是，观察了一天又一天，不见小蝌蚪的尾巴脱落过程，但是，尾巴确实也不见了。学生们把这种情况告诉了老师，老师没有主观地、简单地否定学生的观察，而是要求他们再仔细地观察，做出详细的记录。于是，许多孩子同时进行了观察，结果是他们都没有发现脱落的尾巴，在青蛙的屁股上也没有发现脱落的痕迹。相反，有一些细心的学生发现小蝌蚪的尾巴是慢慢地缩回去的。所有的观察得到了一致结论。他们把这个结果告诉了老师，在老师支持下，他们把这些观察的结果寄给了出版教科书的有关单位，最终，在科学家的参与下，教科书的错误得到了纠正。

在家庭中，家长也创造了一些方法，培养孩子在智力上的自主性。例如，有一位成功的家长的经验是：“孩子问我一个字，虽然我认识，但我不告诉她，而是鼓励她去查字典。以后，再有不认识的字，她也不再问我，而是自己去查字典。”这样，孩子不但很早就掌握了自学的方法，更重要的是，他从小就树立了一种自主的意识，一种顽强钻研的精神。

还有一位家长是这样引导他的上一年级的孩子辨别是非的：他每天带孩子上学挤公共汽车时，每当看到出现一些争论时，他就让孩子注意观察，下车时还要把自己的分析讲给爸爸听，究竟他们是为什么引起的争论？究竟谁对谁不对？应该怎么解决？孩子说完之后，当父亲的再做点辅导。天长日久，这个孩子辨别是非的能力就比别的孩子强，又由于她经常善于给小朋友劝架，就成了大家拥护的小班长了。

一位母亲，含辛茹苦地把孩子培养成为优秀青年，在一次获得奥林匹克竞赛冠军之后，孩子的老师开玩笑地说：“今天你母亲准会给你炒几个好菜……”孩子美滋滋地回到家里，向母亲报了喜，没想到母亲并没有显得特别高兴，孩子以为母亲没听清，又追到厨房反复说。但是母亲最终也没炒什么好菜。吃饭的时候，孩子不解地问：“妈，您听了为什么不高兴？老师还说您准给炒几个好菜呢。”母亲语重心长地说：“我觉得没有必要特别高兴，因为，一、这次比赛很多高手可能没有参加；二、这和诺贝尔奖差远了。”孩子开始沉思，但自己还是没有找到答案。孩子上高二的时候，母亲就带他去参加各大学招生的集会。回来的时候，孩子自言自语地说：“啊呀，北大、清华的录取分这么高，我要盲目自满可就危险了！”孩子通过思考，终于自己找到了答案。母亲听了后，只是淡淡地说了一句：“山外有山，天外有天。”

（五）给孩子一个困难，让他自己去解决

“穷人的孩子早当家”，这句话是有它的道理。生活在经济条件较差的家庭中的孩子，那种恶劣的生存环境自然就为他准备了艰苦锻炼的条件；但是，现在生活水平提高了，难道孩子就只能当“纨绔子弟”？当代，在顺境条件下如何成功地教育孩子，的确是急需探讨的难题。

有经验的家长多是想办法给孩子设置一些困难，而且不只限于生活方面的困难，让孩子去解决，从而培养孩子的能力和优良的品质。

有位家长是这样做的：当孩子想买一个东西，家长有时有意识地往后推一周才满足他的要求，她想这能从小培养孩子克制自己的能力。从上小学开始，就都是孩子自己准备文具。当时，孩子上一年级，铅笔削得像狗啃的似的，母亲看着心里也不是滋味，但是为了孩子的将来，母亲硬着心肠不去替他削……在得知自己的孩子被保送重点中学时，她经过认真地考虑后，认为自己的孩子有考上重点中学的实力，就不应该这样轻松地被“抱”到重点中学去，而应该再一次拼搏。于是她严肃地和孩子谈了一次话，鼓励他用自己的力量再迈上一个台阶，孩子虽然有点担心，但还是在母亲的激励下决心再搏一次，最后以十分优秀的成绩考上了重点中学。而更重要的是在这个克服困难的过程中，他又受到一次战斗的洗礼，精神世界又得到一次升华。

设置困难，最好要有针对性。有的孩子住在高楼大厦里，上下有电梯，出门有汽车，生活中似乎没有什么突出的困难需要他们去解决。针对这种情况，有位家长就想出了个办法，设置了困难，鼓励孩子去解决。他给孩子布置了两个特殊的作业：一个是每天上下楼，不再乘电梯，而是坚持爬上、爬下12层楼；二是每天上学和放学，不再乘汽车，而是坚持徒步走5站路。

（六）给孩子一个机遇，让他自己去抓住

人的一生会遇到不少机遇，虽然“机遇总是偏爱有准备的头脑”，但是如果自己不善于抓住机遇，纵使你满腹经纶，机遇也会和你擦肩而过。

在现在的生活中，如果仔细观察，的确是充满着各种各样的机遇。比如在课堂上善不善于举手争取回答问题，在竞选中善不善于争取到一个既能为大家服务，又能锻炼自己能力的职务，抓住了这些机遇，往往对人的成长起着至关重要的作用。所以有不少家长很重视培养孩子善于抓住机遇的意识和能力。

小力今年成了中学生了，开学第一天放学回家就兴冲冲地大喊：“妈妈，我当上了班长了！”妈妈高兴又略带不安地说：“你成吗？在小学从来没有担任过这么重要的职务呀！”小力说：“怎么不成，这个工作还是我争来的。今天开班会的时候，班主任说：‘在小学担任过班委的同学向前跨一步。’我一想，这一定是选班干部，这个机会我可不能丢掉，可是，我在上小学时才是个小队长……这时我想起在我上四年级时您给我讲的一个故事：过去，有一个司令员检阅新兵时，突然有一个新兵向前跨了一步，大声地问候：‘司令，您好！’结果在这次检阅中，在成千上万的新兵中，司令员只记住了这一个聪明的新兵。想到这里，我立刻向前大跨了一步。在向前跨了一步的三个人中，经过班主任的面试，再加上每人试当一周班长，最终选中了我。”

母亲以前讲的故事，竟然在三年后启发了孩子自己去抓住机遇。生活中常常充满着各种各样的机遇，问题是现在往往总是成人替孩子去抓住，这样孩子就永远学不会走向成功，总是容易以失败者的面貌活着。所以家长的任务应该只是提供或指出各种机遇，启发孩子善于自己去抓住。

现在，许多家庭对孩子“包办过多”，常常是剥夺了孩子自己的选择权利，也影响了他们学会在关键的时候抓住机遇。小时候，穿什么衣服，由家长来选择，长大些报什么兴趣小组，也由家长来决定，毕业了考什么大学，将来从事什么职业，也由家长来“拍板”。在这样的环境中长大的孩子，他不仅是“饭来张口，衣来伸手，危险来了让人抱着走”，更严重的是他即使遇到机遇，也是只能“跟着家长的指挥棒走”。一个人，如果从小形成这种没有任何的主动性、自主性的心态，再好的机遇，也容易从他身边溜走。

（七）给孩子一个交往，让他自己学合作

有的学者说，“21世纪是交往的世纪，如果不善于交往，在21世纪将无法生存”。我认为很有道理，在全球一体化的时代，在信息社会，如果不重视交往、不善于交往，肯定要跟不上时代。

深度交往，尤其是精神层面的交往，应该说是人类的一个重要特点。人类是善于合作的动物，人类没有狮子凶猛，没有大象有力量，但是依靠合作，人类战胜了它们。

孩子和成年人一样，是在交往中学会合作的。孩子在一起也难免有矛盾，但是这个解决矛盾的过程，正是孩子健康成长、走向成熟的过程。家长应该是鼓励孩子去面对这些矛盾，而不是回避它。

如果打架了，由谁来裁决谁对谁不对呢？有一位家长的经验是：一定让孩子自己去评理，成人不要急于表态，要相信他们能逐渐争论清楚。只有在这个评理的过程中，孩子才能真正分辨是非，才能学会解决问题的最佳方法，提高处理问题的能力。如果从小没有学会解决他们之间的矛盾，那么他们就只好一直打下去，直到成年。

在“星星河”的活动中，孩子们在编排板报上，在排练节目上，自然都会有一些争论，对孩子的成长来说，这些在孩子当中的争论不仅不可避免，尤其重要的是，它对于追求真理、明确是非是必不可少的。因为孩子和成人相处时，成人的那种权威地位很难使平等争论的气氛出现，常常是以服从或尊敬的态度来对待需要探讨的问题。而在孩子平等的争论当中，这些弊病不会产生，虽然孩子的争论有时会走一些弯路，但这最后的正确的结论终究是他们自己通过探索得出的，因而是真实的，也就必然十分宝贵。

在我们的一个学校发生了一个“一年级的孩子‘审判’二年级的小哥哥”的故事，这对我们认识应该如何解决孩子之间出现的冲突有极大的说服力。

在开学不久，就在老师中流传着这样一个有趣的故事：开学了，天真活泼的一年级新生由于刚来到新学校，他们看到什么都是新鲜的，于是东走走，西看看。有一个孩子走到了二年级同学教室附近，这时遇到一个二年级的小哥哥。遗憾的是，这个小哥哥不是友好地对待这个小弟弟，而是看到一个比自己小的同学来了，就想显示一下自己的威风，先是讥笑，后是讽刺，小同学不服，据理力争，小哥哥就动起手来，想用武力将弱小者压倒……受了欺负的一年级小同学，满脸泪水，哭着回到自己的教室，同学们都围拢过来，关切地询问。当同学们弄清楚事情的来龙去脉之后，一个个义愤填膺，这时一个同学突然说："我去把他找来。"他就带着受欺负的同学匆匆地跑上楼去，在二年级教室里找到了这个欺负人的小哥哥，并把他请到了一年级教室里。

于是，一场不寻常的对话开始了：

小弟弟们问："刚才，是不是你把我们这个同学打了？"

小哥哥胆怯地环顾四周，答："……是我。"

小弟弟们问："你为什么打他？"

小哥哥答："……"

小弟弟们问："你打他对不对？"

小哥哥答："……不对。"

小弟弟们问："那以后你还欺负不欺负小同学了？"

小哥哥答："以后再也不欺负了。"

小弟弟们说："你知道自己错了，又愿意改正，我们还是好朋友。"

这件事情发生以后，过了几天，老师是在无意中才从家长那里知道的。孩子们只是回家后在闲谈时顺便告诉家长的，因为在他们看来，这件事情就是应该由他们自己这样解决。不是什么了不起的事。

可是，我们成人都是这样看吗？出现了这种事情，我们会让孩子们自己去解决吗？会相信他们能解决好吗？如果不是，孩子们不会处理问题的原因不就找到了吗？

（八）给孩子一个对手，让他自己去竞争

我们的时代，机遇与挑战并存。生活中充满了竞争，为了让孩子提高适应社会的能力，使孩子从小既要学会合作，又要学会竞争，应该让孩子不但经常参与一些合作，还要敢于接触一些竞争。但是怎样让孩子学会竞争和合作呢？有效的办法就是经常在他的身边树立一个友好的竞争对手。

有一个学生学习比较差，有一个阶段在班上竟成了倒数第一名。但是他的家长悄悄地告诉他，要把失败作为成功之母，要敢于和别人竞争，首先是和比自己多2分的那个倒数第二名的同学比赛。孩子想了想，觉得自己只要努力，赶上他没问题，于是暗暗开始了一场较量。由于他自觉努力，当然是首战告捷。在孩子取胜之后，家长再启发他寻找新的竞争对手，开始新的一轮竞争。

在班集体里，有时大家也要竞选班干部，家长这时就应该鼓励孩子去参与竞争，帮助他准备竞选演说，和他交谈、讨论，如果竞选成功了，或者失败了，自己究竟怎么办？从小就学习这一类竞争的观念和本领。

有一个四中的学生对我说，他竞争了十九次才当上历史课代表，但是他觉得非常有收获。一是十九次竞选，看到别人的竞选演说、“施政纲领”比自己的高明多了；二是学生时代有一个课代表职务，能够锻炼自己为同学服务的工作能力，对今后工作非常有好处……

还有位家长，在孩子的学生时代就支持她去一些大公司应聘，这样做的目的并不是真正要去工作（即使录取了，由于还要在大学完成学业，也无法报到），而是为了及早进行一次具有竞争性的实战演习。有一次，她在应聘时，居然也被选中了。这时她只好硬着头皮去见招聘单位的总经理，在她向总经理说明真实情况之后，表示自己还要上学，无法工作。开始总经理非常生气，但是最后还是觉得人才难得，表示希望她能克服困难来工作。耐不住总经理的热情邀请，她只好边学习，边工作了一段时间……由于她在学生时代就多次进行了应聘的演习，所以在她刚刚毕业之后，就在激烈的应聘竞争中充分发挥了自己的潜力，取得了占绝对优势的胜利。

但是我们在中小学生中，更多的是要教育他们友好地竞争，要学会合作，学好本领，准备将来在世界环境中去和各国竞争。

现在，在学生中，有的人对社会主义的竞争的理解不正确，例如，有的学生在考试前夕，把别人的复习笔记、教科书偷了出来；有的同学故意把别人的考试卷子的分数改了，以达到满足自己虚荣心的目的。再例如，有一个重点中学，学生中有的就不能正确对待友好的竞争，所以他们之间平时互相制造假象，以达到迷惑对方的目的，使别人放松努力，成绩下降，使自己的考试成绩能相对地站到前列。比如，他们在学校时，故意让别人看到自己一天到晚总是玩，学习一点也不努力。可是回家以后，一个个都是“玩命地学”。但是他们又怕别人识破，就故意在第二天到学校之后，大谈昨日的电视节目，说明回到家里自己也是不断看电视，大玩特玩。可是他们又没看电视，怎么谈呢？为了谈得和真的看过一样，就偷偷地把电视报仔细翻阅。……而这一切挖空心思的努力，都是为了在竞争中打击别人，抬高自己，这当然不是我们应该提倡的友好竞赛。

毕竟，我们生活在社会主义初级阶段，各式各样的思想都在影响孩子，真是不能“掉以轻心”啊！

（九）给孩子一个权利，让他自己去选择

孩子的自主性往往表现在他的选择上，但家长由于怕孩子自己选择错了，总是不敢真正把选择的权利交给孩子，而如果从来不给他选择的权利，他也就永远学不会选择，就永远没有自主性。比如，在睡觉前，往往有孩子磨着家长要吃糖，这时候有的家长就简单地拒绝，孩子再磨，家长就是一巴掌，“睡觉去！”，孩子含着眼泪去睡觉了。这样做的结果，好像问题解决了，其实，什么也没有解决，尤其是孩子的自主选择全被打没了。

有的家长做得就比较好。他们先是解释睡觉前为什么不应该吃糖的道理，然后就故作神秘地说：“我有一个提议：睡觉前是由妈妈讲一个故事，还是妈妈唱一首歌？由你选择！”孩子有了权利，就非常神气地宣布：“我决定，妈妈唱一首歌。”这样不但解决了吃糖的问题，还培养了孩子的选择能力。

有的家长做得更好，不但能够把有些选择的权利交给孩子，还在事前为他提供有关情况，帮他分析各种可能，并且要教育他自己选择了，自己就要负责任。他们认为在这种情况下，即使选择错了，也是一次学习，是很值得的。如有一次家长带女儿去少年宫报名，就先让她看看各种小组活动，本来家长的意愿是让孩子学钢琴，可是发现孩子在舞蹈组门口看得出了神，再也不走了。于是，家长尊重孩子的选择，但要求她对自己的选择要负责，一定要坚持一个阶段，把舞蹈学好。

有的家长在孩子的零花钱上给予孩子一定的选择权。随着孩子年龄的增长和能力的提高，设定出一个合理的零花钱的数量，把支配权交给孩子，并且节余归己。这样做，不但能发展孩子的自主性，而且能使他的经济意识和理财能力得到提高。

培养孩子的选择意识和能力还要和家长对孩子的负责结合起来。有一位家长带着四岁的孩子去买玩具，开始是让孩子随便挑，以为这样能够培养孩子的自主性。可是孩子挑了一个适合大孩子玩的复杂玩具，明显不合适，家长又改为家长自己替孩子选择，我告诉他这样也不对，因为这样无法锻炼孩子的自主选择能力。家长感到左右为难。我建议家长，先请售货员提供适合四岁孩子的玩具（这体现了家长的负责），可能拿出十件。这时候再请孩子自己选择，并听听他选择的理由（家长千万不要包办代替，没有原则问题就要尊重孩子的选择，这样才能够培养孩子的选择能力）。

孩子的选择和他的责任心总是联系在一起的，如果孩子的事情件件都让家长去做主，决定之后，孩子不会想到自己对这个决定有责任，因为不是自己选择的嘛。

如果把权利交给了孩子，他的选择反而会比较慎重，因为他知道，一旦选择了，就要由自己负责，是好是坏，后果都要自己承担。

（十）给孩子一个题目，让他自己去创造

创造是自主性的最高层次的表现。孩子的创造性也不会自然而然产生的，同样需要成人的积极引导和巧妙激发。而缺少引导的地方，孩子的创造性有时反而会变成一种破坏性。

在一次家庭教育研究会上，有位家长伤心地提出他的孩子有一个大缺点，请大家帮助解决：这个孩子非常喜欢偷偷拆东西，拆坏了计算器，拆坏了电动玩具，又拆坏了收音机，现在除了电视机，几乎都拆了……

专家们经过分析，初步认为这个现象说明：在孩子的身上，这也许不是一个大缺点，相反可能是一个大优点呢。

于是，大家把孩子请来，亲自询问，想弄出个究竟。

大家问："孩子，你是不是拆开过好几个玩具、计算器、收音机……"

孩子不好意思地回答："是……拆坏了。"

大家问："你为什么要拆呢？"

孩子眼里仿佛放射着光芒，兴奋地说："我想看看那个收音机里面的小人，它怎么唱得那么好？计算器里的小人为什么那么聪明？"

大家又问："为什么要偷偷地拆呢？"

孩子看了看父亲，低声说："爸爸不让我打开看，说是让他看见我打开，就要打我。"

有人笑着问："你拆坏了，就不怕挨打？"

孩子也笑了："拆的时候，我想一会儿准能装上……可是，后来怎么也装不上了。"

通过一问一答，情况清楚了，专家和家长得出了一致结论：因为这个孩子有强烈的好奇心，又有乐于动手和敢于动手的优点，但是由于能力限制，所以有的拆了之后再也装不上了。又由于家长对这种优点不理解，常常制止，孩子只好把他的"科学研究"转入"地下"了。

于是，针对这个孩子的情况，专家们建议，家长今后要多给孩子出些题目，让他去创造，帮助他成功，即使有的地方失败了，也要鼓励他成功的地方，帮助他分析失败的原因。

有一位家长就是这样做的，他的孩子特别爱玩泥，开始家长觉得孩子没出息，只要发现他在玩泥就严厉制止，可后来发现孩子偷偷玩泥，主要是捏泥人，而且捏得活灵活现……于是家长就干脆亲自推了两车黄泥，堆在门口，对孩子说："你要想捏就好好捏，这叫泥塑，好好练，要动动脑筋，出点自己的新点子……"孩子在家长的鼓励下，充分发挥了自己的才智，泥人是越捏越好，在初中毕业时，捏出了各有特色的《水浒传》中的108将，一个个栩栩如生，并因此被工艺美术学校录取。

有的题目并不是事先想好的，而是在事情的进程中及时发现的，把它提交给孩子，让他们去发挥自己的创造力。如有一位家长，在暑假里和孩子订计划要制作一个玩具电影机，虽说是玩具电影机，但也是能让“小银幕”上的人物活动起来。开始时，制作进行得还算顺利。用一个罐头盒做机房，把舰船模型上的微型电动机拿来当电影机的“动力源”，用小纸片精心地画出一个一个的画面，装在齿轮上……一切都准备好了，装上电池，小电动机也开始转动了。但是，问题出现了，电动机怎么也带动不好小齿轮，不是小皮带太紧，勒得齿轮转动不起来，就是小皮带太松，动不动就脱落下来。左试右试，还是不灵，孩子渐渐有些泄气了，皱起眉头，发起愣来。这时家长适时地提出一个建议，把局面就改变了。家长是这么说的：“孩子，万事俱备，只欠东风。如何让齿轮转动起来，是咱们小制作的最后一个堡垒。比一比，看谁能先攻下这个堡垒。”题目出来了，它吸引着孩子反复思考，从多种角度试验，一次次失败似乎把孩子锻炼得更坚强了，使他更聪明了。终于，经过一个星期，孩子用一节“气门芯”把小电动机的轴和小齿轮的轴套接在一起，小电机巧妙地带动了小齿轮，电影能演出了。

这个过程，有喜悦，有焦急，有创造性的激发，更重要的是一种克服困难的意志在孩子身上可贵地出现了。

有的学校，为了培养学生的创造性，有时就在演奏一首乐曲之后，让学生自己根据音乐的内容编舞蹈，再在学生们编出的舞蹈中选出优秀的，请大家欣赏。还有的学校，专门为学生准备了一面墙，让学生在上面尽情地画啊，写啊。老师和同学们经常去欣赏，发现有特色的作品，还要用照相保留下来，以资鼓励。

有的家长也有类似的做法，或出个题目，让孩子去编舞；或是开辟一面墙，专门布置孩子的作品。都是利用一切条件，设法培养孩子从小就有创造精神。

给孩子创造一个条件，只是有利于发展他的自主性，在孩子做的过程中，家长还要不断和孩子进行良好的有益的交流，鼓励孩子，评价他的成果，提出新的任务，使他的进步永不停歇，自己大步往前走。

第四章
家长的自我教育

孩子的发展能力取决于父母的发展，存在于现存社会关系中的一切缺陷是历史地产生的，同样也要通过历史的发展才能消除。

——马克思

一、“要想孩子天天向上，家长就要好好学习”

——家庭教育的成败关键是家长的自我教育

不管是什么人，如果他不善于教育自己，他就不可能教育别人。

——苏霍姆林斯基

家庭教育虽然复杂，人们对家庭教育各种问题的认识往往也是仁者见仁，智者见智，但是在“家庭教育的成败关键是家长的自我教育”这一点上，却得到了专家、教师和绝大多数家长的一致认同。

专家们是通过各种调查分析得出了这个结论。他们根据自己掌握的材料发现，那些家庭教育成功的家长和家庭教育失败的家长，尽管情况千差万别，但是是否善于自我教育才是关键差别。

教师更多的则是通过自己的丰富经验归纳出来的。教师们常常说：“看见学生，就知道家长什么样。那个像啊！”教师指的不仅是长相，更多的是指脾气、秉性和为人处世的态度，亲子之间非常相像。

而家长们自己意识到“家庭教育的成败关键是家长的自我教育”这个结论，却经过了一个曲折、漫长的过程。

（一）家长是如何认识到自己才是“家庭教育成败的关键”?

第一步，发现自己仅仅有愿望还不够

应该说，绝大多数家长是爱自己的孩子，也想培养出一个好孩子的。但是，一次次痛苦的失败经历使他们发现培养孩子并不是一件简单的事情，它使家长们首先明白了：培养孩子，仅仅有一个良好的愿望是不够的。

有个学生，不论是学习、品德，各方面都表现得不好，却有一条让人羡慕的名牌皮带。有一次，我和家长推心置腹地交谈时，问道：“你的家庭经济情况并不好，为什么给孩子买这么贵重的皮带?”学生的父亲回答是：“我不能让我的孩子比别人差。别人有的，我的孩子也得有！”我又进一步问他：“别的孩子的学习、品德都好，你在这方面为什么不让你的孩子也有啊?”没想到他的回答是：“给孩子一个好皮带，只要有钱，就能做到。可是让孩子学习、品德也好，我就不知道怎么办……”

我听到他的回答，沉默良久。是啊！买一条名牌皮带的愿望容易实现，而教育好孩子，仅仅有愿望就不够了，因为家庭教育是一门复杂的学问！

马克思曾经指出：“孩子的发展能力取决于父母的发展，存在于现存社会关系中的一切缺陷是历史地产生的，同样也要通过历史的发展才能消除。”当今父母的素质不论是理想的、不理想的，都是在过去历史条件下形成的。“文化大革命”时期，文化的荒芜，受到影响的何止是一代？这些问题，只能随着社会的发展，逐步得到解决，而其中家长的教育，尤其是家长的自我教育应该是关键。

第二步，仅仅满足于我“在教育”也不成

但是，现实生活中，有些家长认为自己并不是仅仅停留在有良好愿望的水平上，而是在负责任地教育孩子，有时候还十分辛苦。遗憾的是，得到的效果和付出的努力并不成正比。一个重要的原因是，这些家长没有经验，又往往把家庭教育看得很简单，认为教育子女，无非就是让他们学好，不学坏；至于教育方法，“老一辈怎么教育我的，我就‘照方抓药’”。其实，老一辈的教育方法有对的，也有错的，完全照搬，非常危险。

有这样一个极端可笑的例子。

有一次，一位教师要处理一个学生动手打人的问题，就把家长请来商议。没想到，这位家长一进办公室就挥手给了孩子一个响亮的耳光，边打边吼："我在家怎么教育你的！是谁教会了你打人的？"在场的老师们几乎都忍不住笑了起来。

可见，这位家长当时并没有意识到，他虽然也想教育好孩子，但正是自己爱动手打人的行为，通过潜移默化，使得孩子也习惯于用拳头解决问题。

应该承认，这位家长自以为是在教育孩子。就是这些自以为是的家庭教育，实际上，有的是反教育，有的是假教育。

现在，越来越多的家长认识到家庭教育是一门复杂的学问，不能满足于我"在教育"，而是组织起来，共同学习，相互探讨，自觉提高教育水平。例如，一个家庭教育和学校教育QQ群曾经进行了近百次讨论，讨论到"家长如何自我提高教育水平"时，网友千里冰封说："作为家长，你不想孩子将来做的，那么，现在你自己就一定不要那样做。"网友清风说："每次发完脾气，自己总是很后悔。"网友夏日说："倾听是最好的方法。"网友宇说："教育孩子，自己的脾气不能随便发泄，我现在是控制了。前些时候我跟我老公经常吵架，说话也大声。我那小子性急的时候，也跟我们一样大声说话。后来我怕了，明白他是在跟我们学。最近我忍着不在他面前那样，孩子也不大声说话了。"

第三步，进一步理解"身教重于言教"

"身教重于言教"这句话，几乎没有家长不知道，但是，为什么相当多的家长，事实上做不到呢？这里有更深层次的历史原因。

绝大多数家长虽然重视教育，但是，由于中国过去的家庭教育传统认识是建立在"长者恒为师""没有不是的家长，只有不对的孩子"理念的基础上，这使家长产生了一种错觉：孩子的任务就是"听"，听话的孩子才是好孩子；家长的任务自然就是"说"，能说的家长才是好家长。

所以，现在相当多的家长仍然认为教育孩子就是“说”，就是“训话”。我就多次看到有的家长正襟危坐，对一个五六岁的孩子滔滔不绝地讲起“道德，理想，追求”，不管孩子听不听得懂。他们好像认为，通过说教，将各种道理反反复复说给孩子听，就是完成教育任务了。

有的家长经常埋怨：“我对他说了多少遍了，嘴皮子都快磨破了，一点不管用……”虽然不管用，但接着还是不停地说下去……

这种说教式的家庭教育造成了许多失败，因为这种教育掩盖了家庭教育的一个重要性质：家庭教育的实践性和整体性。孩子在家庭中受到的教育，与其说是来自家长的“说”，不如说是来自看家长怎样“做”；孩子在家庭中接受的是全方位的信息和整体性的教育，绝不仅仅是听到家长说的话。

孩子在家中更重要的是看到家长怎样做。比如，一位家长经常对孩子说要诚实，孩子只能是知道“诚实”这个口头概念，真正理解是要看身边家长的行动。如果家长躺在被窝里睡懒觉，却在电话里告诉单位领导：“我正在路上，遇到堵车了。”这时候，家长的诚实教育肯定等于零，不仅如此，更严重的是孩子还会学到把“诚实”经常挂在嘴上，而心安理得地去做不诚实的事情。

有的家长是出于好意，对孩子有高标准要求，但忘了“身教重于言教”这个关键。有一个十分典型的实例：

“你要有远大理想啊！”

我亲眼见到两位家长是这样教育孩子的：他们的孩子是一个小学生，学习不知道努力，老师就把家长请来，商量家庭、学校怎样配合着教育孩子。家长见了孩子，心情沉重，语重心长地对孩子讲：“孩子，你要有远大理想啊！你看看，我和你妈已经下岗，都四十多岁了，这辈子也就这样了。我们全家就指望着你啊！”

孩子走后我对家长说："你们希望孩子要有远大理想，可是你们想的、做的恰恰相反。你们俩刚刚四十多岁，这个岁数在国际上属于中年，你们就说'这辈子也就这样了'，这不是在表明你们已经没有什么理想了？没有理想的家长，怎么能够培养出有远大理想的孩子呢？"……

两位家长默默无语，忽然，孩子的母亲若有所思地喃喃道："怨不得孩子老说'妈妈，我什么时候退休啊？怎么还不退休呀！'"

第四步，悟出：成功的身教来自家长的自我教育

有的家长虽然很想搞好家庭教育，口头上也懂得"身教重于言教"的道理，但是总把力量用在要求孩子改变，而不是自己的改变上。其中还有一个真实的原因，就是要求别人，特别是去要求孩子是最容易的；而认识自己，特别是改变自己，实际上是最难的。

每一位家长，如果想获得成功的"身教"效果，首先必须培养自己的自我教育意识和能力，即自我认识、自我要求、自我践行、自我评价的意识和能力。在这个基础上，家长自身才可能发生变化。这个变化带来的，不仅是自己的成长，同时也有孩子的进步和家庭的和谐发展。家长的成长就是孩子的成长。

"我变了，孩子就变了"

有一位母亲在家长座谈会上满脸愁容地说："大家帮我想想办法，我的孩子整天就爱看那些没用的书，我不让他看，他就躲在楼梯上偷偷看，功课也不好好完成，成绩越来越差……"大家问："孩子看的是什么书？""就是《西游记》《水浒传》什么的，我只让他看《作文指导》，他不听，后来，我干脆把书抢过来锁在抽屉里。他就和我顶牛，把我气死了！"

座谈会上，大家帮助这位家长分析，《西游记》《水浒传》这些书是古典文学名著，不能说是没有用的书，孩子从中可以吸收各种知识，通过潜移默化，对写作文也会有帮助的。有的家长说："你的孩子有读课外书的好习惯，我非常羡慕，因为我的孩子就是不爱看课外书，我正在干着急，没办法呢。您千万要保护孩子这个好习惯。"

通过大家的分析，这位母亲反思自己，慢慢地开始变了。她变得不但支持孩子读课外书，而且亲自买课外书，和孩子一起读，有时候还一起讨论。孩子变得非常愉快，不用躲着母亲偷偷读书了，从此完成作业也比较自觉了。过了一段时间，孩子各方面都取得了进步，再开家长会的时候，大家请她谈谈教子经验，她说得很简单、明确："我变了，孩子就变了。"

教育家苏霍姆林斯基曾经指出："在一个家庭里，只有父亲自己能够教育自己，在那里才能产生孩子的自我教育。没有父亲的光辉榜样，一切有关儿童进行自我教育的谈话都将变成空谈。没有父母的榜样，没有父母在相互关心和尊敬中所表现出来的爱的光和热，儿童的自我教育简直是不可想象的。"[①]

优秀家长对自我教育深有体会。家长清泉留石说："只有不断地反思，才会有不断的进步。"花开伴夏说："孩子就是我们的镜子。"相约今生说："一句话：家长要和孩子们一同成长。"

归纳起来，家长的自我教育之所以影响家庭教育能否成功，具体分析有三点：一是没有自我教育的亲身实践，不能发现教育的规律。总是吃别人嚼过的馍，不能叫懂得吃饭。教育别人和教育自己并不是一回事；二是没有自我教育的亲身体验，不能获得教育的成就感。教育是否有效，在什么地方真正打动了自己，只有自己有体会；三是没有自我教育的亲身经历，不能理解教育的艺术性。教育过程充满了艺术性，只有亲身经历了，才能在"度"上，甚至"细枝末节"

① 苏霍姆林斯基：《家长教育学》，中国妇女出版社，1982年，第29页。

上把握好火候。

总之，“不善于教育自己，就不能得到教育的‘真经’，也就不可能成功地教育别人”。

（二）家长怎样进行自我教育？

和孩子进行自我教育能力的培养一样，家长的自我教育也要通过自我认识、自我要求、自我践行、自我评价这四个环节，才能逐步把握。家长自我教育的目的，当然不是单纯为了家庭教育，首先应该是为了自己获得人生的高质量，提高人生价值。本着不偏离此书中心的原则，下面我着重结合家庭教育的相关内容，探讨一下家长自己怎样进行自我教育。

第一个环节——自我认识

第一，要客观、如实地看自己。

许多家长往往是把孩子的问题看得很清楚，却看不到自己的问题。实际上孩子的许多问题恰恰是家长造成的。下面这位家长能够透过孩子的表现发现自己的问题，在家庭教育上就能前进一步。

> “记得有一次，儿子经过努力，解决了一个有一定难度的问题。当我对他的成果给予赞扬时，他对我说：‘妈妈，原来我也不是太笨啊！’听了儿子的话，我深有感触，原来是自己平时和孩子说的气话让孩子当真了啊！在他幼小的心灵中，似乎真的给自己定了位——自己是笨孩子！从那以后，我不敢再对孩子说一句那样的话。那样对孩子造成的负面影响太大了！”

第二，要全面地看自己。

家长当中有两种倾向，都要不得。一种是盲目地认为自己在家庭教育上很有一套。这其中，学历比较高，或者本职工作干得不错的人居多。有的说：“几百、几千人的大单位，我都拿下来了，还玩不转这么个小屁孩！”最后，这些人往往都败下阵来。因为，人是世界上最复杂的生物，而孩子又是复杂中的复杂。另一种倾向是，以为自己什么都不成。强调自己文化水平低，强调自己没有经验。其实，教育孩子和家长的文化水平没有绝对关系。事实证明许多文化水平并不高的家长，家庭教育很成功。关键是自己要重视，要努力。

第三，要发展地看自己。

有的家长是被表面现象搞得丧失信心——由于没有经验，开始被孩子的顽皮、不听话搞得束手无策，就以为自己永远学不会教育方法；另一种是盲目乐观，觉得教育孩子很顺手，没有想到孩子一天天长大，才发现没有一种教育方法是一劳永逸的。

发展地看自己还有一个含义，就是自己的发展离不开周围的条件。社会环境在发展，孩子也在一天天发生变化，自己如果停滞不前，客观上就是"不进则退"。正像网友小橘灯说："家长的水平直接影响着孩子，所以家长要不断地学习、成长。"网友疏影说："有了孩子以后，妈妈就如同第二次生命历程开始了一样，要不断学习、反思、进步。"

第二个环节——自我要求

自我要求这个环节，一般包括三个层面：激发动机，自立目标，自定计划。

（1）激发动机

家长在教育子女的过程中，应该不断激发自己正确的动机来推动自我教育。最要不得的动机是"虚荣心"和"功利心"。有的家长就是因为有"虚荣心"，表现为"死要面子活受罪"。有时候，孩子的一些缺点其实并不严重，只因为在大庭广众之下，家长觉得丢了自己的面子，于是大动肝火，非打即骂；老师请家长到学校商量教育孩子的事情，有的家长出于好面子，找出各种借口不去，失掉了一次次宝贵的合作机会。应该说，当前相当多的家庭教育表现为"重智轻德""重智轻体"，其中的原因就包含着"功利心"在作怪。单纯追求"高分数，好学校，名利双收的工作"，这样下去，不可能培养出一个全面发展、德才兼备的优秀孩子。

（2）自立目标

家长对自己的要求应该有明确的具体目标才不至于落空。一位家长对自我教育的目标不但有“高标准”，而且有“超前性”，实在令人感动。

“我要给孩子留个样”

有一次，我从中央电视塔出来，搭上出租车，司机和我闲聊起来。

他问我：“您是不是到塔上去参观啦？那儿是不是可以俯瞰全北京城？听说票价挺高的……”

我说：“我没有上去，刚才是在最下层录电视节目。听说票是挺贵的，可能是50块。”

他微微激动地说：“再贵，我也要带我老母亲去一趟……”

我不由得赞扬他：“您真是很孝顺啊！”

他满脸洋溢着幸福地说：“您不知道，我爱人已经怀孕了，很快就要给我生一个小宝宝，我就要当父亲啦！我怎么当父亲呢？我想，最主要的是给他留个样，让他看到我是一个孝顺长辈的人，他长大了以后，也会是一个懂得孝顺的人，您说是不是？”

（3）自定计划

有了目标，如何实现，还必须有可行的计划。最好是既有长规划，又有短安排。有的家长很聪明，听说少年期容易出现逆反心理，就提前进入角色，进行研究，在儿童期就有计划地做好准备，让孩子顺利地度过少年期。

加强学习，提高自己的修养，应该是计划的重要内容。苏霍姆林斯基说：“所谓自我修养，它不是教育的某种辅助成分，而是教育的坚实基础。不管是什么人，如果他不善于教育自己，他就不可能教育别人。”

家长学什么？

①学习时代精神。跟上时代步伐，不断用新理念武装自己的头脑。优秀家长

说："现在这个时代，如果不学习，很容易糊涂，怎么能够教育好孩子呢?"

②学习心理学。优秀家长说："家长适当学习一点心理学。了解孩子的心理特点、孩子的发展规律。"

③学习别人。"我觉得家长的学习应该是一种真的学习，很多家长似乎也学到了不少理论知识，但是在关键时候却用不上，这是为什么?"优秀家长的回答是："没有教不好的孩子，只有不会教的家长，当孩子出现一系列问题的时候，家长首先要找找自己的问题。""家庭教育搞好，不要单纯靠专家，要靠自己提高水平；过去的教训是，特别依赖专家的，自己不学习的家长，往往效果不好。"重要的方法是善于学习别人的经验，尤其是走过弯路的。家长远依说："我觉得最值得取经的家长应该是曾经在家庭教育的问题上走过弯路，然后又通过自己的努力重新走上了正路的这样的家长。因为这样的家长，既能感同身受我们的焦虑和偏差，又有切实可行的实践和建议。"

④学习孩子。优秀家长说："要研究孩子的情况，不要盲目要求孩子。""研究孩子的情况，调查清楚了，才有发言权。""倾听是最好的方法。""家长要根据自己孩子的情况而定，不能跟风。"

第三个环节——自我践行

家长进行自我教育的第三个环节是自我践行。它包括自我强制、自我监督和自我调整三个层面。

下面有一个实例，很能说明家长的自我践行这一个环节在自我教育中的重要性。

母女俩同时考上大学

我参加过中央电视台《成长在线》的一个节目，遇到了一位成功的家长。这位家长开始也是和其他家长类似，整天催女儿写作业、复习功课，从早到晚絮絮叨叨，活像一个“监工”。

她的女儿叫菲菲，从小到大，一直都是一个非常优秀的孩子，成绩在班里总是排在前三名，五年级的时候还跳级到了初一。但由于学习压力非常大，她的性格又非常内向，后来成绩连连下降，请了家教辅导，效果不是很好，中考的时候没有考上重点高中。上了高中之后，女儿开始追星、上网、唱流行歌曲……妈妈急了，就天天盯着女儿学习。有一次妈妈坐在旁边监督女儿写作业，菲菲就跟妈妈说：“妈妈，你每天像警察一样监督我，还不如自己也学点东西呢！人家日本有一个老太太，九十岁了还上学呢！你的知识就不需要更新换代吗？而且你自己什么都不懂，你有什么本事管我。”

女儿的话一方面让妈妈很伤心，另一方面也刺激了妈妈，妈妈意识到需要自我提高，决定重新开始学习。当时妈妈也面临一个任务，必须通过职业资格考试才能取得上岗证和取得主管护师的职称。于是妈妈决定重新参加考试，陪读变成了共读。

十几年都没有看书了，学习起来很困难，记忆力不好了，学起来很慢……尤其是专业英语考试，对妈妈来说难如登天，26个字母都记不全，第一次考试只得了6分。

妈妈每天和女儿一起学习英语，好多英文不懂的地方都请教女儿，女儿也很耐心地辅导妈妈，第二次考试就顺利通过了。妈妈的这股顽强执着的劲儿，对孩子也是一个很大的激励。

妈妈一直非常喜欢写作，重新开始学习之后，就参加了写作的培训班，而且成绩不错，还和女儿一起切磋写作，好多文章开始发表在各种报纸杂志上。

妈妈不但自己学习自学考试的知识，还拿起中学的课本来学习，真正地辅导女儿，有一次女儿关于物理力学的题目不会做，问妈妈，妈妈就自己开始研究，还买来了一大堆的教具。还有一次，妈妈看到别人的孩子用的课外辅导材料比较好，就借来，一页一页地抄给孩子。

三年里，母女俩你帮我，我帮你。在不断地帮助妈妈的过程中，女儿的自信心又一点一点地找回来了，而且看见母亲人到中年尚且孜孜不倦，自己也不会偷懒了。

三年过去了，女儿顺利地考上了大学，妈妈也顺利通过了大专的考试。

在“胜利”的日子里，母女俩止不住要说出自己的心里话。妈妈说：女儿开始变得自觉了，好像我们的关系也好了，说的话她也能听了……女儿菲菲说：看见妈妈每天早晨很早起来学习，自己也不好偷懒了……

（1）自我践行的第一个层面是自我强制。

一个人由开始想，自己对自己提出要求，直到说出来，仍然不是行动。这个由想到做，看起来是一小步，往往是战胜自己的艰难一步。“万事开头难”，难在要行动，在这之前，还只是在脑子里想。

苏霍姆林斯基指出：“不要忘记，自我教育的过程任何时候都不是一帆风顺的。没有比战胜自己的弱点更加辉煌的胜利了。”①

许多家长都知道对孩子发脾气不对，也多次下决心改正。这并不够，关键是强制自己要行动，也就是在发脾气之前，尽管十分困难，也要果断地强迫自己不发脾气。

“自我教育的实质包含着善于强迫自己。”②“精神教育首先是控制自己的能力。”③“人的最大的胜利就是他能战胜自己。一个人从童年起就要学会支配自己。从小就要学会命令自己，管束自己，逼迫自己去做应当做的事，而且把应该做的事变成你愿意做的事。这是一种和谐。”④

---

① 苏霍姆林斯基：《给教师的100条建议》，《自我教育和自我管理论著选读》，北京师范大学出版社，2008年，第70页。

② 苏霍姆林斯基：《家长教育学》，中国妇女出版社，1982年，第241页。

③ 苏霍姆林斯基：《家长教育学》，中国妇女出版社，1982年，第239页。

④ 苏霍姆林斯基：《怎样培养真正的人》，《苏霍姆林斯基选集（五卷本）》，第2卷，教育科学出版社，2001年，第425页。

家长在自我践行上最大的困难莫过于改变自己原来的错误习惯。比如对孩子急躁、说话唠叨、“哪壶不开提哪壶”。要想改掉这些坏毛病，关键不是不懂道理，而是缺少自我强制，对自己不能“狠一点”。

（2）**自我践行的第二个层面是自我监督。**

行动开始以后，能不能把正确的行动坚持下去是自我践行的第二个层面。类似“创业难，守业更难”。教育是慢功夫，教育孩子必须有韧性，培养孩子的好习惯往往产生于家长的“坚持”。有的家长制订了家规，虎头蛇尾，开始几天，信誓旦旦；过了几天，有的家长自己先忘记了；更多的是坚持不下来，最后不了了之。于是有的孩子就看准了家长的这个弱点，采取“熬过这几天”的战术，等到家长一放弃，孩子自然就会故态复萌，好习惯不可能培养起来。

急躁、浮躁是普遍的心态，这样的家庭教育措施是又粗糙又表面。比如，提前识字，提前上一年级。大家要注意的是，现在有一些商家，甚至学者迎合这种浮躁心理，出现误导，不顾孩子的身心客观规律，搞什么突击学习。把需要耐心逐步完成的事情变成一蹴而就。

自我监督如果有困难，也可以发动群众，开展家庭成员之间的相互监督，这叫做集体的自我监督。

（3）**自我践行的第三个层面是自我调整。**

“计划赶不上变化”，任何人订计划不可能完全符合实际。当执行计划过程中，发现事实和当初的设想有距离的时候就要及时做调整。这种调整，表面上看好像没有坚持计划，但从长远看、从整体上看，实际上是为了更好地贯彻计划。

这种调整，应该本着“方向不变，可以拐弯”的原则，避免出现两方面的偏向。一个偏向是，不善于做必要的拐弯，撞了南墙也不回头。比如，一般是孩子放学回家，先做作业，然后再去玩。但是，有的孩子想改成先玩，后做作业。他的理由是：下午在学校一直做作业，回来先放松一下，玩一玩，再做作业，效率更高。看来，这个拐弯是必要的。另一个偏向是，“拐弯”的结果，把方向丢掉了。还说回家做作业。本来这个孩子想先玩一玩，后做作业，是为了提高效率。但是打起篮球，一打就是两个钟头，累得倒头便睡，哪还有精神做作业！调整，本来的目的是有劳有逸，当天达到提高效率的目的，长远达到全面发展的目的。但是，“拐弯”过头，把目的丢掉了。这两方面，家长在指导孩子的时候，都应该加以注意。

随着孩子慢慢长大，家庭教育的计划应该随时根据实际情况调整，不能搞家庭教育“终身制”。有经验的家长主张“幼小时候，抓小不抓大；初中，大小一起抓；高中，抓大不抓小”，很有道理。

幼小阶段首先要打好良好行为习惯的基础，所谓“抓小不抓大”，并不是放弃理想、信念这些重要内容的教育，而是要把这些重大的、高级意识形态的内容变成低龄学生能够理解、接受的具体的行为习惯和情感培养，实实在在地打好基础。

初中阶段所谓的“大小一起抓”，就是因为早期的求知欲、情感、习惯的培养，不同程度地还没有完成，需要补课、砸实；而长远的、根本性的理想、信念的教育也必须提到日程上来。

高中阶段，教育者的主导任务是“抓大不抓小”。对于人生态度、价值取向、信念的正确与否等等这些大的问题，应该十分重视，抓住不放；而对于生活习惯等等细节，则靠他们在正确人生态度、价值取向的基础上，根据他们自己的个性去规范，教育者不应该再唠叨个没完。

第四个环节——自我评价

（1）自我评价的第一个层面是自我选择标准。

自我评价最重要的是选择正确的评价标准。标准错了，自我教育的方向就要出问题。真正影响标准的是价值观、教育观。我非常同意有人说的：“父母首先要抛开虚荣心和功利思想。”这种错误的价值观使一些家长在教育子女上会问题越来越多。

有一个比较极端的例子：有一次班上同学丢失了10元钱，很多线索指向一个孩子，他有一张说不清楚来源的10元钱。当班主任向家长求证的时候，家长为了自己的面子，就谎说“钱是我给孩子的”。这位家长对自己的这个行动肯定会有自我评价，如果不能看到这么做既害了自己又害了孩子，继续用虚荣心指导自己的行动，肯定会越来越危险。

虽然绝大多数家长不会做出这样极端的事情，但是为了满足虚荣心和功利心，盲目地追求孩子考第一名，强迫孩子去实现自己童年时代的梦，在周围人中间炫耀自己孩子，为了自己的面子痛打孩子……这样的人却大有人在。这种错误的价值观是家庭教育的大敌。家长月满西楼说：“教育孩子的目的，不是出人头地，而是教育出一个阳光、幸福的孩子，家长的心态和价值观端正了，便选择了正确的道路。”

（2）**自我评价的第二个层面是自我分析。**

自我践行之后，不论成功与失败，都要善于思考现象后面的原因。有的家长说得好：“只有不断地反思，才会有不断的进步。”家长月满西楼说得好：“没有教不好的孩子，只有不会教的家长，当孩子出现一系列问题的时候，家长首先要找找自己的问题。”有的家长只会停留在高兴和悲伤阶段，从来不思考原因；有的只是找孩子的原因，客观环境、条件的原因，从不把重点放在思考自身的原因上。这样的家庭教育不可能进步。有的家长虽然进行了反思但只是浅层次反思，效果往往也不好。深入的反思应该是对自己“认识”本身的思考，即对原来支撑自己思考的一些理念进行反思。例如，一直本着“不打不成材”理念来教育孩子的家长，浅层次的思考，只是对打孩子的轻重、方法进行反思、调整，如果没有对“不打不成材”理念产生质疑，家庭教育就不会出现改观。

（3）**自我评价的第三个层面是自我肯定。**

通过积极的思考，要落实到自我肯定上，因为“自我肯定是自我教育之母”[①]，它是自我教育的下一个循环的基础。

---

① 苏霍姆林斯基：《给教师的建议》，教育科学出版社，1984年，第421页。

所谓自我肯定，表现在：一是发现自我。家长在自我教育过程中，要善于发现新的自己——不论是新的进步，还是发现了新的原因，都很有价值。例如，发现“和孩子一起搞体育活动，亲子关系变得密切了”；发现“向孩子承认错误，孩子更加尊敬家长”；发现“自己太唠叨”“从来不鼓励孩子”“自己不爱学习”是家庭教育搞不好的原因……二是确认自我。在发现自我的基础上，经过学习、思考，要尽可能清晰地确认自己哪些地方做对了，哪些地方做错了。全面分析之后，相信自己是一个积极向上、不断进步的家长，确立自己的信心，激发自己的勇气。在肯定自我的基础上，肯定自我教育的方向，开始自我教育的下一轮自我认识、自我要求、自我践行和自我评价的循环。

二、“三娘教子”与“子教三娘”

——两代人互相学习，相互激励，共同成长

孩子们必须教育他们的父母。

——马克思[①]

在家庭中的自我教育有一个显著特点，那就是不仅仅是孩子进行自我教育，而是全家人个个都重视和实行自我教育。这种新型的家庭将成为一个自我教育的群体。正像心理学家皮亚杰研究表明的：单方尊敬是一个劣势者由于爱和怕向优势者的尊敬，单方尊敬只能导致他律。而相互的尊敬才能导致自律。“自律”是自我教育的具体表现，自律来源于“相互的尊敬”——这就意味着，必须是家庭中每个人都能够进行自我教育，才能赢得相互尊敬。这样的家庭，已经不断地涌现出来，需要我们认真地发现，加以总结和推广。

（一）我们正在走向晚辈文化时代

时代迅速的发展为家庭教育的发展提供了最重要的背景。我们的社会正在走向晚辈文化时代，也就是说，晚辈所掌握的知识、理念，越来越多地代表了当代

① 保尔·拉法尔：《忆马克思》，载马克思、恩格斯《马克思恩格斯论教育》，人民教育出版社，1958年，第370页。

的文化特征。这是因为晚辈的成长过程和时代很合拍，许多知识、理念在他们的成长过程中顺理成章地不知不觉就掌握了；思想障碍也不大，因为他们没有“老本”。最明显的表现就是在掌握计算机、网络技术方面，年轻人胜过他的长辈。老一辈只有放下架子，虚心向年轻人请教，才能慢慢掌握信息时代的这些新知识、新技能。

有一位妈妈本想给孩子设密码来控制孩子随便上网的坏习惯，但一直没有学会。就在这个过程中，孩子知道了妈妈的想法，有些生气，反倒立刻给妈妈设了电脑密码，让妈妈上不了电脑……

这个时代的特点虽然十分明显，但是仍然要看家长是否能够及时感悟到这一点，才能自觉地进行自我教育。有一位母亲，亲自讲述了她遇到的事情和得到的感悟：

我要当中国第一个女总统

有一次，母亲和她的四岁的女儿一起散步。

女儿若有所思地说：“我观察到世界上许多国家都有女总统、女总理，唯独咱们中国还没有一个女总统。”然后，女儿悄悄地对母亲说：“妈妈，您的女儿就想做中国的第一个女总统！”妈妈听了，心花怒放，脱口说了一句：“闺女啊，你要是当上了女总统，你妈可就是皇太后啦！”没想到，女儿很不高兴地说：“妈妈，我当我的女总统，您还是普通老百姓。甭想沾光！”

事后，这位母亲十分感慨地对我说：“我在单位大小也是一个领导，还是一个光荣的共产党员，怎么觉悟还不如一个小姑娘！虽然我是开玩笑，为什么就非想当皇太后？可我闺女为什么马上就表示反感？还是自己脑子里封建思想的油泥太多，比不了人家年轻人啊！”

这位家长能够从一件小事发现了自己的问题，感悟到两代人的差距，以小见大，一叶知秋，应该是一种“大智慧”。古语说：“识时务者为俊杰”，家长只有认识到我们的社会正在走向晚辈文化时代，才可能自觉地进行自我教育，跟上时代。

（二）不仅要“三娘教子”，也需要“子教三娘”

现在，令人忧虑的是，有一部分家长，自己不读书、不看报，看不到时代的发展，仍然抱着父母传授的“老理”在当家长。其实这些“老理”，有些是传统文化中的糟粕（例如“没有不是的父母”“棒头出孝子”），有些是完全脱离了社会现实。

女儿给母亲开的“读书目录”

曾经有一位家长打长途电话，焦急地向我反映问题：“现在是中考的紧要关头，我的孩子她还一点不着急，您快帮我想个办法……”

我问：“她平时学习怎么样？现在‘不着急’有什么表现？”

家长回答：“她平时倒是总考前几名。可是，现在都什么时候了，还看闲书……”

我问：“看什么闲书？”

家长回答：“什么《读者》《世界博览》……”

我笑了：“这《读者》《世界博览》是很好的杂志啊，不是什么闲书。看了可以提高水平，就是对眼前的中考也有好处啊。她既然中考有把握，适当读一些课外读物，正说明她不是单纯为了应付考试，而是考虑了今后的长远发展。”

家长说：“是啊。女儿也说：‘妈妈您放心，我能考上，您就是瞎着急’，孩子也说我不爱学习就跟不上时代，看法有问题，她还老劝我加强学习……”

我感兴趣地问："她怎样劝您加强学习？"

家长回答："她给我开了一个读书目录，还检查我，看我读没读……"

我急忙问："您读了吗？"

家长不好意思地说："我忙得很，还没怎么读，哪有时间啊……"

一个多么可爱的孩子，一个多么可笑的家长。看来，一个不学习、不读书的家长，常常是"瞎着急"，甚至会误导孩子前进的方向。当然，这样的家长如果自己能力强，能量大，反而更糟糕！因为他会以自己的"无知"强制孩子按照他的错误方向发展。因此，要想提高家庭教育的质量，家长别无选择，只能是自我教育，加强学习，赶上时代。

时代不同了，现在的孩子往往是自主性比较强，作为家长只要不吃老本，不怀成见，就会经常发现孩子们有许多很好的见解值得自己学习。

北京青年报记者杨晓光曾经在报刊上撰文，描写自己两岁的女儿的一些趣事，女儿知道后很不高兴，严肃地对母亲说："你必须把今天有我的事情的报纸全部收回来。"

这个两岁的女孩由于年龄小，误以为"趣事"有损自己的形象，因此严肃地提出收回全部报纸的要求，虽然显得有些幼稚，但表现出鲜明的主体性、强烈的价值需求则是毫无疑问的。这种强烈反映了时代特点的"维权"行为，非常值得我们成年人学习。

在生活中，如果善于观察，常常会发现"子教三娘"的可喜现象，遗憾的反倒是一些成年人不懂得抓住这个学习机会。

（三）积累两代人互相学习、共同成长的经验

这些年家庭教育有很大发展，在"两代人互相学习，共同成长"方面取得了丰富的经验。对于大多数家庭来说，由于旧的传统思想作怪，这个过程并不是一帆风顺，酸甜苦辣都有。然而，获得了丰富的经验教训，这正是中国家庭走向新

阶段最宝贵的财富。

这方面的经验教训，可以从四个角度总结：

1. 家长向孩子学习

家长向孩子学习，这是几千年中国家庭的新事物。现在，越来越多的家长发自内心地感觉到“孩子是我的老师”“是孩子教育了我”。成都有一位叫李梅的家长深有感触地说：“有了孩子以后，妈妈就如同第二次生命历程开始了一样，不断学习、反思、进步。”还有的家长发现和孩子互动，收获更大：“家长学习，要是能全家学习就好了，单一方学也是很费力的。”我自己的经历也让我深深感到这一点。作为家长一定要与时俱进，不断学习，这样才能够跟上时代，也才能增强自己教育孩子的能力。

下面这个案例，说明我向孩子学习走过的“别有一番风味”的心路历程。

对时装模特表演的不同理解

有一次，我和孩子一起看电视，在屏幕上出现了时装模特表演。我便不满地评论起来：“这些模特一个个冷若冰霜，对观众也没个笑脸……”孩子笑着对我说：“老爸，人家是故意用这种表情的，因为就是想让观众专心欣赏服装，不去看别的。”我当时听了哑口无言，心里想：“这小子，从哪儿学的这些新知识，还挺有道理的。”可是我还想摆一摆老爸的架子，又想找一个问题，证明自己正确，我说：“时装表演，就应该好好表演，为什么还要扭来扭去，真是忸怩作态！”这时孩子又小声地对我说：“老爸，您这就又不懂了，时装表演就是要展示服装的美丽，不扭动腰身，怎能让服装展开让您欣赏啊！不是您想的那样……”

后来我反思，我确实是习惯于用“阶级斗争新动向”的思维模式去看现实，带着这种有色眼镜看问题，怎么能够不出错呢！以后，可不要摆架子，要老老实实转变观念，向孩子们学习，不然我们就要失掉教育孩子的资格了。

2. 孩子向家长学习

在大力提倡“向孩子学习”的时候，也要防止另一个偏向——好像孩子天生就对，让他们自然成长就可以了。其实，人的成长不能离开环境的作用，马克思说过：“一个人的发展取决于和他直接或间接进行交往的其他一切人的发展。”[①]

孩子是在“互动中走向独立”。未成熟的孩子从观察、模仿父母就开始了自己的学习。孩子的模仿，就是向家长学习。因此家长的榜样作用无比重要。我在北京小学上课的时候，与十六位家长做了深入的交谈，发现父母的榜样作用极大地影响着孩子。

一个充满爱心的孩子，一个充满爱心的家庭

全班公认的最有爱心的是小润，她是这样讲述自己朴素的想法的：“一次，我在妈妈的单位写作业，突然听到有人和妈妈说两星期后为失学儿童捐款、捐物的事情。我在隔壁听到了，怕忘了这件事，立刻把这件事记在了本上。我挺重视这件事情的，失学儿童没有像我们有这么多书、这么多本。如果给他们一支铅笔，就能用很长时间。我想给他们温暖。回家后，在母亲的帮助下，找出了十几个本，五六本书，一同捐了出去。

后来，和她的家长接触，发现这些优秀品质是来自家长们榜样作用的影响。

小润母亲聊天时说：“她姥姥家楼下的小白猫 看起来很可怜。有时我们

① 马克思，恩格斯：《马克思恩格斯全集》，第3卷，人民出版社，2008年，第515页。

放好水、猫粮，第二天就吃没了。小猫养成了习惯，就到这儿来吃。有时她姥姥全家出去，就放一些食物，嘱咐小阿姨帮助喂，小润就挺爱这些小猫的。去年我妈去世，我爸爸和小阿姨，还有其他人都在坚持喂。冬天小润看到小猫可怜，要给它们拿棉被。我告诉她，要不就把不穿的棉服放在那儿。她说要是别人拿走了，小猫也盖不上。她这样，可能是受我妈妈的影响。我们家楼下也有一只猫，她看一位阿姨老喂猫粮，自己就买了猫粮去喂。她边喂边和人家说，‘这野猫多可怜！’”

3. 家长与孩子互补

家庭中的自我教育，两代人各自发挥独特的优势，常常是互相激发，相互补充的。新一代，依仗没有框框、敢于创新的心态，给家长提任务、促改革；老一代，则凭借着丰富的人生阅历、生活经验，给孩子出主意、传方法。

在女儿的带领下全家开始爬楼梯

前些天，下了几场大雨，导致我们家这栋楼的电梯漏水。连续多日电梯暂停运行，于是我们就开始每天爬楼梯。这几天电梯修好了，可是安琪还是坚持要求我们和她一起爬楼梯。不仅是在我们家上下楼要走楼梯，去她奶奶家上下楼也要走楼梯。她的理由是，电梯老是坏，不安全，爬楼梯可以锻炼身体，保持健康。

每天早上我和她下楼，她背着书包，提着垃圾袋走在前面，我跟在后面。晚上，在开始下楼或者上楼之前，她总要先把我的手机拿在手里，等到了没有灯光的楼层，用手机照亮。小丫头体力可好了，一口气爬到七楼，大气都不喘。前两天一楼的女孩去我们家玩，跟着我们爬楼梯，安琪跑在最前面，小女孩却在后面一个劲儿地喊“累死了”。看来爬楼梯还真的是个不错的锻炼方式，现在我们一家的大人都开始乐此不疲地跟着安琪爬楼梯。

昨晚，我们一边爬楼梯一边聊天：

“安琪，乘电梯很快就回到家了，干吗要走楼梯呢?”

“走楼梯可以锻炼身体，这样才健康。”

“那你要一直爬楼梯爬到几岁呢?”

“爬到5岁。”

“那等你5岁了，就开始坐电梯了，是吗?”

“那我还是爬到20岁吧。”

“哦。”

“爸爸，20岁的时候，人就很老了，是吗?”

“20岁时，人还很年轻。”

“那我就爬到很老很老的时候。”

安琪爸爸想说：

（1）这件事儿说明孩子极易受父母言行的影响，近来我每天清晨都会跑步，锻炼身体。安琪开始意识到锻炼身体很重要，可以保持身体健康。

（2）每天爬楼梯是挺辛苦的，她能够一直坚持，说明她的意志力品质还挺不错。等她上小学了，我打算邀请她加入我的早起、晨读和跑步中来。[①]

孩子们都有积极向上、敢于承担重要任务的决心，也有经常锻炼自己的愿望。社会环境中也常常有许多这样的机会，但是由于孩子们没有经验，常常让好机会擦身而过。下面这个案例是家长给孩子出了个好主意，使孩子得到了一个自我教育的好机会。

---

① 安风涛：《爸爸，你爱我吗?》，教育科学出版社，2013年。

妈妈的好主意——“一定让老师坐着”

妈妈听说孩子明天要春游，就专门找孩子郑重其事谈了一次话。妈妈说：“我发现很多学校的春游有一个不好的现象：座位不够的时候，总是老师站着。”孩子说：“是啊！老师年纪大，有的身体还不好……”妈妈说：“明天你们春游，你带头给老师让座。”孩子说：“可是，老师总是说，孩子们，你们年纪小，应该受到保护。”妈妈说：“这是老师严格要求自己，你们更应该为老师考虑。明天，你们要千方百计，一定让老师坐着。”第二天，孩子就和同学联合起来，主动地给老师让座，开始老师坚决拒绝，但是架不住学生热情地“软硬兼施”，老师只好“盛情难却”地笑纳了。

这次春游总结时，校长专门谈了这件事，表扬了主动让座的孩子们。

有了机会之后，两代人还需要共同探讨方法，让孩子战胜困难。因为孩子的不成熟，有时候面对挑战会怯下阵来，这时候又需要“老将出马”，帮助孩子成功地战胜困难，把事情做好。

“这些草莓挺可爱”

在一年级新生的家长会上，校长希望能够有人自荐一个新生代表，在开学典礼上发言。小明的妈妈立刻举手，抓住了这个锻炼孩子的机遇。

回到家里，妈妈满以为孩子会高高兴兴地准备发言。没有想到孩子一口拒绝：“谁答应谁去讲。”妈妈着急地问：“你在幼儿园不是经常代表大家发言……”孩子说：“那可不一样。在幼儿园，我是全园最大的，在小学，我是全校最小的，还有那么多家长，一个个瞪着眼睛瞧你，想起来就害怕。”妈妈干着急，急中生智地说：“你就假想下面都不是人，就不害怕了。”没想到，这句话对孩子起了作用。孩子感兴趣地问："假想他们是什么？"妈妈说："比方，假想他们都是大萝卜。"孩子说："我不喜欢大萝卜，我喜欢草莓。"妈妈赶紧说："那好，你就把他们当成草莓，赶紧准备去吧。"

开学那天，孩子的发言很成功，回到家里还在喃喃地说："这些草莓挺可爱。"

这个故事是我参与评选北京市模范家长时，听到的一位家长经验介绍。这位家长真了不起，她不仅积极地帮助孩子寻找机遇，更重要的是她能够根据孩子的心理年龄特点，出点子帮助她克服恐惧，最终把这个任务完成得很好，使孩子得到一次重要的锻炼。

4. 营造一个民主、和谐的家庭环境

家庭中的自我教育需要长期进行，随时进行，所以，最根本的方法就是营造一个民主、和谐的家庭环境。这个环境不但需要有大家认同的自我教育理念，大家都掌握的相关知识，还要有大家都要遵守的制度，甚至还需要有一些物质条件的保证。下面这个所谓有点"疯"的家庭，实际上正在营造一个民主、和谐的家庭环境。

这个家庭有点"疯"

一家人因为孩子而凝聚在一起，一起互动，一起玩耍。当开心过后，你可能会想到底是我们在陪孩子，还是孩子在陪我们？有时，我们真的要感谢孩子给我们机会，让一家人走得更近。

昨晚，吃过了晚饭，安琪建议我们一家人出去散步。她把每个人的鞋子递过来：

"妈妈，这是你的鞋子。"

“爸爸，这是你的鞋子。”

“这个是谁的鞋子呢？奶奶是你的吗？”

“不是我的，是姑姑的。”

“姑姑，给你穿鞋子。”（姑姑在房间里）

“奶奶，这是你的鞋子。”

到了楼下：

“你们都停下，开始拉火车走路。”（她自称刘老师，要我们像幼儿园小朋友一样拉火车走路）

“爸爸你这只手拉住妈妈的这里，这只手拉这里。”

“奶奶……”（小区里的路人在用奇怪的眼神看着这个奇怪的家庭在做奇怪的事）

走出了小区，我请求：

“刘老师，我们出来了，可以不拉火车了吗？”

“不行。”

“那我们一起去那边看人家跳舞吧。”

“那好吧。”

一路上，先是她奶奶和安琪赛跑，然后轮到我把安琪举起来，抛起来，转了一圈又一圈。安琪被我弄得哈哈笑。她妈妈在一旁担心地说：“看着啊！小心点！”当我把转晕的安琪放在地上时，她会晃晃悠悠地扑在奶奶的怀里，又转而扑在妈妈的怀里、姑姑的怀里、我的怀里。

就这样一路跑，一路疯。到了一片空地：

“爸爸你变吧！”

“好，我变成小青蛙。”（学青蛙跳一下，呱一声）

“我也是小青蛙，呱！”

“我变成了小兔子。”

“那我摸摸你。”（她又像摸她的小兔子一样摸我）

“我变成老虎。”

“别动！‘砰！’”（原来她变成了猎人，做开枪的手势）

“我变成狗屎。”

“啊！臭死我了……”

我追着臭她，她到处跑着躲我。一直跑到累。当我们坐下来休息的时候，刘老师又要上课了：

“奶奶。”

“到！”

“妈妈。”

“到！”

“姑姑。”

“到！”

“爸爸。”

“到！”

“你们，谁要撒尿，请举手！”

“我们不想撒尿！”

“奶奶，我要撒尿！”（刚好有一个阿姨经过，听到了笑个不停）

撒完了尿后，又玩了老鹰抓小鸡……

我们的周围有很多的人，他们一定觉得这个家庭有点疯。

安琪爸爸想说：

（1）对于三岁孩子，最佳的学习方式是游戏。你能否放下架子，为了孩子做一次孩子。

（2）不要把教育孩子都当成是妈妈的事儿，父亲的角色和作用是妈妈无法替代的，父亲给予孩子粗犷的爱和妈妈给予孩子细腻的爱是截然不同的。所以父亲不要在孩子的成长过程中成为“看客”。

(3) 要知道，家庭里没有温暖，父母不陪伴孩子，是孩子形成网瘾的最大原因。孩子在现实中找不到爱，没有归属感和认同感，她只能去虚拟的世界里寻找。所以要多陪陪孩子，等你老了她也会常回来陪你。①

还有一位农村的家长，能够不断总结经验教训，开动脑筋，将禁止变为疏导，想出了一个值得我们学习的引导孩子生活自理的办法。这种方法将原来的督促、责备过程变得非常有趣，使得家庭生活变得更加和谐、愉快。

让鞋回自己的家

农民生活水平提高以后，开始注意家庭的文明行为，有一对年轻夫妇决定，全家每个人都要把鞋放在固定的地方，不能乱扔。可是实行以后，孩子总是做不好，回家以后，东扔一只，西扔一只。家长一斥责，当时管事，孩子立刻把鞋放到指定地方，可是第二天，仍然是东一只，西一只，照扔不误；家长采取处罚办法，最多只能够记住两次……

为了让孩子养成好习惯，夫妻两个开动脑筋，根据孩子年幼、好奇心强的特点，他们在规定放鞋的地方，仔细地画了三对美丽的鞋印，然后把孩子叫过来，告诉他：“这里画的是三双鞋的家，这对大的鞋印是爸爸鞋的家；那对小一点的，是妈妈鞋的家，最小的那一对鞋印，是你的鞋的家。”孩子很感兴趣，从此他的鞋每次都能够回到“家”。不但如此，有时候还批评父母，说他们的鞋没有完全进到家里面，于是自己动手把鞋和鞋印对得严丝合缝，才满意地离开。

---

① 安风涛：《爸爸，你爱我吗?》，教育科学出版社，2013年，第49页。

但是，形成一个良好的环境需要长期细致的工作，其中情感教育尤为重要。情感是孩子成长中一个重要的因素。情感本身带有认识的特点，是萌芽状态的认知。孩子小的时候，感知事物，表达意向，往往更多地通过情感。随着孩子慢慢长大，认知、意向和情感不断地相互作用、结合，推动着心理发展。情感始终发挥着推动、催化和放大的作用。

情感是孩子成长的重要组成部分，在情感教育中创设条件，使孩子得到比较深刻的情感体验是家长重要的任务。有一位家长就是这样认真做的。

给姥爷的生日礼物

有一位家长和许多家长一样，年年都给孩子过生日。但是她发现这样过生日，根本没有达到预期的效果，因为孩子并没有得到有价值的体验，甚至有时快到生日了，孩子神气地向家长不客气地发问："这回生日给我怎么安排的?"看到家长辛辛苦苦准备好的礼物，只是淡淡地说了句"还可以"。说得家长心里很不是滋味。

于是，这位家长认真、有计划地做了另外一个工作：带着孩子为自己的父亲（孩子的姥爷）准备生日礼物。

母亲带着孩子从东城到西城，从北市到南市，为的是寻找一种极有特色的手表，送给父亲做礼物。这一天，有时要挤公交车，有时要走很长的路，孩子的脚都走痛了，乞求妈妈："我们不买这个礼物不成吗?"母亲坚定地说："绝对不成！"接着她似乎在自言自语地说："从我小的时候就无数次地看到父亲在柜台前注视着这种手表，最后都是因为钱不够才恋恋不舍地离去。现在我们有钱了，一定要满足老父亲的这个夙愿。"孩子看着母亲严肃的表情，不再说什么了，只是默默地跟着母亲走。

过了一会儿，母亲又讲起自己小时候得到家长送的生日礼物的心情："那个生日礼物只是一个普通的用布缝起来的小书包，可是我喜欢得不得了，下雨的时候我都把它抱在怀里，生怕把它淋湿了，因为那是家长的一颗心！"

最后，那个有特色的手表终于被找到了，孩子在这长途跋涉的过程中，在母亲的真情感染下，似乎也有了一种特殊的体验，对着这块手表他高兴地大叫："找到了！找到了！"

姥爷生日那天，孩子看到姥爷得到那个意想不到的礼物时，眼中好像放出了光，而母亲只是颤动着嘴唇，轻轻地说："谢谢爸爸抚养了我们。"

那天，不需要讲更多的道理，姥爷那种幸福的表情，母亲那种动情的话语，都给了孩子心灵极大的震动。

上面这个例子，说明教育孩子不能仅仅满足于讲述一些道理，还需要让孩子得到情感体验，这样才能有更好的教育效果。

三、“伟人之所以伟大，是因为我们跪着看他”
——家长应该是家庭教育研究的主人

起来!

不愿做奴隶的人们!

把我们的血肉,

筑成我们新的长城!

——《义勇军进行曲》由田汉作词、聂耳作曲

在家长自身成长方面，最大的障碍是对自己的潜力认识不足。本来，家长就应该不但成为家庭教育的主人，还应该成为家庭教育研究的主人。但是，现在相当多的家长过分地迷信书本、崇拜专家，不相信自己的能力，不挖掘自己的潜能，自己埋没了自己。

在1789年，法国《巴黎革命报》上刊登了一则警句：“伟人之所以看起来伟大，只是因为我们自己在跪着。站起来吧！”这则警句，在当年唤醒了千千万万的普通劳动者，使他们站起来为自己的命运斗争；现在，我们也要用这则警句唤起千千万万的普通家长，让他们成为家庭教育和家庭教育研究的主人。

（一）如何学习家庭教育的经验？

家长的自我教育涉及一个如何学习家庭教育经验的问题。在家长队伍中，有一个奇怪的现象：有一些不辞辛苦、到处求教的家长反而搞不好家庭教育。这些家长有的为了教育孩子，辞去职务，全天候地和孩子在一起；他们认真地听家长学校的每一次讲课，到处找有名望的专家咨询，遇到熟人就打听教子经验，一有时间就去翻阅有关的书籍、报刊。他们读的书甚至比专家学者还要多……

这些家长为了教育好孩子真是耗尽了心血，但是，他们感到奇怪的是，自己这么努力地学习，为什么孩子还是教育不好？

这当然是极少数的例子。但是家长究竟应该如何学习家庭教育的经验？有时候努力与效果不成正比，这的确是一个比较普遍的问题。

如果从学习态度角度来分析，可以发现，家长队伍大致可以分为由低到高的六种层次：

1.“大撒手”家长

这种家长是最不负责任的家长，在教育子女上采取“放羊”的方法，根本不出力。他们强调工作忙、脑子笨，实际上是一种自私的心理，不肯为教育子女投入力量。他们内心往往要靠“树大自然直”的不正确的理论支撑。

2.“随意学习”家长

这种家长也希望自己的孩子发展得很好。他们也知道学习的重要性，但由于对家庭教育没有深刻认识，因此也没有考虑过如何选择适合自己的学习计划，只是随大流。听说谁有经验，也打听打听；孩子表现不好，也想找点书报读一读，表现为“平时不烧香，急来抱佛脚”。

3.“学方法”家长

这种家长最重视方法。他们总以为别人教育孩子成功，就是因为方法好；自己教育不好孩子，就是因为缺少“灵丹妙药”。因此，他们热衷于寻求方法。这些家长忘记了“一把钥匙开一把锁”，再好的方法也必须和自己孩子的情况相结合才能取得效果。单纯地、机械地模仿，只能在某些具体事情上短期见效，但是由于家长自己的理念没有从根本上形成，不会产生真正的效果，早晚要出乱子。

4.“学理念”家长

这种家长已经超越了单纯学方法的阶段。他们认识到，一方面，好的方法是来自正确的理念；另一方面，只有在正确的理念指导下，好方法才能运用好。例如，他们总结了“期望值”方面产生的问题——“要想正确爱孩子，有一点很重要，就是在家长的心里要降低对孩子的预期。”“很多焦虑、很多偏差都是由于孩子达不到我们的预期而使我们的爱变形、扭曲。”“因为孩子的现状是由我们过去一步一步导致的，不是一下子形成的，所以现在孩子的改变、家长的改变肯定也不可能是一下子就能行的，而是一个长期渐进的过程。”

5.善于“悟”家长

这种家长是目前进步最快的家长。他们明白，学习理论和间接经验都是必要的，但必须和自己亲身实践的经验反复结合，不断地进行思考、研究，才能产生符合自己家庭特点的有效方法。他们不但重视实践，也重视学习理论；不但总结自己的经验，也借鉴别人的经验，更可贵的是，他们善于在这些反复的过程中，悟出一些规律性认识，其中有些可能就是自己的发现，自己的创造。

6.“献身事业”家长

家庭教育本来就是家长的事业，我这里要强调的是：一些家长已经不把家庭教育看做自己家庭的事业，而是看做整个社会的事业。他们在与其他家长交流的过程中，感到自己的认识、探索、感悟也能够帮助他人家庭教育取得成功，看到了这种交流的价值，产生了自豪感。在这个基础上，自愿地，而且常常是义务地进行家庭教育的研究、咨询、推广工作。

（二）研究型家长是怎样成长的?

在广大的家长队伍中，现在各个地方都涌现出一大批由善于“悟”和“献身事业”家长组成的研究型家长，他们不是单纯学习家庭教育的方法，也不仅仅满足于把自己的孩子教育好，而是思考着家庭教育的规律，关心着中华民族家庭教育的发展。他们已经成为家长队伍中的重要骨干，影响着整个家庭教育事业的发展。

研究型家长的特点：

一是大多数真正研究家庭教育的，都是先因为有了自己的孩子，然后从研究自己的孩子开始的。

有的说："我真正对教育感兴趣是在产房前等我女儿出生的那个下午。"

有的说："我是很早就喜欢儿童，自己有了孩子之后，从女儿身上看到了自身存在的问题，于是陪着女儿一起学习、成长。随着时间的推移，也喜欢关注其他家长了。"

有的说："……孩子培养得越来越好，我对家庭教育的热爱就一发不可收拾了。"

有的说："我很奇怪，我以前并不喜欢孩子，但是我有孩子以后，对育儿很有兴趣。我自己是普通职场妈妈，不从事教育工作。从教育孩子中发现很多因果关系，觉得很有意思。我很喜欢在生活中观察不同的孩子。基本还是孙瑞雪带我走进育儿世界，孙瑞雪让我看到了不一样的育儿，颠覆了我的传统育儿观念。"

有的说："我总是坐在办公室，接触的实践比较少，所以想参加研究，做一些提升。后来有了孩子，就有了实践，通过实践会不断地修正、提升自己。""没有孩子的研究，现在想想还是有点欠缺的，因为没有实践应用。"

二是他们内心深处热爱教育，有一种责任感、使命感。

有的说："长远看，孩子的教育高于一切，教育好孩子关系到一个家庭长远的幸福，关系到一个民族的壮大，所以家长首先在心理上要重视家庭教育。"

有的说："我自己是教师，没孩子时就喜欢思考教育，有了孩子也喜欢记录一些有趣的东西，从中能得到一些规律。"

有的说："我相信'幼吾幼以及人之幼'，我对所有孩子负有某种责任，使得我必须去做这样的研究。”

有的说：“经常有人问我家庭教育的问题，推动我去思考。我后来逐步将这项事业看成是自己的责任——帮助家长，解放孩子。”

三是善于通过学习他人经验提升自己。

有的说：“相信他山之石，可以攻玉，各个家庭的教育案例对自己的家庭教育也是重要的。”

有的说：“以前懵懂不清，觉得孩子是一个小孩。现在看孩子的眼光不一样了，自己也通过这个过程获得了成长，同时帮助一些家长答疑解惑，自己也获得了很多价值感。”

有的说：“广泛的学习可以提升素养，素养会改变人的语气、情绪、态度、价值观，而家长影响孩子最直接的就是这几点。”

有的说：“原来我是个不爱读书的人，现在很爱读书了。”

研究型家长如何把理论和别人的经验变成自己家庭教育的内容？

研究型家长，他们总结自己的经历，大致是这四步：

第一步，善于学习、思考、交流。

有的说：“如果家长自身不学习，是不会具备多强的教育能力的。凭主观意识、靠过去老辈经验，都不可取。”“我会先辨别，这个理论的出发点是否是以尊重孩子为基础，是否符合孩子的成长发育；另外要结合自己孩子乐于接受的方式。”

有的主张：“首先要不断地思考，学习中要思考：别人说得对不对，即使是对的，到底适合多大比例的家庭和孩子？是适合所有的还是绝大多数，是否适合我们家庭和我们的孩子？而且要在实践中检验。”

有的说：“我始终保持思维的活跃，喜欢反思，首先自己成长了才谈得上将理论用于教育孩子。”“多听意见、多反思真的很重要，家长优秀，孩子会更优秀！”“只有不断地反思，才会有不断的进步。”

有的说："通过和别人聊一些理论，会让自己的思想提升，或者会分辨一些问题。"

有的说："我也是从日常的观察中反复求证。另外我还乐于接受，看到很好的东西就首先相信，欣喜若狂。然后再慢慢消化，辩证。"

有的家长强调交流，认为："一些理论也许触动你了，但是不一定触动了我。看同样的书，我们会获得不同的收获。所以每个人需要分享彼此的经验。"

第二步，重视经验和理论之间的转化。

"首先要理解，我一般会在看这个理论的时候，同时想到孩子的情景，然后转化成孩子能够接受的方式。"

"想从学习中得到直接方法，也有效果，但不会彻底。"

"我觉得没有哪个理论和经验可以直接使用，每个孩子都不一样，照猫画虎会出问题；用苏霍姆林斯基的话说就是：'没有抽象的学生。'"

第三步，重视用实践去检验理论。

有的家长强调："我深有体会的是，在实践中证实理论的存在，这个理论就能终身为我所用。"

"接触更多的孩子和家长，会对理论背后的原则理解更深。"

"我学到的理论应用到孩子身上的不是特别多，有的也尝试。但是如果有效的话，就会印象很深刻。"

"我比较喜欢把自己当成孩子。""和孩子玩耍的过程就会让自己感觉像个孩子，玩耍是主要方式。"

"和其他家长交流仅仅是了解层面的东西。参与到实际的家庭教育中去才是最关键的。"

"要在实践中通过观察和思考形成新的东西，理论——实践——提升理论。"

第四步，得到自己的感悟。

"有些颠覆自己惯性思维的理论会突然有感悟，好像打开一扇门。理论转化实际也是一个反复的过程。”

“我觉得感悟的过程，就是喜悦地学习到新东西的过程。特别是通过听书——同一本书，反复听很多遍，每一次都能听到新的东西。”

“看过一个理论，过了许久了，突然看到或者经历了一件事情，然后就顿悟了。”

“记得人对事物的认识有个这样的步骤：感性——悟性——理性。”

“我对这个悟的感受就是身心的结合。”“当自己打破了外在束缚的时候，有正确的方向，就会有很多的灵感。”

“这几年，对科学、理性有了新的看法，接触了灵性、悟性、觉性的东西，生命一下子鲜活了。”

“还有一种感觉就是，‘悟’是基于整个生命发展的历程，人类文明的发展以及对万事万物的规律都有所见解的时候，才会不断地发生。”

“我的理解是，每一个人都有自己成长的密码，也有自己开悟的密码，但不是每一个人都能掌握这把钥匙。有的理论终其一生都无法开悟，但有的却一点则明。为何？我们有内在的成长密码。这个密码来自我们自身的成长。以往的所有历经之物都成为开悟的基础。”

“认知积累达到一定程度，或者在一个巨变的场景中会产生顿悟。”

“悟，有顿悟，渐悟，不一而足。”

“刻意地去做，很难放松身心。开悟需要吸收、接纳的过程。”

“如果实践取得了效果，还是有种顿悟的感觉。”

“其实，这就是我们的自我教育过程！”

（三）家长在家庭教育中的创造

在家庭教育实践中，越来越多的事实雄辩地说明，家长不再仅仅是消极地受教育的群体，他们是家庭教育的主人，而且还在发展着家庭教育认识和理论，创造着具有实效性的家庭教育方法。

1. 编故事为什么对幼儿教育有奇效？

面对低龄孩子，许多家长常常产生这样的苦恼：孩子一旦犯起脾气来，简直是浑不讲理，软硬不吃。对这种年龄段“不可理喻”的孩子，急不得，恼不得，好像真没有办法了。但是，一位叫芮文枝的家长，在实践中创造了“编故事”的方法，就破解了这个难题，取得了十分显著的效果。

芮文枝是怎样发明“编故事”方法的？

糖果事件

芮文枝回忆道：女儿4岁的时候，在幼儿园生活，各方面都比较稳定，每次回家能主动和我交流园中的一些事，例如：老师今天说谁吃饭不好了，老师今天特别表扬了谁，还给了谁奖励。说自己的，大多是好的方面，报喜不报忧。

有一天，放学回家，女儿递给我一颗糖，她说：“妈妈，这是老师特别奖给我的，其他小朋友没有，只有一颗，那爸爸怎么办呢？我没有第二颗了。”听了孩子的话，我抱着她，夸她对妈妈真好！

第二天放学后，女儿拿给我两颗糖，她高兴地说：“今天是我表现特别好，老师又奖励我糖果了，我不舍得吃掉，带回家了。”我听后，搂紧她，亲了亲她。这时候我传递给女儿的是鼓励——她表现好，她非常优秀，很可爱。但是私底下，我又觉得女儿或许有些小问题了。显然女儿极力想在我的面前表现她的爱，前一天，得了一颗糖，今天又得了两颗糖，情况是不是真的？

晚上睡觉前，我给女儿讲了一个故事：

“有只宝宝兔，因为今天上课表现好，老师奖给它两块巧克力。宝宝兔很想吃一块，可是，如果吃掉一块，剩下一块巧克力，回家后怎么给爸爸妈妈分呢？它非常苦恼，这时正好看到老师的抽屉里还有许多巧克力，于是趁老师不注意的时候，偷偷拿了一块。这样回家后，爸妈两人正好一人一块，而且自己也可以吃到一块，多美啊！宝宝兔的妈妈非常欣赏宝宝兔的能干。可这个时候，宝宝兔难受了。因为只有它自己知道，有一块巧克力不是靠自己的表现得来的。宝宝兔最后还是把这件事告诉了妈妈。兔妈妈没有怪它，还夸它是个诚实的孩子，承认错误并改正就是好孩子。

当我讲完这个故事，女儿依偎着我，终于一五一十地将今天的事情说了出来：今天她只得了一颗糖，在坐校车的时候，看到老师座位上有糖，就顺手拿了一颗。孩子的动机很简单，她希望爸爸、妈妈能同时品尝到她赢得的糖果。

家长芮文枝做得很好。她一方面理解孩子“极力想在我的面前表现她的爱”的强烈动机，同时又以负责任的态度机智地去发现孩子可能出现的问题。最难能可贵的是家长能够在“努力保护她的童真和善良”的前提下，巧妙地以讲故事的方法成功地进行了引导。

怎样编故事?

在一次QQ群讨论会上，小橘灯（家长芮文枝的网名）向大家介绍了“怎样编故事”。

小橘灯：没有一本书是可以用它来教育不同的孩子，解决他们所有的问题的。所以，家长要根据孩子情况的不同，自己创作故事出来。用编故事来教育孩子，非常有效哦！特别对于低年级的孩子，更是如此。孩子出现了不好的习惯，很多都是我在编故事中，暗示给孩子，最后得到了解决。我编过好多有趣的故事，比如，宝宝兔不爱吃萝卜，怎么办？因为对兔类只有萝卜最有营养……

宇：那你讲讲，孩子在幼儿园不肯做操怎么办？

小橘灯：孩子不爱运动，不肯做操。我就编过这样的故事——宝宝兔生病了，长得瘦，妈妈很着急，怎么办呢？妈妈天天早上带着她一蹦一跳去跑步…… 宝宝兔很爱美，一天生病了，毛皮都不漂亮了（暗示不做操的坏处），急坏了妈妈。怎么办？兔妈妈给宝宝兔做了很多好吃的萝卜糕，萝卜饼……宝宝兔生病太难受了，兔妈妈告诉她，只有能吃才能好，宝宝兔强忍着吃了许多萝卜。结果病好了。妈妈问她知道为什么生病吗？就是因为平时运动量太小了。孩子说："对啊。"……

小橘灯：给孩子讲，要绕着讲，要有童趣。

……然后，宝宝兔的妈妈就让她天天跑步啊，做操啊，自然话题到了嘛——生病就变丑了。运动多可爱啊！还可以暗示宝宝兔做操，姿势其实很美……

宇：哦。

"编故事"的理论提升。

为什么对于幼小的孩子，直接去讲道理效果比较差，而通过编故事、讲故事效果比较好呢？通过反复实践，家长们得出两方面的结论：一是，孩子出现不好的行为，如果直接指出，会给孩子造成一种压力，伤害孩子自尊心；而如果通过讲故事，给孩子的是一种暗示，没有直指孩子的问题，孩子不会反感；二是，听故事是幼小孩子喜欢的一种活动，听故事的时候，他们会快乐地展开想象，会比较自然地联想到自己的类似缺点，这时候，他会在没有情感抵触的情况下，去模仿故事中主人公改正后的行为。

在专家的理论著作里，对"编故事"有过一些相关的分析。李晓文的《青少年发展研究与学校文化生态建设》中写道："一位母亲说，她的四岁的女儿有一个坏习惯，当爷爷不能满足她的愿望时，她会嚷嚷'坏爷爷！坏爷爷！'母亲感到孩子这种行为会伤害老人，就告诉女儿，不能这么对爷爷说话，这样不好。女儿向妈妈表示知道了，并且答应以后不再这么说了，可是一旦遇到爷爷令她不满的时候，她还是故技重演。母亲既生气也感到奇怪，不知道该怎么解决这个问题。”“当时听完年轻母亲的叙述和提问，我不假思索地向她建议：把孩子和爷爷的冲突编个故事，故事里的小朋友能够婉转而有礼貌地表达对爷爷的要求。年轻的母亲回去后，就按我的建议做了。一个星期后，她再见到我时，兴奋地告诉我，讲故事的办法成功了！她女儿学着妈妈故事里主人公的话语对爷爷说话了，不再说‘坏爷爷’了。”

专家李晓文分析道：“发展之中的孩子正走在途中，问题行为里面反映出的是他们的需要、他们的困难。这个四岁女孩比起以前，有了要求长辈听从自己意愿要求的意识，有了表达自己观点的意识。然而，她的语言发展尚未跟上表达的需要，她只会通过说‘××坏’来表示她的抗议。尽管当妈妈批评她时，她知道自己错了，表示以后不再那么做了。但是，她不知道应该怎样准确而有礼貌地表达。母亲提供了与她情况相似的故事，给她提供了她所需要的直接而具体的示范，正符合她的成长需要。这样就引导了她的发展潜能，帮助她在发展之中解决了她与爷爷的冲突困境。”①

理论提升：有针对性地编故事，为孩子“提供了她所需要的直接而具体的示范，正符合她的成长需要。这样就导引了她的发展潜能”。

2. 替孩子完成作业对不对?

猛一听，家长替孩子完成作业，当然是不对啊！为什么我在这里把它列为“家长在家庭教育中的创造”？的确是有特殊的原因，容我慢慢一层层道来。

中国的应试教育，大家虽然都知道存在着问题，但是广大的家长、孩子仍然深受其苦。应试教育是一个怪圈，由政府、学校、家长、社会等环节组成。每个环节都起着重要的作用。比如，政府决定了要减负，但是到老师那里，有的就偷偷加负；即使老师减负了，有的家长也不干，自己给孩子增加作业。而且这些老师、家长异口同声说，“你们就知道减负，考不上大学，你们管吗?”，好像又是

---

① 李晓文：《青少年发展研究与学校文化生态建设》，教育科学出版社，2010年，第32页。

政府的责任……

总之，对这个怪圈必须进行综合治理。事实上，每一个环节都在不断变化，最终都会引起怪圈的断裂。例如，家长如果真正理解素质教育的必要性，就会自觉抵制学生的“过重负担”。一种方法是拒绝写作业；一种是家长怕引起老师的不愉快，干脆家长替孩子写作业。

这两种方法，我认为都是家长的创造。在知名人士中，有国际象棋冠军谢军，曾经让孩子拒绝写作业，原因是她发现那些作业给孩子带来很大负担，而且作业内容是重复性的、毫无价值的。谢军的创造思想还表现在选择幼儿园上，她的标准是“尊重孩子、不学知识”。

我自己的孩子在小学二年级的时候，有一道数学题算错了，老师罚他写200遍，写到深夜11点，孩子困得头不时地撞桌子。我只好对孩子说：“我们要命，不要分吧。”给老师写一个检讨书，让孩子先睡觉。

其他的家长，据我所知，也有替孩子抄写生字、写作文、算数学题的。在应试教育的摧残下，有更多的家长采取了“反其道而行之”的“三保住”策略——第一保住孩子的健康；第二保住孩子的品德；第三保住孩子的思维能力。这些家长并不是溺爱孩子的糊涂家长，而是想保护孩子健康发展，才有了这种实属无奈的创造。

（四）家校合作中家长的作用是什么？

教育孩子特别需要学校和家庭的共同配合，教育家苏霍姆林斯基曾经强调指出：“生活向学校提出的任务变得如此复杂，以致如果没有整个社会，首先是家庭的高度教育素养，那么不管教育付出多大的努力，都收不到完满的效果。”

近些年，学校从关门办学发展为重视家庭教育的作用，大量举办家长学校，提高家长素质；然后又进一步认识到家长也是教育的主人、教育的生力军，开始走向学校和家长的合作。在这个新的阶段，家长如何以主人翁姿态，做好和学校的合作，显得更加重要。

1. 发挥家长的主人作用

家长虽然是来自四面八方，从事五花八门的职业，有林林总总的个性，层次不同的能力，但从对家校合作的态度，还是大致可以分为五类：

（1）积极主动型

随着社会的发展，家长的队伍也在发展变化，家长的文化水平、教育观念也在年年更新。尤其是家长主人翁思想的觉醒和对主体地位的要求，日渐增多。

其中有一部分家长素质比较高，不但有正确的理念，教育方法多，而且积极主动和班主任配合。他们对学校、班级建设都比较关心，对班主任的新举措，能够拿出实际行动给予支持；对于各种新的教育理念，他们比较感兴趣，也能发表自己的见解。他们一般在家长中也比较有威信，其中有一部分，能力比较强，时间比较多（包括全职妈妈），应该成为家长队伍中的骨干。

（2）理解配合型

这部分家长是家长队伍的大多数。他们爱自己的孩子，愿意和班主任配合，对班主任召集的会议、提出的要求都积极响应。但是“隔行如隔山”，他们对学校教育不十分了解，不知道应该怎样配合，常常处在被动状态。还有的家长怕老师太忙，不好意思主动去和老师联系。当然，家长能这样体谅教师，会使教师感到温暖，但家长这样想也是一种误解，因为老师忙就忙的是教育孩子，自然会欢迎家长来配合共同教育孩子。

（3）依赖型

依赖型家长的特点是：完全依赖学校，放弃了自己的责任。常见有些家长非常诚恳地对老师讲：“我把孩子就交给您了，他要是不听话，您愿打愿骂，我们做家长的都绝对没意见。”这些家长满以为自己这样做就相当支持老师了。其实不然，这些家长可能不懂得，老师最需要的支持是家长的积极配合，而不是把教育孩子的责任完全推给学校。这时有的家长可能会感到十分委屈：“我们并不是想推卸责任，实在是我们不懂得教育。”如果真是承认自己不懂，那就只能去学习，也不能因此只依赖学校一方去教育孩子，因为家庭教育是学校教育绝对代替不了的。

家长如果懂得和学校配合的重要性，就会变得主动，并且会在配合过程中学到更多的教育新观念和新方法，由不懂教育变成懂教育。

（4）**好面子型**

还有的家长最怕见老师，因为他觉得如果自己的孩子表现不好，在老师那里肯定“没有好果子吃”，家长脸上也不光彩。当然，孩子表现不好是一件不愉快的事情，但是为了自己的面子，放弃了和学校配合教育孩子的努力，孩子不是会越来越差吗？怕丢面子结果是更丢面子，“死要面子活受罪”，有些失败的家长就是走的这条路。年轻教师要特别关注这一类家长，尽快打消他们的顾虑。

（5）**“护犊子”型**

几乎每位家长都认为“孩子是自己的最好”，这种感情是可以理解的，但是过分主观、片面地看孩子，甚至把“疮疤”看成“花朵”。这种“护犊子”型家长实在要不得。问题的严重性更在于，别人都看得很清楚他在“护犊子”，唯独他自己不知道、不承认。更糟糕的是个别的家长，为了保全自己的面子而隐瞒事实的真相，结果使孩子的错误得不到及时解决，犯更大的错误。还有的家长只看到孩子在家庭中的表现比较好，因而认为老师反映孩子的问题，是对孩子有成见、偏见。家长可能不知道现在有一部分孩子确实有“两面性”的表现，比如有的在家里听话，爱劳动，在学校不爱劳动，不听话；也有的恰恰相反，在学校听话，爱劳动，而在家里不爱劳动，不听话。所以更加需要双方加强沟通，密切配合，而不是互不信任，耽误了孩子。当然，教师、家长都应该主动、耐心地做好这件事。

2. 通过家长委员会发挥家长的主体性

基本上每个学校都有家委会，但不是每个学校的家委会都会正常开展活动，有的甚至有名无实。最近教育部专门发布红头文件，再一次强调要搞好家长委员会。

我到全国家庭教育先进单位——深圳南油小学讲课，发现该校家长委员会的工作开展得非常好，我由衷地赞叹：深圳不愧是特区，是全国改革开放的典范。他们在教育上，尤其在家长委员会的工作上，值得全国学习。

他们学校的家长委员会是这样开展工作的：

组织领导。学校每学期初会把一学期要开展的工作跟家委会交流，然后由家委讨论，详细安排一学期的家委会计划，再分月实施。比如，端午节包粽子，中秋节做月饼，复活节玩彩蛋，万圣节雕南瓜。植树，插秧，自己做风筝啊，打糍粑啊，每个月都会由家委牵头开展一次活动。家长还会不定期一起聚餐。每月开展“家庭阅读坊活动”，家长和孩子一起出去踏青，每次由不同的家长和小朋友牵头组织，有孩子们自己朗读故事、词语接龙、创编故事等很多形式。

活动安排。每一次活动都有主题，有的是阅读分享活动，有的是户外的竞赛活动，有的是户外的宣传活动，每次不一样，每次活动家委会都会给全班家长发一封信，说明活动的具体安排，邀请有意向、有时间的孩子和家长参加，所以每次参与的人都挺多。比如在户外玩的时候，看到一大丛勒杜鹃花，因为深圳的市花是勒杜鹃，我们就先从花聊起，然后让孩子们讨论：那么多的花，我们可以用哪些方法来数呢？孩子们想出了许多办法，很有意思。

活动效果。通过一系列活动的开展，孩子们之间的感情特别好，大家就像一个大家庭一样。家长和孩子都挺开心，也很好玩。

指导思想。家长真的就希望孩子们能快乐学习、学习快乐。他们说：但是中国的应试教育一下子也是很难完全改变的，所以我们觉得先从自己做起，在安排活动的时候，我们都是以玩为主，但是孩子们的玩，其实也是一种学习。

班级的家委工作开展确实很需要时间，但是每学期都会给家长集体开会，调动大家的积极性，让大家意识到孩子的教育不仅是学校的问题，更需要家长的共同努力。

下面是深圳南油小学一（3）班2009年下半年家长工作计划表

10月份

1. 正式成立家长委员会并宣布确定家委职责：会长、副会长、宣传委员、财务、联络员等。

2. 完成特色班级活动的筹备、报名及活动开展。

A. 确定开设哪几个特色班（如：足球、手工、舞蹈等）。

B. 联系外请教师授课价格及确定上课时间。

C. 家长自愿报名交费，学生正式开课。

3. 以家委牵头开展“绿色环保、气候污染”主题系列活动。（此活动时间为10月—元月）

A. 集中给孩子们介绍环保的相关知识内容（10月份）。

B. 带孩子们外出参观或参加社会实践活动（如：去公园拾垃圾、参观污水处理厂等）（11月份开展，可以考虑和户外亲子活动合并开展）。

C. 孩子和家长共同开展“环保小制作”活动（12月份开展，可考虑开展小制作评比、参观讲解等活动）。

D. 将孩子们的环保主题开展活动资料整理成册，供孩子们参观、阅读、分享。

4. 开展“我爱读书”系列活动。

A. 班级图书馆的建立及使用（每个孩子带2本书籍到学校，丰富班级阅读角，并请孩子轮流值日，共同管理好班级阅读角）。

B. “家庭阅读坊”的成立（家长自愿组织5—6个孩子一组，每半个月组织一次家庭阅读活动，分别在不同的小朋友家中举行，形式可以是：孩子自主阅读；在集体面前讲述故事；组织儿童故事表演等）。

5. 班级QQ群、博客的使用及班级通讯录的下发。

6. 家长义工团的成立及工作的开展。

A. 确定好义工需要协助的事宜（如：阳光体育活动、班级特色活动、下午离校维护、大型活动的支持等）。

B. 确定好义工团人员并确定各义工团团长和具体工作事宜。

11月份

1. “家庭阅读坊”活动的持续开展。

2. 户外大型活动的组织和策划。

3. 家庭义工团一如既往地开展工作。

12月份

1. 亲子“环保小制作”活动。

2. 生日PARTY活动的开展（每学期一次）。

3. 家长怎样搞好和班主任老师的合作

家长虽然应该成为教育的主人，但这需要一个过程。因为当代教育的新情况层出不穷，许多新问题都需要共同探讨，只有在不断进行家校合作的过程中，才能和老师一起找到每个孩子的最佳教育方案，家长慢慢成为教育名副其实的主人。

（1）家长要经常了解老师对学生的要求。

现在家长一般是通过询问自己的孩子来了解老师的具体要求，从中理解老师的教育计划和思路；了解老师对孩子的日常评价。但这并不够，一些关键性的信息，家长还应该直接从老师那里得到。

现在学校都在进行新课改，新理念、新方法层出不穷，家长要想和教师配合教育好孩子，也需要与时俱进，适当了解一些新课改的相关知识。学校组织的公开课，家长应该尽可能参加。在听课过程中，家长除了亲自看到自己孩子上课的情况，还应该进一步理解新课改，向老师求教，和老师交换心得体会，以利于在更深层次上配合。

（2）**家长要主动和老师交流孩子的发展情况。**

对孩子的发展情况，家校双方经常进行交流非常重要。一个孩子，每天来到学校，他带来的是在家庭和社会得到的各式各样的信息。今天孩子非常痛苦，可能因为父母吵架了，但是他不知道怎么说，也不愿意说；孩子每天回到家中，他带回的是全天在学校得到的各种感受。也许，他突然变了样，回家就主动复习功课，也不说什么原因。家长和老师只有知道了现象后面的确切原因，才能把教育抓在点子上，劲使在刀刃上。而做到这些就需要双方经常沟通情况。

孩子的发展是非常快的，因此，老师和家长对他们的引导和帮助能够做到“及时”也非常重要。有些苗头，如果不能及时发现，有些转折，如果没有及时引导，时过境迁，教育起来往往事倍功半。

因此，家长不要完全依靠在家长会上和老师的有限交流，一是不及时，二是到会的家长多，会上无法一一细谈。教师可以建议家长，一般地至少一个月左右主动和老师交流一次，如果是孩子处在问题比较严重的特殊阶段，或者是变化比较快的阶段，就要至少一周一次，才能做到及时交流，见机行事。

（3）**家长要提前了解什么时间交流最合适。**

家长往往不熟悉教师的工作规律，当发现有时候老师不接电话，有时候好容易打通了电话，听到的是老师急匆匆地说“对不起！我马上要上课了”，于是产生误会：以为老师太忙，整天都在上课，甚至误以为老师根本不愿意和家长交谈。家长要主动了解，老师有哪些时间比较方便交谈，然后双方协商确定一个时间。这样能够谈得比较从容，取得更高的实效。

（4）**建议家长和老师做专题交流。**

建议家长要准备两方面才能做好专题交流：一是确定这次交流的专题是什么，也就是不要一次谈很多问题，每次只针对孩子发展的某个方面谈，例如身体问题，发展专长问题，养成习惯问题。二是准备好要谈的是哪几个部分：最好不要一开始就冒然问老师的看法，而是一要先汇报孩子在家庭的表现，二要谈谈自己在家庭教育方面有什么新的想法和举措，初步效果如何。三要询问孩子在学校这方面的表现。四才是主动征求老师的意见和建议。

（5）**如何处理好家长与老师的分歧。**

在当前多元文化的社会背景下，人们的思想越来越活跃，家长与老师的看法产生分歧，其实是很正常的情况。教师和家长看同一问题，由于处在不同角度，产生分歧，反而有助于使大家全面看问题，是一件好事。更何况教师也不是神仙，虽然对教育理论、知识比较熟悉，但也不可能时时事事都正确。

因此，一旦产生分歧，双方都要主动地进一步与对方坦诚交换意见。在交换意见过程中，注意多摆事实，首先把事实弄清楚，这是统一看法的前提，然后进一步探讨对这个事情的看法，互相注意倾听对方的观点，如果不能完全统一看法，也要“求大同，存小异”。大的方面看法统一了，就可以配合工作；“小异”则等待事物的发展，由实践来检验。

特别要提醒家长注意，如果与老师的看法产生分歧，一定不要在孩子面前表露。因为家长和教师的分歧，基本上都是围绕着孩子的教育问题，如果把分歧暴露在孩子面前，一种可能是，孩子很为难，无所适从，因为家长和老师都是他尊敬的“重要他人”；另一种最不好的结果是，孩子向着“护犊子”的家长，因为这样有利于保护自己，实际是保护了孩子的缺点。即使在家长的观点正确的情况下，也容易造成孩子对老师的误解和成见。关键是因为孩子的不成熟，他对于成人社会的许多事情不理解，一旦孩子以简单、片面的方法处理，会造成意料不到的恶果——如孩子故意和老师“对着干”，这样的教训实在是不少。

四、“理论创造不再是少数精英的专权”

——家长成为家庭教育的重要研究者

实践者最聪明。

——谚语

恩格斯说：“一个民族想要站在科学的最高峰，就一刻也不能没有理论思维。”家庭教育既然是人类的一项伟大事业，也应该成为科学探索的一个学科。中国的家庭教育在拥有几十年丰富实践经验的基础上要往前发展，加强理论研究可能就是当前的一个关键问题。

（一）路遥知马力

——推动家庭教育发展的两个队伍产生了变化

这些年，有关家庭教育的研究、家庭教育经验的推广通过各种渠道频频展开。有关家庭教育的文章、书籍，以及相应的报刊越来越多，讲座、电视台的节目比比皆是。这真是家庭教育发展的大好时机。但是，明眼人也不约而同地指出：现在关心家庭教育的人越来越多，关于家庭教育的机构越办越大，但是家庭教育的理论远远跟不上，不但水平不高，而且理论比较乱。有人说：“家庭教育的发展，决定于家长队伍素质的提高，而家长队伍素质的提高，又决定于培训家长队伍的培训机构（包括家长学校）水平。”我认为，还应该加上重要的一句——培训机构的水平，还决定于家庭教育理论研究的发展。

家庭教育的研究现状如何呢？

1. 研究、宣传家庭教育的队伍，目前有四个类型

从全国范围看，进行家庭教育研究、宣传的队伍，大致分为几种类型：

经验型：讲课人或者书籍作者，本人就是家长。他们通过现身说法，以孩子的成功和亲身的教子经验得到家长信服。他们的不足，一是经验产生的年代往往较远，那个时候社会环境下取得的经验和现代的孩子思想有些对不上号；二是由于理论素养的缺失，有的虽然经验很丰富，但很难将个体经验升华为规律性认识。

翻译型：他们大量翻译、介绍国外的家庭教育经验，如翻译卡尔·威特、蒙台梭利的著作。一开始可能是“外来的和尚好念经”，对中国家庭教育的发展也做出了贡献。但是要深深扎根于中华民族的土壤中，仍然存在不少需要认真探索的问题。

海归型：改革开放以来，大批学子从海外学成归来，不仅带回来外域的专业知识和技术，也同时带回来许多家庭教育的理念与方法。

翻译型和海归型传播的国外家庭教育的经验和理论，由于东西方文化的差异，外域的理论和经验如何变成中国家庭教育的营养，仍然需要下大功夫。目前，多数家庭只是生吞活剥，照搬国外经验（尤其是年轻家长居多），没有结合中国的国情，往往也不能成功。

转业型：中国“科班”出身于专门研究家庭教育的专家几乎没有。因为大学过去没有家庭教育系，科研单位也没有家庭教育专门的研究机构。基本上都是从相关学科、专业转过来研究或者兼职研究家庭教育。

有的从研究学校教育转向家庭教育，如赵忠心。

有的从记者出身，转向研究少年儿童、青年，最后转向研究家庭教育，如孙云晓、卢勤。

有的从研究心理学转向研究家庭教育，如李洪曾、孙瑞雪。

有的从社会学角度兼职研究家庭教育，如关颖。

科研工作者将自己在其他领域的研究成果迁移到家庭教育中来，由于环境不同、条件不同，也会产生一些问题，要想得到比较好的实际效果，还需要下功夫深入实际。

这四种研究队伍对中国的家庭教育起了重要的推动作用。但是时间一长，问题就逐渐显露出来——缺乏针对性、专业性、时代性的家庭教育研究，已经满足不了广大家庭的迫切要求。

2. 回顾家庭教育研究，究竟缺少了什么?

家庭教育研究的困难在于每个家庭各有特色，家庭教育往往有一定私密性，局外人难以真正掌握实际情况；而“闭门造车”式的家长经验，又容易带有比较多的主观性。怎样解决这个矛盾呢?

归根到底，真正的家庭教育经验和理论只能够来自家庭教育的实践者——家长。可是现在发现，相当一段时间，家庭教育缺少的恰恰就是家长参与的研究。

因此，以一定的组织形式，群策群力，家长和科研人员合作，挖掘和提升家长的经验，提炼有价值的规律性认识，在当前是一种必要的探索。

（二）绝知此事要躬行

——家长参加家庭教育研究的可能性

先从三个让我震惊的典型事例说起：

一是“早期教育”研究生班的三分之一学员都是全职妈妈。一个偶然的机会，我到中国科学院心理所的“早期教育”研究生班上了半天课（我的老朋友——中科院心理所的佟乐泉教授，因为临时要去南京参加一个研究生论文答辩活动，委托我代他上半天课）。讲课当中我做了一个调查，发现该研究生班的三分之一学员竟然都是全职妈妈。进一步询问之后得知，这些全职妈妈来上研究生班的课程，就是为了高质量地培养她家的小宝贝。

这件事给我的震动不小，我开始意识到，当代的家长队伍已经出现了很大的变化。他们不仅仅满足于一般的学习理论和掌握别人的教子经验，而是进行更深层的探索；他们的文化水平也达到了研究需要的层次。

二是《好妈妈胜过好老师》成为最受家长欢迎的书。当听到《好妈妈胜过好老师》一书热销的消息后，我按照往常的认识，认为这只是出版社进行广告宣传的结果。但是，不断听到家长亲口告诉我，喜欢这本书，这才引起我的重视。现在这本书达到500万的销售量，恐怕不能完全是宣传的结果。

我请教了家长的看法，他们认为这本书“不只是理论观点，还有很多具体方法”“好在生活细节上，可操作性强”“里面有很多孩子成长的案例，很受启发”。另一种声音是：“它的教育理念是：无声胜有声，有心无痕。”他们说：“妈妈能尊重自己的孩子，呵护自己的孩子，我没觉得这本书的可操作性，只觉得妈妈对孩子的那份关爱，值得学习。”

可见这本书有两大优势：一是方法细腻，可操作性强；二是充满感情，感染性强。而这两个优势，只有亲历家庭教育的家长才能具有，那些没有亲身感受的专家，即使有高超的理论功底，他写出来的东西，也只能让人感到是隔靴搔痒。

三是家庭教育研究QQ群的发展如雨后春笋。在林格先生的建议和引领下，我在2010年在腾讯建立了博客、家庭教育和学校教育QQ群。进入网络世界之后我大开眼界，发现有不少家庭教育QQ群在默默地、夜以继日地团结了许多家长，为家长排忧解难。

家庭教育QQ群究竟有多少，我没有统计，仅与我有联系的就有十几个。他们开展的活动非常丰富，日常活动是解决大家关心的家庭教育问题，大家互相出主意、想办法，提供信息，推荐学习材料；我们的群是隔周固定集体讨论问题，曾经讨论过“孩子厌学怎么办?”“怎么辅导孩子读课外书?”“怎样帮助孩子过好假期?”等等几十个问题；有的组织“共读一本书”活动；也有的邀请专家到群里讲课；近期发展到网上活动和网下活动相结合，家长与孩子共同参加群活动……

QQ群是家长自我教育的群体，不论是群主还是管理人员，都积极为大家服务。这种“接地气”来自实际解决实际问题的活动。深受家长欢迎，还有一个重要的原因，就是参加者都感到自己在提高，自己的才能发挥了作用。

从研究的角度，可以说发现了一大批家庭教育研究的佼佼者。这些网络上的“意见领袖”，他们结合自己的家庭教育，学习了相当多的著作，形成了很有价值的新见解，又在和其他家长的互动中，考验、检验、提升了自己认识的水平。遗憾的是他们一直没有一个更大发挥作用的平台。

现在，回到“家长参加家庭教育研究有没有可能性?”的问题上来。它必然涉及对家长队伍的看法。实际上，这些年，家长队伍悄悄地发生了很大的变化，社会上还没有引起重视。从老师那里我们可以听到比较权威的看法，因为他们经常和家长接触，并且有前后对比的经验。那就是家长队伍的三个主要变化：

1. 文化水平的提高

家长的水平逐年提高，用老师的话说：“家长一拨要比一拨强”，低年级学生的家长更加重视提高家庭教育水平。尤其是在城市，达到高等教育水平的家长明显在逐渐增多。

2. 实践经验的积累

当代的家长虽然多数养育的是独生子女，一般无法取得丰富的、经过重复实践的经验。但是，也正因为“只有一个”，因此在重视程度、关注度和投入精力方面又有着前所未有的优势。再加上文化水平比较高，独立意识比较强，不盲目接收家庭教育的各种理念和方法，而是既学中国的家庭教育经验，也学国外的家庭教育经验，主动探索适合自己具体情况的家庭教育观点与方法。

由于信息时代的特点，家长们利用各种传媒手段，通过博客、微博、微信和网络群体，积累了一些好的经验。

3. 家长角色的转换

由于上述条件的变化，这些年，家长的角色也在悄悄地发生着变化。从一开始的被教育角色，逐步转换成教育者角色，再转换成家庭教育的研究者角色。

（三）小荷才露尖尖角

——家长参加家庭教育研究的现实性

家长能不能参与家庭教育的研究，应不应该成为家庭教育的研究者？除了从理论上回答以外，研究实践也有了有力的回答。

1. 西板桥小学的“三结合家庭教育研究会”

提到“研究”，不少家长感到发怵，总觉得那是高不可攀的事情。其实，那些如饥似渴地认真学习家庭教育理论、随时观察自己的孩子、日夜都在思考如何教育孩子的家长，不就是在进行“研究”吗？只不过他们自己没有意识到。应该说，家长要进行研究，所缺少的主要不是科研方法和知识，而是在观念上需要把“迷信”转变成“自信”。

在北京市西板桥小学，曾经有一个“三结合家庭教育研究会”，参加了这个研究会的家长，就感到自己做了家庭教育研究的主人。

研究会成员全部是自愿参加的，由家长、教师和科研人员组成。第二届研究会三年中活动多达26次。活动虽然多，但是出席率一直很高，因为他们确实感到自己的家庭教育水平有了提高。有的孩子甚至比家长还积极，经常督促、提醒家长别忘了参加活动。孩子之所以这样做，用他们的话说，就是“家长参加了活动，回来就不打我了”“家长参加了研究会，更会教育我们了”。

研究会第一阶段的活动是“解剖麻雀，典型研究”。活动当天，会员都到一个家庭中去，先观察孩子的生活环境，观看孩子的作品，再由家长详细介绍孩子的成长过程，自己采取了什么教育方法，哪些效果好，哪些效果差，目前还有什么难题……孩子自己和其他家庭成员也可以发表看法。然后展开情况交流、提问和讨论。

第二阶段的活动是专题讨论。第一阶段的活动共研究了8个家庭，通过讨论也起到了培训作用，会员水平普遍得到了提高，于是进入专题讨论。例如讨论“孩子的自主性有什么表现?”“孩子升入三年级后有什么新的特点?”“家长观念有哪些转变?”

第三阶段是有计划地深入课堂，研究家庭与学校如何配合搞好素质教育。

研究会之所以有些成效，主要是促进了三种自主——合作，在合作的氛围中，人人成为家庭教育研究的主人。

（1）家长和教师合作

在研究会上，家长和教师互通了孩子在校内和校外的情况，使大家对孩子有一个全面的了解，在教育上共同配合，产生一股合力。例如有位家长反映：她的孩子书包带断了，自己动手，用两个小时把它缝好，手还扎破了……老师听到后，第二天就及时在班上大力表扬。结果是既鼓励了这个同学，又震动了全班，使自立自强的意识逐渐在孩子们心中扎根。

家长和教师还可以交流教育经验。一位家长反映：她的六岁孩子经常用老师的“人不是水，不应该往低处走”这句话激励自己，帮助老师总结了培养低年级学生上进心的经验；有位家长总是埋怨自己的孩子胆子小，后来听到老师在学校是如何下功夫培养学生的勇敢精神的（如故意给胆子小的学生一些任务，锻炼他们），很受启发，也用类似的方法主动和老师配合，使孩子有了进步。

（2）家长和家长合作

在研究会活动中，家长们互相提出疑难，研究怎么解决，互相交流经验，取长补短，使每个家庭的教育水平都得到提高。有个家庭每周都召开民主会，使家庭非常和谐，孩子心理也发展得十分健康，不少家庭就主动向这个家庭学习；有位家长发现孩子突然情绪低落，学习下降，怎么问也不说。于是家长就建议开家庭民主会，但没想到会上孩子还不说，家长意识到自己平时态度不好，孩子不敢开口，于是主动一条条耐心询问，终于了解到症结所在。

（3）科研人员和家长、教师合作

科研人员在研究会中和家长、老师平等地交流，共同探索，既解决了家长在教育中的难题，又丰富了科研人员的头脑。例如有的家长提到不许孩子读古典名著，认为那是“闲书”，只许读作文辅导。经过大家讨论，共同得出的结论是：博览有益的书才能使孩子全面发展；而只读作文辅导一类的书，由于知识贫乏，作文反而写不好。还有的家长说孩子爱拆东西，请大家帮助想个纠正的好方法。经过讨论，大家认识到：“拆东西”反映了可贵的好奇心，要慎重地加以保护和引导。

家长和教师的这些宝贵经验，通过和科研人员的合作得到了升华，总结出“培养孩子自主性的十个方法”，并向广大家长介绍，目前已经产生了很大的社会效益。

家庭教育有两个很突出的特点：一是由于每个家庭的文化背景，家庭成员的文化水平、个性心理、生活习惯差异很大，因此搞好家庭教育就更要强调创造符合自己家庭特点的教育方法，而不能简单地模仿别人的经验；二是家庭教育是在家庭内部进行的。因此作为科研人员是无法进入家庭内部，直接取得第一手资料做深入研究的。这样，有关家庭教育的研究就显得有些先天不足。这种不足，看来只能靠家长自己来做家庭教育研究的主人，才能加以弥补。而家长亲自参加的家庭教育研究会，和一般的家长学校相比，它的优越性就在于家长不是仅仅带着耳朵来听经验的，而是带着思考来当家庭教育研究的主人的，这个优越性，今后应该引起我们足够的重视。

2. 一个研究家庭教育的QQ群

在网络发达的时代，人们的交往方式发生了很大变化，兴趣相同、志向相近的人们在网上建立了许多群体。对家庭教育感兴趣的人们自然也建立了自己的网站、群体。我们通过腾讯网络平台，成立了“家庭教育与学校教育QQ群”。这个群每隔一周星期六晚上九点到十点进行有主题的讨论，平时也有积极分子经常在群里交流。由于受到极大欢迎，很快就满了500人，后来得到腾讯网站的支持，破格改为1000人的大群。即使这样，仍然经常爆满，于是为了鼓励大家积极参与讨论，我们聘请了管理员，对四个月不参加讨论的成员采取“请出”处理，“铁打的营盘流水的兵”使这个群能够永葆活力。

不过，这个群的成员绝大多数是为了教育好自己的孩子来取经的，依靠这样一般性的讨论还不能达到研究家庭教育的目的，所以，我们在这个大群的基础上，开始思考建立一个研究性的QQ群。

（1）家长研究家庭教育——“早期教育探索小组”

当前的家庭教育研究处于初级阶段，不少理论观点来自国外译著、国内一些家长的经验和学者个人体会，缺少严格的实践检验和理论提升。

家庭教育研究的困难在于每个家庭各有特色，家庭教育往往有一定私密性，外人难以真正掌握实际情况，许多学者写的家庭教育文章、著作，总有一种“夹生”的感觉。应该说，真正的家庭教育经验和理论只能够来自家庭教育的实践者——家长。但是家长的理论研究水平一般不太高，而且一家一户的独生子教育经验容易出现比较多的主观性，这个矛盾如何解决呢?

我们设想，如果以一定的组织形式把家长组织起来，一起学习，加强交流，同时群策群力，家长和科研人员合作，共同挖掘和提升家长的经验，提炼有价值的规律性认识，在当前应该是一种有价值的探索。

于是，一个民间的网络上的“早期教育探索小组”诞生了。成员由两部分组成：一是中国科学院心理所的早期教育研究生班的部分成员（因为我曾经客串到该研究生班讲课，发现该班竟有三分之一是全职妈妈，就和一部分学员继续联系）；一是网络上探索家庭教育的积极分子。所有成员都是自愿参加，并强调要具备两个条件：一是有实践经验（绝大部分成员现在就在亲自抚养幼儿）；二是有一定的理论素养，有学习、钻研积极性。小组不吸收那些只学了些理论，经常讲课，但自己没有实践经验的人，因为他们参加进来，很容易用唬人的理论把家长吓住，把真正的实践经验扼杀在摇篮之中。目前小组比较固定的成员有三十余人。其中小部分在北京，大部分分散在全国各地。

“早期教育探索小组”的研究方法是通过个人学习、认真准备和网络交流，有计划地进行。“早期教育探索小组”作为一个QQ群，隔周一次，星期六晚九点至十点讨论。

小组首先筛选了十几个幼儿阶段家庭教育的关键话题，例如，儿童游戏问题；全职妈妈问题；爸爸参与教育的程度；三代同堂养育孩子；单亲家庭；留守儿童的家庭教育；怎样拒绝孩子；阅读问题；电脑问题；兴趣班；情感教育；孩子的自由度问题；女孩男孩的不同教育……

然后自己认领研究课题。经过自己认真准备讨论提纲，在小组中讨论两次，最后形成若干篇探索文章，这些文章大部分在《幼儿教育导读》杂志“大家说”栏目发表。

要求文章具有的特点是：

①来自亲身实践（来自家长自己育儿生活的体验和提炼）。

②来自集思广益（充分发挥每个成员的作用，认真展开讨论）。

③来自学习的最新理论。

④形成有一定深度的观点，得出可操作的方法。

这些文章经过整理、修改，加上科研人员的点评，现在，已经由李雁宁编辑成《爱孩子没那么简单》一书。这本书在2013年底问世，刚刚出版就被评为100本优秀读物。受到欢迎的一个主要原因，就是这是“接地气”的来自家庭教育实践者的研究特点。

（2）QQ群转入课题组形式——“家庭中早期自我教育研究课题组”

当在全国范围内成立了自我教育研究课题之后，我们这个“早期教育探索小组”作为一个QQ群，集体加入了课题，可能是中国最早的家长组成的课题组。

这个课题组不但很好地完成了课题研究任务，而且由于它特殊的组成方式（自愿和选拔相结合）和方法（提供学习材料，每周集体讨论），所以具有浓厚的研究气氛。

通过这两年实践，具有了值得肯定的六个特点：

一是实践。实践出真知，我们这个团队在家庭教育中都是积极认真的实践者。大家深信家庭教育的经验和理论只能够从实践者那里产生。

二是学习。我们这个研究团队，不仅重视实践，而且重视学习。因为如果仅仅停留在实践层面，只能是个人的经验，狭小而不可靠。通过学习，有了理论的引导（但不盲目相信理论，要用我们的实践检验），开阔了眼界，有了深度，就试着提升一些观点。提出来大家评论。

三是思考。除了实践和学习之外，还必须思考。我们既不死啃自己的经验，也不盲目迷信理论，而是把二者结合起来，通过独立思考产生自己的体会——它往往是富有生命力，又有一定深度的认识。

四是交流。作为一个进行研究的家长群，还需要培养自己的写作能力。研究需要交流，而交流的手段，仅仅靠说话还不够。写作能够促使你思维深刻化，更加有逻辑。课题组每周一个小时的网上主题讨论，大家都反映很有收获。

五是观察、调查。家长如果想对家庭教育进行研究，还需要经常善于观察、调查。既然要研究，就不能粗糙地认识孩子，因为孩子在不断变化，要不断地观察；而且有些情况是观察不到的，就需要主动进一步调查，比如，追问孩子的想法就是一种调查。我们也设计了问卷，进行专访调查。

六是创造。创造应该是家长进行研究时一个鲜明的特点。这样的家长，不人云亦云，不满足于单纯地模仿别人。在理论的指引下，在别人经验的启发下，总是根据自己的实际情况，探索一些新方法、新途径。在实践中有所发现，有所发明，推动家庭教育的发展。

家庭教育是一项伟大的事业，它涉及如何提高人类自身质量的大问题。其实，家庭教育本身带有研究性质，这是因为，一方面父母总是想把孩子培养得更好，往往有钻研的积极性；另一方面，一个孩子一个样，不研究不成，仅仅是

“照搬”解决不了问题。家庭教育的这种个别性，再加上私密性，促使家长自己成为研究者，变成了家庭教育研究的一种特色。

当前，许多家庭是不自觉地这样做了，如果变成自觉的行为，那将是一件了不起的事情。这个自觉，表现在实践、学习和思考的结合，还表现在写作、调查和创造的融入，更表现在家长教育孩子和自我教育的结合。许多家长逐步发现孩子是自己的老师，教育孩子的过程实际是自己又一种成长的过程。

不过，这种个别性和私密性，也会给家长研究家庭教育带来新的问题，这需要在实践中进一步解决。目前，避免单独研究、闷头思考，加强学习和加强交流是可行的方法。

（四）万紫千红总是春

——展望中国家庭教育的发展

在这本书的结尾部分，需要再一次强调写这本书的目的。我们从分析中国在世界当代历史中的位置，提出了家庭中自我教育的探索；孩子们的自我教育和家长自身的自我教育怎么做？最后归结为家长要为中国的家庭教育发展的研究做贡献。

这一切，不能离开中国的社会条件。可喜的是，我们正逢好时代。

1. 中国教育改革发展的新阶段

中国的教育改革与发展已经进入了一个新的历史阶段。充分认识这种新阶段的基本特征与时代要求，对于我们进一步解放思想，把家庭教育搞好有十分重要的意义。

新阶段的特征，一是地位的变化。“教育”被摆放在了第一的位置。二是改革的思路有变化。从以往的以发展带动改革，逐渐转变为以改革带动发展，把改革放在更加重要的位置。与以往“增量”的改革相比较，现在“存量”的改革由于涉及已经形成的各种不同的利益集团，往往在改革的目标和措施上难以形成高度共识，因而存在一定的风险。三是主要矛盾的变化。将从以往的学校与政府之间的矛盾，逐渐转变为学校与市场之间的矛盾。

“一方面，政府在义务教育和涉及公共利益的某些教育领域将承担更加重要的责任；另一方面，某些非义务教育和与市场经济联系更加密切的教育层次、部分或领域，则需要更多地以市场需求为导向，进一步调整与市场的关系。同时，政府对公共教育资源的配置机制也将更多地与市场相联系。”①

这个主要矛盾的变化意味着家庭教育方面，政府有责任关心和发展它；另一方面家庭教育需要与市场结合；许多家庭教育的推进，需要更多、更好的民办家庭教育机构参与。

2. 更加高级和深化的阶段，更加强调教育的本体功能

教育进入了更加高级和深化的阶段。按照一般规律，这种以增长为主要特征的发展模式，往往在教育规模和供给总量达到一定程度以后，便会转变为更加重视和强调教育资源和机会分配机制的合理性，更加强调教育公平为主要特征的全面发展模式。

人民群众对教育的关注和需求已经从单纯的“能上学”转变为“上好学”，进而更加关注优质教育资源与机会的合理分配。

教育新观念更加强调教育的本体功能。教育发展的理论有两种基本观念：一种是教育发展的工具观，另一种则是教育发展的道德观，“它强调教育发展的目标是为了促进个人的发展，其特点是在教育发展的话语中特别强调和重视个人，包括个人的参与和福利。当经济社会发展到一定水平以后，教育发展的道德观往往逐渐成为教育改革与发展的主要话语和价值观。强调教育发展的道德观并不否定教育发展的工具观，而是首先肯定教育是人的一种基本权利，应该更加重视教育发展对人的发展的意义。”②

一旦强调教育的本体功能，强调教育对人的发展的意义，如何加强家庭教

---

① 谢维和：《中国教育改革发展新阶段及其主要特征》，《中国教育报》，2014年5月16日。

② 谢维和：《中国教育改革发展新阶段及其主要特征》，《中国教育报》，2014年5月16日。

育，如何实现自我教育理念，自然会被提到日程上来。

3. 在新阶段需要提出家庭教育和自我教育进一步深化的理论

教育新阶段要求我们换视野、换办法、换政策，更重要的是换思想，即思想解放。习近平指出“一定要有自我革新的勇气和胸怀，跳出条条框框的限制，克服部门利益掣肘，以积极主动精神研究和提出改革举措”。教育改革发展已经进入了“深水区”，就必须触碰教育的某些“深层次”问题，即制度与体制的问题，所以也需要有“深度”的研究成果、理论与智力支持。

在家庭教育方面，中华民族有悠久的重视家庭教育的历史，在全球一体化的今天，应该对家庭教育做出新贡献；在自我教育方面，继承传统，学习世界各国的新探索、新成果，也应该开始深一步的研究。在家庭中进行自我教育，将中西文化融合，可能是一种有价值的探索。

4. 顶层设计和梳理整合

家庭教育是全民的重要事业，新中国成立以来也积累了丰富的经验教训，随着改革开放也进行了多种探索，现在不仅需要，而且已经有条件进行梳理整合，进行新的顶层设计。比较重要的可能是三方面：

（1）领导机构

家庭教育是一个涉及全民利益、全民素质提高，正在蓬勃开展的事业，必须有相应的领导机构才能使他健康、快速发展。它不是一个一般的民间活动，又不是一般的教育单位，因此由全国妇联或者教育部领导都不是很理想，应该建立一个有足够权力和威望的机构来统一领导全国的家庭教育。

（2）理论研究

理论研究的滞后拖了家庭教育的后腿。然而提高家庭教育理论，首先要借助中国传统文化的研究和对域外文化的研究。中国传统文化中究竟哪些是精华，西方文化中哪些需要借鉴，当代中国家庭教育有哪些比较成熟的经验和理念，都急需结合实践在理论上提升。

家庭教育理论研究的队伍，一方面要强调专业队伍必须深入实际；另一方面要大胆培养家长队伍中的佼佼者。

家庭教育研究现在急需继续梳理、整合、提升。这方面的资料一个是相当多；一个是十分杂；一个是不够深。必须联合各个方面、各种力量，通力合作，共同提升，才能完成。

（3）**教育活动**

家长的培训应该放在首位，而家庭教育的师资队伍的培训更应该优先考虑。现在的“家庭教育指导师”的认证，从认证条件到审批方法都值得反思。一个家庭教育指导师，仅仅听几堂课，答一个考试卷子，就能够获得这么重要的资格？(何况审批过程往往水分很大)。

有两种培训活动，能否由国家投入经费，有计划、有规格地来开展？一是全国性的家长学校；二是婚前教育子女知识培训。

家长的自学、读书应该是家长成长的重要方式。全国出版的家庭教育读物已经成千过万。急需权威性的推荐书目。

大力开展各个地区、各种层次的家庭教育研讨活动、交流活动。

充分使用微信、网络群的交流活动。能够采取电视台“好声音”的方法，发现和积累、提升广大群众的宝贵经验，推动全国家庭教育的发展。

后 记

《家庭中的自我教育》的出版是处在这样一个特殊的时期——

这些年，中国的家庭教育正蓬勃开展。新一届中国家庭教育专业委员会诞生，以朱永新为理事长的新班子已经意气风发，干劲十足地展开工作。

家庭教育向前发展，“瓶颈”是理论提升的不足，但是丰富的实践已经为理论创新提供了最好的土壤。

《家庭中的自我教育》一书的出现，一方面反映了家长作为研究者已经出现；另一方面也显示了家长参与家庭教育的研究方法的确有它的独特价值。

我很高兴听到副常务理事长孙云晓说，“已经把探讨‘家庭中的自我教育’列入今年的学术研究计划中。”

朱永新在序言中所表现出的探索态度，我认为是应该大力提倡的。理论的探索，如果没有充分地展开思路，没有广泛的、多角度的讨论，很容易走形式。因此正像我在前言中明确表示的态度：“只要科学的创造者，仍旧对作者提出的看似真实的标准说明持怀疑态度，科学就仍然会进步。”欢迎读者与我们开展交

流。（我的电子信箱是622000375@qq.com）

由于想尽快出版这本书，我从别的出版社把书稿交给了山西教育出版社。感谢出版社和潘峰、李龙飞编辑在百忙之中积极面对这个事情，克服很多困难，使本书得以顺利出版。

最后，我还要感谢《家庭中儿童自我教育研究》课题组的全体家长和所有关心这本书的朋友。没有你们的实践和付出，就没有这本书。